中国旅游业普通高等教育应用型规划教材

会展营销

主　编　刘　云

副主编　郭源浩　谭庆莉　尹　戟

中国旅游出版社

前 言

随着经济全球化水平的不断提升和国家间合作的不断加深，会展业与旅游业、房地产并称为“世界三大无烟产业”，成为城市名片、城市经济助推器的代名词。目前，我国会展业继续保持良好的发展势头，产业规模不断扩大，经济效益明显增长，会展设施建设速度加快。《2016 中国会展产业年度报告》显示，2015 年全国共举办展览 9505 场，展出面积 1.1907 亿平方米，提供社会就业岗位 1971 万人次，直接产值 4358 亿元，拉动经济增长达 3.9 万亿元。我国会展业作为构建现代市场体系和开放型经济体制的重要平台，应加快持续健康发展，努力推动我国从会展大国向会展强国发展。

随着我国会展业的快速发展，会展教育业也迅速发展。《2017 年度中国展览数据统计报告》显示，2017 年全国 29 个省（区、市）的 57 个城市中，开设会展管理专业的本科院校达 100 余所，会展策划的专科院校达 200 余所，预计全国高等院校会展专业在校生人数在 5 万人左右，每年毕业生在 1 万人以上。在专业课程设计中，“会展营销”是一门重要的专业课程，本书既可作为普通高等院校会展专业的教学用书，也可作为从事会展营销的业内人士、职业培训或自学考试的教学或参考用书。本教材的编写力图突出以下三方面：

（1）从认识论和学生的思维特点出发，在精选素材的基础上，按照案例导入—理论阐述—案例思考的思路编排和完善教材内容，重视理论与实践的结合。

（2）案例材料经典丰富，所选案例材料具有典型性、真实性和实效性，能够切实帮助学生深入了解会展行业，掌握会展营销技巧和提高他们的实践操作能力。

（3）教材内容紧紧围绕市场营销理论体系，结合会展营销的特点、最新的营销理念和发展趋势，奠定教材的知识结构、能力结构。

本书分为上下两篇，共计十一章。上篇为会展营销理论，包括第一章至第五章，分别是导论、会展营销环境、会展营销信息和调研、会展市场细分及定位、会展营销组合；下篇为会展营销实务，包括第六章至第十一章，分别是会议营销、展览会营销、会议中心营销、节事营销、会展城市营销、会展营销新技术与新理念。全书由刘云撰写大纲，组织编撰并最终修改定稿。云南财经大学旅游与酒店管理学院的部分老师与研究生参与了本书的编写。其中刘云、关尊仑撰写第一章、第五章和第十一章，刘畅撰写第二章和

第十章，郭源浩撰写第三章和第七章，尹戟撰写第四章，谭庆莉撰写第六章和第九章，王可可撰写第八章，孙琴、郭源浩负责书稿初稿的审校。

本书是云南财经大学旅游与酒店管理学院省级品牌专业会展经济与管理建设的研究成果，同时也得到该专业建设的资金资助。本书撰写过程中得到了云南财经大学和会展业界各方同人的支持帮助，在此一并感谢。同时借此机会向关心和支持本书出版的中国旅游出版社的领导和编辑表示衷心感谢。由于编者相关研究积累有限，书中难免存在不足甚至错漏之处，恳请学界同人与读者见谅，并不吝批评指正。

编者

2018 年 6 月

目 录

上 篇 会展营销理论篇

下 篇 会展营销实务篇

上　篇
会展营销理论篇

第一章

导论

【学习目标】

1. 掌握会展与会展市场的概念，理解会展市场的特征；
2. 掌握市场营销及会展营销的概念，了解市场营销的观念演变；
3. 了解会展营销的发展历程及发展趋势；
4. 掌握会展营销的主体与客体。

【导入案例】

现代营销之父：菲利普·科特勒①

菲利普·科特勒，麻省理工学院博士、哈佛大学博士、苏黎世大学荣誉博士学位。他是现代营销集大成者，被誉为“现代营销学之父”。主要著作有《营销管理》《营销学导论》《混沌时代的管理与营销》等。他的营销经典名言有：“企业必须积极地创造并滋养市场。”“优秀的企业满足需求；杰出的企业创造市场。”市场营销是创造价值及提高全世界的生活水准关键所在，它能在赢利的同时满足人们的需求。

科特勒见证了美国经济的起伏坎坷、衰落跌宕和繁荣兴旺的历史，创建了完整的营销理论，培养了一代又一代企业家。他是许多美国和外国大公司在营销战略和计划、营销管理、整合营销上的顾问。这些企业包括IBM、通用电气公司、默克公司、霍尼韦尔公司、美洲银行、北欧航空公司、米其林公司等。此外，他还曾担任美国管理学院主席、美国营销协会董事长和项目主席及彼得·杜拉克基金会顾问。同时他还为《哈佛商业评论》《加州管理杂志》《管理科学》等一流杂志撰写了100多篇论文。

① 根据百度百科词条整理而得。

思考：

根据市场营销大师的简介，了解1~2个国内外市场营销研究的大师或市场营销的奇才。

第一节　会展与会展市场

一、会展

关于会展的定义众说纷纭，国内外学术界尚无定论。总体而言，大致分为两种观点：一种是狭义的会展观点，认为会展顾名思义是指会议和展览。另一种是广义的会展观点，认为会展是会议、展览会、奖励旅游及节事活动的总称。从广义的会展观点来看，“会展”这一概念，对应于“MICE”的英文简称，其中M（Meeting）即会议，主要指公司会议；I（Incentive Tour）即奖励旅游，专指以激励、奖励特定对象为目的而进行的旅游活动；C（Convention）即大型会议，主要指协会、社团组织的会议；E（Exhibition or Exposition）即展览会。随着会展业的发展，MICE种的E又增加了新的内涵，即节事活动（Event）。此外，在英文文献中，还会用M&E（Meeting&Exhibition）或C&E（Convention & Exhibition）、MECE（Meeting，Event，Convention，Exhibition）、MCE（Meeting，Convention，Exhibition）和CEMI（Convention，Exhibition，Meeting，Incentive）等来表示“会展”概念。

（一）会议

会议是指人们怀着一定的目的，围绕这一个共同的主题，进行信息交流或聚会、商讨的活动。当今，会议已成为人们政治经济生活中主要的沟通形式。在国际经济迅猛发展的年代，每天都在举行内容迥异的各种会议。全世界每年召开的有一定规模和影响力的会议就达数十万个，如各类公司会议、协会会议、商务型会议、文化交流型会议、专业学术会议、论坛型会议、研讨型会议、政治型会议等。

一次会议的利益主体主要有主办方、承办方和与会者，其主要内容是会议参与者各方之间进行思想和信息的交流。会议的一般操作流程为：会议的主办方制订举办会议的计划并委托给承办方，承办方将围绕既定的会议目的和会议主题进行精心设计，通过多种方式发布会议信息，联系会议的目标、与会者和相关人员（如政府官员、演讲嘉宾等），并安排会议举办场所，最后进行会议接待或将业务分包给会务公司。按照不同的划分依据可以将会议分为不同类型。

按照会议性质，可分为商业性会议、学术性会议、政治性会议、常规会议，如股东大会、各学科的年会、政治协商会议、工作例会等。

按照会议内容，可分为医学类、科学类、工业类、技术类、教育类、农业类、社会科学类、经济教育类、商业管理类、生态环保类，如农业发展促进会、教学研讨会等。

按照会议所涉及的地域范围和影响力，可分为国际会议和国内会议，其中国际会议又分为出国会议和来华会议；国内会议又可分为全国性会议、区域性会议、地方性会议。

按照会议级别，可分为高端会议、中端会议和低端会议，如 APEC 峰会、政府工作报告会议、表彰大会。

（二）奖励旅游

奖励旅游是公司奖励员工的重要方式，源于 20 世纪 20 年代的美国。如今，美国约有 50% 的公司采用奖励旅游的办法来奖励员工；英国商业组织的奖励资金中，有 2/5 是以奖励旅游方式支付给员工的；在法国和德国，奖励资金中的一半以上是通过奖励旅游支付给员工的；在我国计划经济时期，每年安排先进工作者去度假疗养可以看成中国特色的传统“奖励旅游”。但大多缺乏专业性的操作与组织，达不到真正的“激励”效应。随着我国企业与国际接轨程度越来越高，管理理念和管理方法都发生了巨大转变，对奖励旅游相关理论研究及采用此奖励方法的公司企业也越来越多，诸多旅行社已开展了相关业务。

（三）大型会议

在英国，这是一个对各种会议的通称。但专业会议组织者一般将一个较大型的活动称为“大型会议或大型国际会议”。此类会议往往要开几天，参会人员少则几百，多则上千。大会期间组织复杂的社交活动、展览和展示活动。许多此类大会参会人员往往来自国内或国外各地，因此，一般是国内外瞩目并有影响力的活动。

（四）展览会

展览会是在特定时间、空间条件下，对产品、技术、服务进行集中陈列、展示、观看和交易的活动。从广义上讲，展览会包括所有形式的展览会。从狭义上讲，展览会是指贸易和宣传性质的展览，包括交易会、经贸洽谈会、展销会、展示会、看样订货会等。按照不同的划分依据，也可将展览分为不同的类型。

按照展会性质，可分为贸易展和消费展。贸易展主要是为了交流信息和洽谈贸易，如各国的国际贸易博览会；消费展的目的就是直接销售，如深圳消费电子展。

按照展览内容，可分为综合展和专业展。综合展是指包括几个行业或全行业的展览，如世界博览会（世博会）、广交会。专业展是指内容专一的展销会，如农博会、重工业展、轻工业展等，还有仅限于某一产品的专项展销会，如汽车展、钟表展等。

按照展览所涉及的地域范围和影响力，可分为国际展和国内展，其中国际展又分出国展和来华展，如 2010 年闭幕的上海世博会属于国际展；国内展又分为国家展、区域展和地方展，如一年一度的广交会则属于国家展。

按照展会级别，可分为高端展、中端展和低端展。

（五）节事活动

节事这一概念最早源于英文“Event”。国内学者一般将“Event”译为“事件”或者

"活动"。美国卡盖瑞大学盖茨教授认为，所谓"事件"就是短期发生的一系列活动项目的总和及其发生时间内环境、管理和人员的独特组合。在西方事件及事件旅游的研究中，常常把节日（Festival）和特殊事件（Special Event）结合在一起作为一个整体来进行探讨，在英文中简称为FSE（Festival & Special Event），中文译为"节日和特殊事件"，简称"节事"。可见，对节事概念的理解应该从节日和特殊事件两个方面来认识。

节日，就是一种有着特殊意义的日子，在这个日子里具有群众广泛参与的相对稳定的各种社会活动。节日一般都在一年中的固定日期举行，具有周期性。由于节日期间一般都会举行庆祝仪式、典礼等各种欢庆活动，因此节日也通常被称为节庆。节庆活动也指在某地有一定持续时间并且重复发生的、在一定区域内引起较大反响的活动，如云南彝族的火把节、江苏盱眙的龙虾节等。

特殊事件，是指人们为了纪念某个特殊的事件或者为了满足某种社会群体的特殊需求而精心计划和举办的文体比赛、庆祝仪式、特技表演及节庆活动等。特殊事件涉及的范围十分广泛，通常包括重大庆典活动、大型文化演出、重要的体育赛事及区域性的节庆活动等。这些活动特色鲜明，除了能够活跃当地民众的物质文化生活外，通常还能吸引国内外的相关爱好者参加。

【案例拓展】

青岛国际啤酒节[①]

青岛国际啤酒节始创于1991年，每年在青岛的黄金旅游季节8月的第二个周末开幕，为期16天，由国家有关部委和青岛市人民政府共同主办，是融旅游、文化、体育、经贸于一体的国家级大型节庆活动。

节日由开幕式、啤酒品饮、文艺晚会、艺术巡游、文体娱乐、饮酒大赛、旅游休闲、经贸展览、闭幕式晚会等活动组成。节日期间，青岛的大街小巷装点一新，举城狂欢。占地近500亩（1亩=666.7平方米）、拥有近30项世界先进的大型娱乐设施的国际啤酒城内更是酒香四溢、激情荡漾。节日每年都吸引数十个世界知名啤酒厂商参节，也引来数以百万计的海内外游客举杯相聚。

第27届青岛国际啤酒节于2017年8月4日晚在金沙滩啤酒城隆重开幕，8月27日晚闭幕，为期23天。第27届青岛国际啤酒节以"音乐啤酒节"为主题，努力在国际化、市场化、大众化等方面实现新提升。主办方邀请了美国、澳大利亚等国外表演团队为游客们奉献精彩演出。美国动力狂客乐队（Sqounk Opera）和澳大利亚奇异的水果表演团（Strange Fruit）是首次来到中国演出。同时推出"流行音乐周""摇滚音乐周""民谣音乐周"等主题演出。并实行让利于民的票务政策，日场票：10元（10：00~15：00）夜场票：20元（15：00~22：00）。青岛籍著名影星黄晓明受邀担任本届啤酒节公益形象大使并出席开幕式。黄晓明与嘉宾、国际友人、社会各界代表共同开启第一桶啤酒。

---

① 齐鲁网：第27届青岛国际啤酒节璀璨开幕[EB/OL].http://qingdao.iqilu.com/qdyaowen/2017/0705/3611101.shtml，2017-08-05.

二、会展市场

市场不仅是会展企业生产经营活动的起点和终点，还是会展企业与外界建立协作关系、竞争关系的传导和媒介，也是会展企业生产经营活动成功与失败的评判者。认识市场、适应市场和巧妙引导市场，使会展企业的经营活动与社会需求协调一致，是会展市场营销活动的核心与关键。

（一）会展市场的概念

会展市场是连接会展活动主办、承办单位、参展企业与观众的中心环节，能够灵敏地反映会展经济活动的发展趋势。会展市场的概念可以从以下两方面进行分析：

（1）从经济学的角度看，狭义的会展市场是指会展项目举办的各种场所；广义的会展市场是指在会展产品交换过程中各种经济活动现象和经济关系的总和，包括展览项目所涉及的区域经济、行业发展状况、展览项目的供求状况及竞争状况。在会展市场中存在着相互对立又相互依存的双方，即会展产品的需求者和会展产品的供给者，它们之间的矛盾运动推动着会展经济活动的发展。此外，会展经营者之间、会展需求者之间的各种关系，也最终通过会展市场表现出来。所以，会展市场也就是会展产品供给与会展需求过程中所表现出来的各种经济关系的总和。

（2）从市场学角度看，会展市场是指在特定的时间、地点与条件下，具有购买欲望与支付能力的企业群体，即某种会展产品的现实购买者和潜在购买者。这种意义上的会展市场即会展需求市场，通常称之为会展客源市场。

（二）会展市场的特征

（1）会展市场的全球性。随着世界各国科技、经济的进一步密切联系，全球化进程不断加快。各国的会展市场逐步走向开放，从区域性会展市场发展成为世界性会展市场。首先，参与人员或参展企业来源地的广泛性。国际性会展活动，特别是一些知名会展活动的参与组织或个人往往来自世界各地。例如，奥运会、世界博览会、汉诺威工业展等。其次，交通运输业的发达使参展企业的活动范围遍布世界各地，因而会展需求市场十分广阔，例如，目前我国企业每年出国参展地域达150多个国家和地区。最后，世界各国和许多地区都在大力发展会展业，纷纷将会展业视为本国或本地区的经济支柱产业来抓。

（2）会展市场的多样性。参展企业的行业不同、产品定位不同、消费群体不同、参展目的不同，诸多因素的差异性导致了会展需求市场的多样性，同时为会展经营者创造了多样化的市场空间。从会展供给的角度来看，会展经营者依托不同的区域经济、产业结构和行业发展水平，进行不同形式的产品组合，可以使参展企业达到不同的参展目的。随着会展需求在“量”和“质”上的不断提高，会展活动的内涵还会不断拓展，变得更加丰富多彩。

（3）会展市场的年度性。会展活动的开展，涉及一定区域内的某一行业许多企业，只有在这些企业的共同参与下，会展活动才能成功进行。另外，会展工作涉及很多层面的具体业务，从策划到实施、从招展到开幕、从公关到反馈总结，需要大量时间。因此，很多会展活动都是年度性的，只有部分大型会展活动三四年才召开一次。

（4）会展市场的依存性。会展市场是一个受各种经济因素、社会因素和政治因素影响与制约的市场。首先，社会因素是引起会展市场波动的原因之一。2013 年的“非典”事件，使全球会展业蒙受了巨大的损失。其次，重大的政治活动也会影响会展业的发展。恐怖主义活动频繁的地区，会展业是无法生存的。最后，会展业相关产业的发展状况也会制约着会展市场的发展。会展产品是涉及参展企业及人员的食、住、行、游、购、娱等多方面需要的综合性产品，如果这些部门经营不力或者发展比例失调，将会带来会展市场的波动。此外，汇率变化、经济危机、政府政策、国际关系恶化、地震、流行疾病、环境污染和生态恶化等都会引起会展市场的变化和波动。因此，会展经营者必须采取灵活的市场策略，防范经营风险。

第二节　市场营销与会展营销

一、市场营销

市场营销的概念来源于美国，译自英文 Marketing，是从“Market”一词引申出来的。市场营销活动由来已久，作为企业的一种管理职能产生于 20 世纪的美国，并迅速在日本、西欧等国家得到广泛发展。关于市场营销的概念，不同研究者从不同角度进行了界定。其中美国市场营销协会和科特勒的定义较有代表性。美国市场营销协会（American Marketing Association，AMA）认为，营销是创造、沟通与传送价值给顾客，并经顾客关系以便让组织与其利益相关者收益的一种组织功能与程序。菲利普·科特勒将市场营销定义为：个人和集体通过创造产品和价值，并同别人自由交换产品和价值，以获得其所需、所欲之物的一种社会和管理过程。

虽然对于市场营销的概念众说纷纭，不同研究者对其概念的表述不尽相同，但以下几个市场营销的基本内涵得到了较为一致的认同。

（1）市场营销以满足顾客需求为出发点。市场营销是一个由外而内的观念。它从目标市场出发，以顾客需求为中心，并采取有效的市场营销组合，通过满足市场需求创造利润。随着企业竞争形势日益严峻，众多企业开始关注内部员工的需求，加强内部员工的管理，注重企业的内部营销，但其最终目标是通过提升员工的工作满意度，进而提高顾客满意度，并有效满足顾客需求。

（2）市场营销以创造价值和传递价值为主要内容。与生产活动一样，市场营销也能创造价值。营销部门通过对顾客需求的分析与预测，了解消费者和目标受众的现实需要及意见，然后将这些信息反馈给生产部门，从而使产品得到改进和创新。这样，销售部门的劳动便转移到通过创新而增加的产品价值中去了。市场营销者还能通过广告、营业推广、公共关系等一系列的活动来影响目标市场的喜好和选择，激发和引导市场需求，从而使产品价值得以实现。同时，市场营销也是一个价值传递与交换的过程。在这一过程中，营销双方总是试图通过价值传递来促使双方做出预期的反应，从而使自己的欲望和需求得以满足。

（3）市场营销是一种高级管理职能。具体而言，市场营销是企业在以消费者需求为中心的前提下所展开的一系列经营销售活动的统称，这些活动包括市场调研、产品开发、销售渠道选择、促销、销售服务等。市场营销是一个确定目标市场需求，并以此为基础，组织和指导企业经营活动，从而使顾客的潜在购买力转变为对产品或服务的现实需求的管理过程。它开始于顾客需求，结束于顾客满意，并致力于与顾客建立和维持长期友好的联系。其实质在于充分利用拥有的一切资源，通过对产品、价格、分销渠道、促销等要素和环节的计划、组织、执行和控制，实现对组织内外部环境的适应。

总之，市场营销就是在变化的市场环境中，旨在满足消费需求，实现企业目标的商务活动过程，包括市场调研、选择目标市场、产品开发、产品定价、分销渠道选择、产品促销、产品储存和运输、产品销售及售后服务等一系列营销活动。通俗地说，市场营销就是做生意，就是企业根据产品而展开的一系列有关的活动，即商品销售出去所要经过的途径和方法。

二、市场营销观念演变

市场营销观念是指企业进行经营决策，组织管理市场营销活动的基本指导思想，即企业的经营哲学。它是一种观念、一种态度或一种企业思维方式。市场营销观念是一种“以消费者需求为中心，以市场为出发点”的经营指导思想。营销观念认为，实现组织诸目标的关键在于正确确定目标市场的需要与欲望，并比竞争对手更有效、更有利地传送目标市场所期望满足的东西。营销观念经历了许多变化，如表 1–1 所示。

表 1–1　营销观念的演变

<table>
<tr><th colspan="2">观念</th><th>时间</th><th>理念</th></tr>
<tr><td rowspan="3">传统观念</td><td>生产观念</td><td>20世纪初</td><td>我们生产什么，产品就卖什么</td></tr>
<tr><td>产品观念</td><td>20世纪二三十年代</td><td>只重视产品质量</td></tr>
<tr><td>推销观念</td><td>20世纪三四十年代</td><td>我卖什么，就让客户买什么</td></tr>
<tr><td rowspan="3">现代营销观念</td><td>市场营销观念</td><td>20世纪50年代</td><td>以消费者为中心</td></tr>
<tr><td>社会营销观念</td><td>20世纪70年代</td><td>考虑消费者和全社会整体利益</td></tr>
<tr><td>全面营销观念</td><td>20世纪90年代</td><td>营销的新领域</td></tr>
</table>

（一）传统营销观念

（1）生产观念：“皇帝的女儿不愁嫁”。20 世纪初，在商品供不应求的卖方市场，生产什么，就卖什么，生产多少，就卖多少，生产者根本不用考虑营销问题。

（2）产品观念：“酒香不怕巷子深”。营销人员主要依靠产品本色的优势来实现营销，消费者欢迎质量最优、性能最好和功能最多的产品，企业致力于制造优良产品并加以改进。

（3）推销观念："嫁出去的女儿泼出去的水"。只要运用好各种推销技巧就能达成交易。

（二）现代营销观念

（1）市场营销观念："顾客需要什么，就生产什么"。20 世纪 50 年代，社会生产力迅速发展，产品供过于求；人们收入水平提高，产品的选择性增强。

（2）社会营销观念：考虑消费者及社会的长远利益。20 世纪 70 年代，环境污染破坏了生态平衡，迫使企业营销活动必须考虑消费者及社会的长远利益。

（3）全面营销观念：营销应该贯穿于"事情的各个方面"，而且要有广阔的、统一的视野；全面营销观念的基础是发展、设计和执行营销计划、过程的活动。

三、会展营销

（一）会展营销的概念

从字面上来看，会展营销可以有两层含义：一是利用会展来营销，把会展作为一种营销工具；二是对会展的营销，把会展作为一种产品。

从会展主办者的角度来看，会展营销就是会展组织者为了吸引更多的客户，提高会展品牌的价值和影响力，通过价格、服务、形象设计、宣传等多种手段所采取的一系列市场推广活动。

本书的会展营销概念主要是从会展组织者基于企业服务视角的角度来看，会展营销是指会展组织者寻找目标市场、研究目标客户需求、设计会展产品和服务、制定营销价格、选择营销渠道及保持良好客户关系等一系列销售活动的总和。营销工作是成功举办一个会展项目的核心环节。再好的会展项目，如果不能有效地找到目标客户，都无法实现会展企业的自身收益。

（二）会展营销的特征

会展营销在会展活动运作和会展经济发展中扮演着重要的角色，会展营销是会展经济的助推器。由于会展产品具有综合性、无形性、同一性和不可重复性的特征，这就决定了会展营销必然是一个复杂的过程。会展营销涉及的利益主体、内容、手段等皆具有其特殊性，与一般的营销活动存在明显区别。会展营销的特征主要体现为以下几个方面。

（1）营销主体的综合性。会展营销主体十分复杂，大到一个国家或城市，小到每个会展企业，甚至是一次具体的会议或展览会。每个主体的营销目的不一，营销内容的侧重点也存在明显差异。在一次展览会中，往往各个主体都要为了各自的目的开展营销活动。通常，一次展览会可能要牵涉众多的组织和企业。大型的国际性展览会可能由当地政府主办，由一家或者几家展览公司承办，其中个别复杂的活动则由具体的项目组去承担。参与会展的不同主体各自承担的工作在深度与广度上有所不同，但进程必须保持一致，合作也必须紧密有效。

（2）营销内容的整体性。展览会的举办时间、地点、主题及内容等都是参展商和专业观众所关心的，任何一环如有不妥，都可能导致展会的失败。因此，会展营销的内容必须具有整体性，既包括举办会议或展览会的外部环境，如城市安全状况、旅游综合接待能力等，又包括会议或展览会的创新之处、能够给观众带来的独特利益以及配套服务项目与水平等，这一切都会影响参展商是否考虑参展。

（3）营销手段的多样性。会展营销主体的复杂性和内容的广泛性决定了展览会必须综合利用各种手段来开展宣传，以达到预期的营销目的。从传统的广播、电视、报纸、各类行业杂志和专业会展期刊，到面向大众的路牌广告、地铁、出租车广告及渗透到各行各业的互联网，会展营销主体正以平面或立体的方式，将大量的信息最快、最直接地传递给大众。但有一点必须指出，营销手段要讲究阶段性，在每一阶段只能用适当的方式宣传特定的内容，而不是间断或大批量地重复毫无新意的广告，从而激发潜在参展商及观众的参展愿望。

（4）营销对象的参与性。在许多时候，会展活动的主办者虽然策划并操作会议和展览会，但对行业的认知程度可能并不深刻，因而在整个过程中必须广泛听取参展商和观展者的意见，并根据自身能力及参展商和观展者的要求尽可能地调整营销内容，以便更好地满足展会消费者的需要。另外，在会展活动中，参展商和观展者的参与性很强，主办者必须与其实现互动，才能提高其满意度。例如，在招展工作中，参展商会根据自身需要对展会服务提出要求，展会组织者应及时听取反馈意见并改进工作，针对不同类型的参展商，制定相应的营销内容。

第三节 会展营销的发展历程

一、会展营销的发展历程

会展营销产生是与会展活动内容和层次的发展密切相关的。会展活动内容的丰富和层次提高为会展营销的产生创造了必要的条件。

（一）国外会展营销的发展历程

在英文中，集市和博览会称为 Fair。由于集市已具备了会展的一些基本特征，如在固定地点、定期举行等，因而欧美会展业普遍认为会展起源于集市。而欧洲集市起源于古希腊的奴隶市场，以及后来的奥林匹克运动会和城邦代表大会。然而，当时的集市只是松散的展会形式，规模一般比较小，并具有浓厚的农业社会特征，其活动内容较为单一，会展活动的组织者还没有有意识采取措施来促进集市的进一步发展，还处于会展的发展萌芽阶段，会展营销的产生缺乏土壤。

但欧洲集市在发展过程中表现出明显的规模性和规范性。在中世纪，欧洲出现了特许集市，通常是每年季节性（主要在宗教节日）举行的集市，由城市或地方长官、国王或教皇授予举办展贸的权力。这时候，欧洲集市在规模上相对集中，举办周期较长，且功能相当齐全，包括零售、批发，甚至国际贸易、文化娱乐等，如一些伯爵领地的展贸活动成为欧洲的重要集贸活动。这些跨地区的展贸活动，为了吸引更多的人来参与，其组织者不仅建立了会展活动的规范，而且为参展商和来访者提供在展贸期间的特权。建立的会展活动规范主要有成立展贸法庭，处理交易纠纷和交易证明登记，为此各国政府先后制定了有关集市管理的法规。例如，为参展商和来访者提供在展贸期间的特权主要是税务减免、人身财务保护等。中世纪晚期，欧洲已经形成发达的展贸网，由过去单一地区举行展贸发展到由更多城市季节性地承办。这些措施，特别是让参展商和来访者享有一些特权的举措，正是会展营销中促销的一种表现形式。由此可以看出，正是由于欧洲集市发展到了一定阶段，形成了一定的规律和规模之后，必然要求采取措施为其服务，这就是会展营销出现的背景。

18 世纪 60 年代工业革命的爆发，推动了欧洲经济的迅速发展，同时也引起了会展业的一系列变革，为会展营销活动的产生奠定了基础。科技发展和交通手段的改善，同时也是出于客户的需求为企业发展的理念，会展行业出现了新的会展营销模式，即参展商只需要带样品来参展，拿着订单回去。工业革命带来的影响使展贸业从货物交易变为了样品交易，这种样品展会的模式大大地降低了参展商参展的成本，减轻了参展商参展的劳苦，促进会展业的进一步发展。其标志性的事件就是 1894 年的德国莱比锡样品博展会。

20 世纪 90 年代至今，经济全球化的进程加速，欧洲会展业快速发展，会展企业实力不断增强，与此同时，其他起步较晚的地区（尤其是美洲和亚洲）的会展业也得到了迅速发展。企业面临一个更大范围、更有潜力的市场，越来越多的企业立足于全球市场开展营销。营销理论也发生变化，新的营销理论广泛用于实践，如知识营销、网络营销、绿色营销、个性化营销等。会展市场竞争态势凸显，也推动新的营销理念的不断导入。

（二）国内会展营销的发展历程

我国会展业起步较晚，自改革开放以来，会展业经历了从无到有、从小到大、快速增长的过程。40 年的发展，经济的快速增长和国际交流的日益增多，我国会展业已经渗透到各个经济领域，从机械、电子、汽车、建筑到食品、家具等，而且各个行业都有自己的国际专业品牌。北京奥运会和上海世博会的成功举办，使得北京和上海成为我国最大的会展中心城市。我国从计划经济向市场经济过渡也带动了会展市场的进一步发展。

20 世纪 90 年代以来，尤其是进入 21 世纪以来，会展的发展带动了会展营销的发展，会展业的快速发展使得会展竞争逐渐激烈，企业开始注重营销工作，主要表现在：加大推销力度，开始注重研究参会者的特征及需求状况，但我国大部分企业经营者没有形成整体的营销理念。

近几年，我国会展业积极加入国际竞争，欧洲会展不断进驻中国，使得我国会展专业水平和竞争力上了一个新的台阶。同时，我国也开始导入市场营销的相关理论，会展营销的理论研究逐渐加强，为我国会展业发展打下了一定的基础。

二、会展营销的发展趋势

（一）会展全球化营销趋势

目前国内各个行业面临的最大现实问题就是全球化，会展业也不例外，会展市场的全面开放已经势不可当。在这样的环境下，会展业的发展也必然呈现出全球化的趋势，即各国在会展管理体制、会展管理技术及会展管理实务方法等方面开始全面接轨。加入世界贸易组织为我国会展业的发展提供了与世界接轨的契机。一方面，我国政府的会展主管部门将从“入世”的碰撞交流中，充分学习和借鉴国外会展发达国家在会展管理体制上的成功经验。另一方面，我国的会展企业在“入世”后的“与狼共舞”中，借鉴国外会展企业先进的管理经验和技术，在管理标准和营销方式上与世界先进水平接轨。因此，会展营销出现全球化营销趋势。

（二）会展信息化营销趋势

信息化既是中国会展业与国际接轨的一个重要衡量标准，也是会展业发展的必然趋势。这里的“信息化”有两层含义：一是要尽可能地掌握国际会展业最前沿的东西，包括行业最新动态、理论研究成果、展会信息或专业设备等；二是在会展业中充分利用各种信息技术，以提高行业管理和营销活动的效率。会展信息化营销趋势表现为：首先是加强与国际会展组织或世界知名会展公司之间的交流与合作，并定期向国外发布我国的会展信息，及时掌握全球会展业的最新动态。其次，在会展业中积极推广现代科技成果，逐步实现行业管理的现代化、会展设备的智能化和活动营销组织的网络化。最后，充分利用国际互联网，推动国内会展业的信息革命，如开展网络营销、举办网上展会等。

（三）会展品牌化营销趋势

品牌是会展业发展的灵魂，也是中国会展在21世纪实现可持续发展的关键。纵观世界上所有会展业发达国家，几乎都拥有自己的品牌会展和会展名城。例如，在德国慕尼黑每年要举办40多个重要展览会，其中有一半以上是本行业的领导型展会，高档次的展会为慕尼黑赢得了一大批参展商，也增强了对旅游者的吸引力。为增强中国会展的国际竞争力，品牌化是必由之路。目前国内已初步涌现出一批具有一定知名度的会展企业或展览会，如北京国际会展中心、上海国际会议中心、大连星海国际会展中心、北京国际汽车展等。这些品牌企业或展览会为我国其他城市发展会展业积累了宝贵的经验。

（四）会展营销策略多元化趋势

在坚持品牌建设的基础上实施多元化的营销策略，除了采用传统的广告、邮寄等手段以外，还应积极加入国外会展市场，如在国外设立代表处，寻求代理商，最主要的是在降低经营成本的同时实现规模效应。除通过收购与兼并实行展览项目的集中和集团化经营外，国外大型展览公司还拥有报纸、杂志、网站等媒体，以便综合利用各种手段和渠道。而且，是否有专业媒体的参与和支持还成为展览会是否能成为世界级专业展览会的标准和重要构成要素之一。

应该积极推进新的会展营销模式，通过发挥其他产业的联动效应来促进会展行业的发展。而对于已经开始发展起来的网络营销平台，会展企业要加强网站和虚拟会展平台的建设，规范网络营销环境；利用网络建立先进的客户关系管理（CRM）系统，完善市场统计制度和客户数据库，对参展商或主要贸易观众开展一对一营销，利用互联网与参展商和专业观众进行互动式交流，以便及时改进商品和调整营销计划。另外，还应该引进新的市场营销理念——绿色营销。会展绿色营销是指会展企业在整个营销过程中充分体现环保意识和社会意识，向参展企业和消费者提供科学的、无污染的、有利于节约资源和保持生态平衡的会展服务项目，通过树立生态意识，在公众心目中塑造良好的形象。

（五）会展营销市场细分化趋势

目前，国际会展业已经形成了非常细致的市场分工，例如，会展业分为会议、展览、奖励旅游和节事活动。在会议市场中，可按会议组织者将会议市场分为公司会议市场、协会会议市场、非营利组织会议市场；在国际会议市场上，可按人数将国际会议市场分为ICCA的50人以上的国际会议和UIA的300人以上的国际会议。相比之下，我国的会展业仍处于发展初期，还没形成细分市场，但今后随着我国会展业的发展和成熟，必将产生细化的分工，形成专门经营展览业、会议业、奖励旅游、节事活动及更细分的市场格局。

另外，加大会展业和旅游业的协作力度。国外在开展会展互动尤其是全球性会议或世界博览会的整体促销时，会展部门和旅游业往往能精诚合作，而国内会展业在这方面做得还十分欠缺。在未来一段时期，国内会展业和旅游业要加强合作，因为会展活动和旅游活动存在许多共性，这决定了城市在进行目的地整体促销时，会展部门完全可以和旅游部门协作。即使是会展企业单独开展营销推广活动，也应将会议和展览会与城市及周边的旅游景点和旅游接待设施结合起来。

第四节　会展营销的主体和客体

一、会展营销的主体

会展已成为经济环境的一部分，以至于政府、公司等部门的任何一部分都有可能成为会展的主办机构。一般来说，承办的主要机构有：政府及其附属机构、会展公司、一般营利性组织、非营利性组织、各级各类协会、媒体等。会展活动的主办、承办机构都是会展市场营销的主体。

（一）政府

举办国际性的会议或展览会不仅能给城市带来巨大的直接经济效益，而且在提升城市形象、促进城市建设和相关产业发展等方面也发挥着极大的作用。因此，为了吸引更多、更高档次的会议或展览会在本城市举办，通常必须有当地政府有关部门出面牵头，以会展业为主体，并联合本地的主要会议服务公司、展览企业、会展场馆、商业、经贸、文化等相关企业和部门，开展联合促销，大力度宣传本城市的会展发展条件，全面提升城市会展的知名度和美誉度，以吸引更多的会展组织和专业观众。

（二）会展企业

我国有相当比例的会展活动是由会展企业组织、承办的，而且比例有上升趋势。另外，一般公司和集团公司还可能赞助展览会，在市场上推销他们的产品和服务。它们可能与政府部门结成伙伴，举办服务于某产品或多个产品的展览会。

会展企业主要职能部门一般包括：一是策划部，负责企业策划和展出策划。企业策划主要是对整个会展企业形象的策划、组织的包装等；而展出策划则是指制订展览工作方案，主要是列明工作事项，确定人员的责任范围，安排工作进程、费用支出等。二是业务部，主要职责是招展，即招徕和联系参展商。其具体工作包括招展宣传、选择参展者、组织展览团。除此之外，业务部的其他工作还包括展品运输、展台设计与施工等。三是对外联络部，其主要负责招商、新闻宣传、广告策划实施，协调与社会团体或政府关系等。四是市场部，具体内容包括制订年度场馆销售计划，根据市场变化，对价格政策的制订和修正提出建议并报请企业领导批准后执行；审核参展单位的资质；负责场馆营销，签订场馆出租合同；执行合同收款；负责有关展览会的报批手续等。五是信息部，负责展会的通信、网络数据的租赁业务，以及会展企业信息系统的规划、建设与维护，应用软件及办公电脑、耗材的采购和管理，同时负责企业内部的通信系统及网络的建设与保障工作等。六是管理部，包括对展台准备工作的管理、展台后续工作的管理及展会整体评估工作管理等。

（三）媒体机构

媒体机构是展会举办过程中不可或缺的一部分，从展会的新闻发布会、推介会到开幕式、现场盛况、闭幕式都有媒体机构的身影。它们为展会提供新闻报道，增加展会的曝光率与知晓度。媒体的报道是参展商与观众了解展览会的重要途径，在人们的心目中，媒体报道的多少往往与展会效果成正比关系，即媒体报道多的展会，其影响力大、参展效果好等。

一般情况下，媒体机构并不作为单独的会展主体，他们只是展会主办方的合作伙伴，或是受展会主办方的邀请前来报道展会情况。由于媒体机构在市场宣传方面具有天然的优越性，掌握着强大的招商渠道，有些媒体机构也逐渐开始涉足会展业。有的是与其他展会主办方达成利益分成协议，共同主办展会，媒体机构主要负责市场宣传推广；有的则是媒体机构自己单独举办展览会，利用其自身巨大的影响力独立开展会展业务活动。一般是先设立一个专门的会展部，待时机成熟便组织一家会展子公司。

目前，传统媒体与新兴媒体都有参与展会主办（或承办）的迹象。报业虽然受到新兴媒体的冲击，很多区域性报纸（日报、晨报、晚报等）在当地城市依然拥有大规模的受众和强大的影响力。许多二线城市的展览会都由当地的报业集团主办（或承办），其中也不乏具有全国知名度的展会，如羊城晚报、潇湘晨报、齐鲁晚报旗下均有一批展会项目。许多专业网站利用自身的行业资源与专业化优势也开始举办展览会，如携程网举办酒店用品展，久久婚庆网举办婚庆展。而一些地方性的广播电台利用其影响力举办区域性的展销会或者小型展览会，也取得了较好的效果。

（四）会展场馆

通常情况下，会展场馆的经营模式是：场馆方向主办方出租场地收取租金，同时也向参展商提供服务收取一定的服务费。也就是说，会展场馆一般只经营场馆而不经营展会。但是，我国大部分的场馆利用率都偏低，经营效益较差，处于盈亏平衡的边缘，有的甚至连年亏损。为了提高场馆的经营效益，一部分会展场馆穷则思变，大胆实施“走出去”的战略，举办自办展或者与其他展会主办方联合主办。即使一些经营效益较好的会展场馆，也会遇到会展淡旺季的问题，在会展淡季时，场馆空置浪费，场馆方也会想方设法举办一些展会增加收入。有的场馆在投资建馆时便制订“场馆＋展会”双管齐下的经营战略，如上海新国际博览中心与广州的中洲商务展示中心。

与其他的展会主办方相比，会展场馆举办自办展有其巨大的优势。一方面场馆方举办展会可以节省不菲的场馆租赁费（场馆租赁费一般是展会的主要成本之一），在市场上具有竞争优势。另一方面，场馆方一般拥有自己的施工团队，熟悉场馆结构，举办自家展会能够提供专业、快捷、尽心尽责的会展服务，减少施工事故，提高布展与撤展的效率，同时也提高参展商的满意度。上海新国际博览中心由上海浦东土地发展（控股）公司、德国汉诺威展览公司、杜塞尔多夫展览公司及慕尼黑展览有限公司共同投资建设，它不仅经营场馆租赁服务，自身也举办多个展览会。中洲商务展示中心由广州益武国际展览有限公司拥有和经营，其旗下的中国（广州）编织品、礼品及家居装饰品展和中国（广州）厨卫设备、建材及家用五金展均为UFI认证展会。

二、会展营销的客体

（一）参展商

参展商是受会展组织者邀请，通过订立参展协议书（或会展合同），于会展活动举办的特定时间内在展出场所展示产品或服务的组织或个人。对于会展组织者而言，参展商是最重要的营销对象。会展必须借助相当数量的、高质量的参展商的参与才可能取得成功。参展商是会展市场活动中一个特殊的群体，他们既是需求者，也是供给者。他们作为需求者购买会展服务，而参展过程又作为供给者，其目的是为了推销、宣传、展示自己的产品、服务、技术、信息等，进而能与参展观众（采购商或称专业观众及普通观众）达成即时或未来的交易。也就是说，只有展会能促成参展商达到上述目的，他们才会愿意参展。所以参展观众的档次越高、专业性越强、数量越多、购买能力越强、消费潜力越大，参展商越愿意参加、越愿意支付高价格，最终影响到参展效果。一般来说，参展商参加展览会的目的或动机并非单一的，而是多重的。

（二）专业观众

专业观众又称采购商，是参观并在展会上采购商品，或在展会上寻求合作伙伴的组织或个人。采购商一般通过签订合同的方式达成买卖或合作，也可能为以后进一步的交易进行洽谈以及达成协议。展览会上往往会集中同一行业的许多企业，有利于产品的对比和选择，能让采购商实现集中、便捷、优质、高效、经济的采购，同时还能获取行业发展的最新信息，寻找到中意的合作伙伴。

采购商与参展商互为条件。参展商的数量越多、质量越高就越能吸引采购商来。参展商和采购商就像一台天平的两端，任何一方的“质量”不足都会使天平失去平衡。这两者应该成为主办单位市场营销的主要对象。

（三）普通观众

普通观众只是为了个人或家庭目的参观展览会，属于一般观众。他们参观展览会一般是为了了解新技术、新产品，获取新信息，有的则是出于爱好，如车迷、军迷等爱好者。总体上，消费性展览会、综合性展览会及贸易性展览会的普通观众比例逐个递减。消费性展览会的普通观众占绝大多数，展会期间人来人往，而许多贸易性展览会甚至不对普通观众开放，只接待专业人士。

【复习与思考】

1. 简述会展市场的特征。
2. 如何理解市场营销的内涵？市场营销的观念是如何演变的？
3. 简述会展营销的概念及特征。
4. 如何理解会展营销的发展趋势？
5. 会展营销的主体和客体分别是什么？

【案例分析】

上海车展媒体日、专业观众日、公众日有何区别①

在2017上海车展中，许多网友表示：查看车展信息，发现有媒体日、专业观众日和公众参观日，这三者有什么区别？

媒体日是专门接待各媒体记者参观的日子；专业观众指的是相关行业内的人士，就

① 资料来源：上海本地宝：上海车展的专业观众日专业观众究竟有啥不同 [EB/OL] .http://sh.bendibao.com/news/201745/179196.shtm，2017-04-17.

是日常说的“内行”，如各厂商、经销商、相关配套部件厂商等；公众日就是普通观众购票入场参观的日期。

专业观众是指从事展会上所展出的商品或服务的设计、开发、生产、销售或者提供相关服务的专业人士或者用户，又称贸易观众。在展会，专业观众越多，参展商所获得的利益就会越大。观众的数量、专业观众所占比例、观众对其产品的购买数量、观众对其产品以及公司形象的关注程度等，决定了参展商参展收益的高低。而观众收益的高低则主要由参展商及参展产品来决定。

观众→参展商→主办方→场馆所有者，形成了一条利益的链条。在整个链条中，处于基层的利益主体是观众，因此，不管是场馆所有者、主办方还是参展商都必须密切关注观众的参展动机，并针对观众的参展动机决定具体的营销组合策略，以吸引更多的观众和更高比例的专业观众参展。另外，观众不仅是决定一个展览会各方利益主体收益高低的最终决定因素，而且是决定一个展会是否成功的重要因素。首先，观众的数量决定一个展会的人气，观众越多的展会，也是一个人气指数越高的展会。其次，观众的数量直接决定展会的交易额。最后，专业观众的数量及所占比例的高低直接决定参展商的满意度。

讨论题：

1. 如何理解专业观众与普通观众对上海车展的贡献？
2. 为什么在上海车展会分设媒体日、专业观众日、公众日，它的作用是什么？

第二章

会展营销环境

【学习目标】

1. 了解会展市场营销环境的概念、构成及特点；
2. 掌握会展市场营销宏观环境的构成；
3. 掌握会展市场营销微观环境的构成；
4. 了解会展市场营销环境的分析方法——SWOT 分析法；
5. 学会运用 SWOT 分析法分析某一城市或企业的会展市场营销环境。

【导入案例】

六大环境解析上海会展业①

上海作为中国的经济贸易中心，十分重视发展会展业。上海会展业有如此好的发展状况及良好的发展趋势，主要得益于上海具有良好的会展业发展环境。

1. 政策环境

上海市政府致力通过各项政策推动和法规保障，力求为上海会展业的发展创造相对宽松的环境。一方面积极引进一些国外知名会展企业进驻上海，另一方面积极推进政府、相关会展组织和会展企业加入国际性的会展组织协会。此外，上海市政府还通过了《上海市展览业管理办法》，并于 2005 年 5 月 1 日正式实施。

2. 地理环境

上海具有明显的地理区位环境优势，上海是我国乃至全世界较为重要的海空大港、交通和通信中心，上海通过各种交通方式所连接的海洋腹地和内陆腹地两个扇面，辐射半径之大，为国内许多城市所不及，所以这一优越的区位一方面使上海在我国经济发展

① 资料来源：中国建材网，http：//www.bmlink.com/news/469101.html.

格局中居于重要的地位，另一方面也使上海具有强大的经济集聚和扩散效应。在此基础上发展会展业可以说是得天独厚。

3. 交通及信息环境

发达的交通条件是国际会展市场形成和发展的依托，浦东国际航空港就是上海迈向21世纪的重大举措。上海已建成以浦东国际机场为主、虹桥国际机场为辅的组合型国际航空枢纽港。旅客运送能力基本达到了每年2500~2700万人次；远程旅客运送能力也达到每年8000万至1亿人次。上海发达的信息交通网络最终将会为发展会展业所需要的快捷、信息沟通和立体多层次的交通联运体系提供坚实的基础。上海已初步具备接待大型国际会展的交通条件。

4. 会展场馆设施环境

会展场馆设施环境是举办大型会展活动的基础硬件。作为一项具有国际性的外向型产业，上海已形成了以开发区为核心，辐射至漕河泾开发区、浦东新区一线的会展黄金走廊，拥有上海国际展览中心、上海光大会展中心、上海国际会展中心等一批高档会展场所。上海在会展场馆建设环境上，拥有足够的办展优势和足够的发展潜力。

5. 配套服务设施环境

上海的金融、物流、会展等服务业加快发展，城市交通、通信等基础设施不断改善，将为展览业提供更好的配套设施和服务。在会展接待设施方面，上海拥有多家星级宾馆；为上海会展业提供服务的专业会展公司、搭建公司、运输公司等已逾百家；拥有一支通晓外语、管理、贸易、营销和国际惯例的会展专业人才队伍。可以说，上海已经基本具备了举办大型会展活动的硬件设施和接待能力。

综上所述，上海会展业的发展得益于上海良好的会展环境，从而使得上海会展业具有较强的竞争力。

思考：

1. 上海会展业发展有哪些有利的外部环境？
2. 这些环境因素对上海会展业发展各自有什么样的影响？

第一节　会展市场营销环境概述

会展企业如同其他任何企业一样，在经营过程中不断地与外界发生能量、信息和物质的交换，并且受到各种不可控制或难以控制的因素和力量的影响。这些会展企业赖以生存和发展的外部条件构成了会展营销环境。

会展企业的营销环境与企业经营活动既相辅相成又相互制约。一方面，会展营销环境及其正常变化为企业经营活动提供必需的场所和条件，企业的正常经营活动促进营销环境的稳定。另一方面，会展营销环境的异常变化又可能超越企业的承受力，并破坏企业的新陈代谢；而企业的恶性经营又将导致营销环境的进一步紊乱。

一、会展市场营销环境的概念

会展市场营销环境泛指一切影响和制约会展企业市场营销策划和实施的内部条件和外部环境的总和。本书中的会展市场营销环境概念是指会展企业在其中开展营销活动并受之影响和冲击的难以控制的各种因素和力量。

二、会展市场营销环境的构成

会展营销环境是由影响会展企业营销管理能力的宏观环境和微观环境共同构成。会展营销的宏观和微观环境虽然分别存在于不同的空间范围中，但两者在会展整体营销活动中缺一不可。

会展营销微观环境直接影响与制约企业的营销能力，也称会展直接营销环境，包括营销渠道企业、顾客、竞争者及社会公众等要素。宏观环境则要通过借助会展微观环境为媒介，才能作用于会展营销活动，包括人口、经济、政治法律、科学技术、社会文化等要素。会展营销微观环境中的所有因素都离不开并受制于会展营销宏观环境。会展企业必须努力地将微观环境要素与宏观环境要素协调起来，达到会展营销环境的动态平衡，以更好地满足目标市场需求，从而实现会展营销的可持续发展。

三、会展市场营销环境的特点

（一）会展市场营销环境的客观性

会展企业的市场营销环境总是客观地存在于会展企业周围，其存在并不以企业的意志为转移，并且表现出一定程度的不可控性。例如，会展企业面临的宏观环境，其政治、法律、人口、社会文化等因素都是客观存在的，会展企业不可能按照自己的意愿使之不存在或改变它们。当环境发生改变时，会展企业应该根据环境的变化迅速地改变、调整营销策略以适应环境，企业要想成功，就一定要做到“适者生存”。

（二）会展市场营销环境的差异性

会展市场营销环境的差异性主要体现在两个方面：一是不同的会展企业受不同营销环境的影响；二是同样的环境因素对不同的会展企业的影响也不相同。例如，不同的国家或地区由于社会经济法律制度、民俗文化、经济发展水平的不同，会展市场营销环境具有一定的差异。但即使处于同一国家或同一地区，宏观环境大致相同，其微观环境也会有所差异。例如，在同一城市的会议型酒店、度假型酒店，都面临不同的顾客市场。

（三）会展市场营销环境的相关性

会展市场营销环境是一个系统，在这个系统中，各个环境因素间是相互影响、相互依存和相互制约的，其中某一项因素的变化，都会引发连锁的反应，带动其他因素发生变化，形成新的市场营销环境，即“牵一发而动全身”。例如，一个国家的政治法律环境影响着该国的经济发展速度、方向及科技水平，而经济与科技的发展又会影响政治经济体制的变革。同样，竞争对手是会展企业重要的微观环境因素之一，而宏观环境中政治、法律或经济政策的变动均能影响其竞争对手数量的增减，从而形成不同的竞争格局。显然，各个环境之间有时存在矛盾，如会展旅游中也会涉及某些旅游景点等级较高，但与会展举办城市距离较远、交通不便、可进入性差，这在很大程度上无疑会制约该旅游景点会展旅游市场的拓展。

（四）会展市场营销环境的多变性

会展市场营销环境各项因素的状态随着时间的变化不断地发生着变动，多因素变动的各个状态的多重组合，形成了不同时间相对应的多样化环境。会展需求与可支配收入变化、闲暇时间的分布差异，容易形成会展流的时空波动，如寒暑假、“五一”黄金周、“十一”黄金周等。此外，政治局势的剧变、重大自然灾害的突发、传染性疾病的暴发等环境变化会给会展业造成重大冲击。

会展市场营销环境的变化有大小、快慢之分。如科技、经济等因素的变化相对大而快，对营销活动的影响相对短暂且跳跃性大；而人口、社会文化、自然环境等因素的变动相对较慢、较少，对企业营销活动的影响相对长期而稳定。因此，对于会展企业来说，随时监控与关注环境的变化，以及由此引起对会展企业市场营销活动直接和间接的影响是十分必要的。

（五）会展市场营销环境的可转换性

会展市场营销环境既能威胁到会展企业的发展，同时，又能为会展企业的发展提供机会。会展市场营销环境是动态发展的因素，它对企业的影响不是一成不变的，所以，会展企业在适应环境的同时，还需要积极主动地去发现机会，因势利导，将不利的环境转换为有利于企业发展的因素。

第二节　会展市场营销宏观环境分析

会展企业及其微观环境的参与者，一直处于宏观环境之中，同时，会展的成功举办离不开国际、国家、城市这些大环境的支撑，这些大环境统称为会展营销宏观环境。会展营销环境的宏观营销环境由能够对会展营销微观环境产生重要影响的几大社会因素组成，反映一个国家和社会发展变化状况，包括人口、政治法律、社会文化、经济、技术等环境，现在还增加了一个特殊的环境，即互联网环境，如图 2-1 所示。

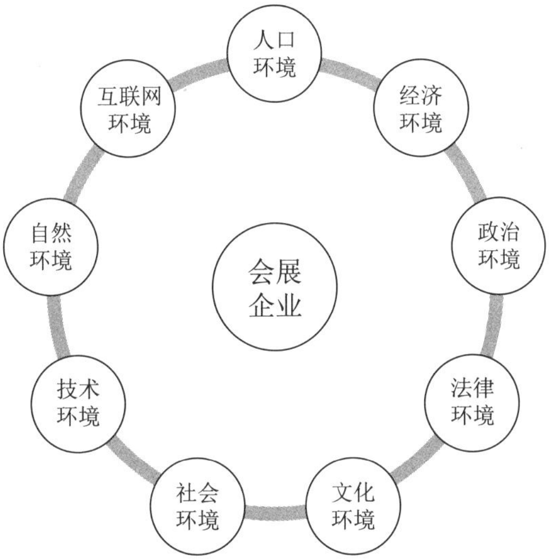

图 2-1　会展营销宏观环境

一、人口环境

人口环境是指人口数量、构成、分布等方面的变动趋势对会展营销活动的影响。由于会展营销活动的最终对象是参展商，而参展商由于年龄、职业、分布等原因，总是处于不断的变化中，所以，会展企业要善于通过敏锐的目光、及时的信息资料，掌握其变化趋势，抓住时机，制定对策。

（一）人口规模

人口是构成市场的基本因素。哪里有人，哪里就有衣、食、住、行、用等各种消费需求。在收入水平一定的情况下，一个国家总人口的多少，决定着市场容量的大小，即一般情况下，人口与市场成正比的关系，会展市场也是如此。

（二）人口地理分布

1. 人口城市化

一般而言，城市居民参与会展人次比农村多，而且比例也高。其原因是城市居民收入较高，会展需求量较大；城市交通发达，会展信息灵通，会展社会条件较好。城市化程度是指城市人口占全国总人口的百分比，它是一个国家或地区经济活动的重要特征之一。城市化是影响营销的环境因素之一，这是因为，城乡居民之间存在着某种程度的经济和文化上的差别，进而导致不同的消费行为。例如，目前我国大多数农村居民消费的自给自足程度仍然较高，而城市居民则主要通过货币交换来满足需求。此外，城市居民一般受教育较多，思想较开放，容易接受新生事物；而农村相对闭塞，农民的消费观念较为保守，故而一些新产品、新技术往往首先被城市居民所接受。企业在开展营销活动时，要充分注意到这些消费行为方面的城乡差别，相应地调整营销策略。

2. 人口地域分布

人口的地域分布是指人口在不同地区的密集程度。人口分布所处地理位置的自然条件不同，会对不同地域的其他事物产生好奇心，从而激发人们产生不同的会展动机。抓住会展者的消费心理，并投其所好地为之选择风格各异的会展，有利于企业营销活动的顺利开展。

（三）人口结构

1. 年龄结构

一般来讲，不同会展主题吸引的参展人员年龄有所不同，不同的年龄层次，其消费能力也有很大差异。因此，企业在确定会展营销目标市场的时候要注意区分不同年龄层次的人群，以达到最佳的营销效果。

2. 性别结构

从世界各国来看，由于近年来要求妇女解放、男女平等、经济独立，参加工作的妇女越来越多，女性与会者也越来越多。

3. 职业结构

不同职业的人员，由于受时间、机会等限制，在参与会展的时间、次数等方面也有所不同。

（四）人口流动

人口的流动包括人口流动的数量、人口流动的区域、人口流动的时间长短、人口流动的距离远近、人口流动的比率及流动人口的结构变化等。参展商或相关与会者属于流动人口的一部分。目前，人口流动的方向是从农村流向城市、城市流向郊区，人口流动的增加无疑会促进会展业的发展。就流动时间与流动距离上来说，随着社会经济的发展，特别是航空业的发展，使参展商或相关与会者参展时间和参展距离增长。

二、经济环境

经济环境是指一定时期国家或地区的国民经济发展状况，主要包括国民生产总值（GNP）、经济发展阶段、收入分配、个人消费模式等有关购买力的变量。经济环境直接影响到会展需求的形成、规模和质量。市场营销学认为，市场是由那些想购买物品并且有购买力的人构成的，这种人越多，市场的规模就越大。进行经济环境分析时，应分析以下主要经济因素。

（一）区域经济形势

一个国家或地区经济形势的变化对会展业的生产经营会产生直接的影响；同时，一个地区的会展消费能力萎缩，将使得把该地作为重点客源市场的他国或地区的会展业遭受严重损失。

（二）国民生产总值

国民生产总值是一个国家某一时期所生产的以市场价格计算的最终产品与劳务的市场价值总和。它是反映国民经济发展的综合指标，相对于国民生产总值，人均国民生产总值更能反映出一个国家人民的富裕程度。

（三）经济发展阶段

不同的国家其经济发展阶段不同，人们对会展这一现象的认识和接受程度也不同，会展需求也就不同。

（四）个人收入

个人收入是指一个国家的所有个人、家庭和私人非营利性机构，在一定时期（通常是一年）从各来源渠道的收入总和，包括工资、红利、租金、退休金、社会保险金、赠予等。从会展营销的角度来考察消费者收入时，须从个人可支配收入、可随意支配收入和恩格尔系数等指标入手。

传统经济社会经济经由起飞前的准备阶段—经济起飞阶段—经济成熟阶段—高消费阶段—追求生活质量阶段，购买力市场规模逐渐扩大，消费者支出模式随之发生变化。随着家庭收入增加，用于购买食品的支出占家庭收入的比重（恩格尔系数）就会下降；用于住宅建筑和家务经营的支出占家庭收入的比重大体不变（燃料、照明、冷藏等支出占家庭收入的比重会下降）；用于其他方面的支出（如服装、交通、娱乐、卫生保健、教育、旅游、会展）和储蓄占家庭收入的比重就会上升。由此，我们可以看出，一个家庭越穷，恩格尔系数越大，用于会展消费的花费就越少，反之就越大。

（五）货币汇率

一个国家外贸收支的变化会引起本国货币汇率的变化，汇率是反映不同国家之间、不同货币之间的比价，对国际会展需求的变化起着重要的作用。在国际会展中，当客源国或地区的货币升值，而会展目的地国商品价格又未提高（包括参会价格），则前者的居民去后者参与会展时支出的货币就会减少，从而促使其会展需求量的增加；反之，则会阻止前者居民对后者的会展需求。对会展目的地国来说，货币升值就会阻碍会展发展，货币贬值则会促进会展发展。因此，会展营销人员应审时度势，利用货币汇率，调整好会展经济的运转，以增加会展收入。

三、政治与法律环境

（一）政治环境

政治环境是国内与国际的政治环境，是对会展营销产生较大影响的环境因素。在国内主要指党和政府的路线、方针、政策的制定和调整，国际政治是指两国或多国之间的政治、军事等关系。一个国家的政局、政策是否稳定，国家之间关系的好坏都会直接影响着会展营销活动的开展。

国家政府的政策对企业的市场营销活动会产生深刻的影响。每一个国家的政府都会运用政策措施和政治权力对有关方面施加影响，从而达到其所要实现的政治与经济目的。因此，企业要搞好营销，必须了解与营销业务有联系的国家政策，关注对方国家政府和政策的稳定程度。

（二）法律环境

法律是体现统治阶级意志，由国家制定或认可，并以国家强制力保证实施的行为规范的总和。对企业来说，法律是评判企业营销活动的准则，只有依法进行的各种营销活动，才能受到国家法律的有效保护。因此，企业开展市场营销活动，必须了解并遵守国家或政府颁布的有关经营、贸易、投资等方面的法律、法规。如果从事国际营销活动，企业就既要遵守本国的法律制度，还要了解和遵守市场国的法律制度和有关的国际法规、国际惯例和准则。

四、文化社会环境

（一）文化因素

文化是人类在社会历史发展过程中所创造的物质财富和精神财富的总和，是人们在社会生活中形成的基本信仰、价值观念和生活准则。

1. 教育状况

一般来说，受教育水平高的国家比受教育水平低的国家具有更强的会展需求，并且文化程度高的消费者，对宣传工具的接触比较多，这对会展营销的广告效果非常有利。

2. 宗教信仰

宗教作为历史的产物，直接影响着人们的生活习惯和风俗喜好，不同的宗教有着不同的文化倾向与戒律，从而影响着人们认识事物的方式、行为准则和价值观念，也影响到人们的消费行为及会展市场营销活动。会展营销人员在国内外开展营销活动时，要注意不同民族、不同国家、不同地区之间的文化传统及宗教习惯的差异，针对不同习惯，进行区别性营销，做到“入境而问禁，入国而问俗，入门而问讳”。

3. 消费习俗

消费习俗是人们各类习俗中的重要习俗之一，是人们历代传递下来的一种消费方式，也可以说是人们在长期经济活动与社会活动中所形成的一种消费风俗习惯。

4. 审美观念

人们的消费行为归根到底不外乎维护每个社会成员的身心健康和不断追求生活的日趋完美。人们的会展活动本身实际上就是一次审美活动，这个审美活动的全过程完全由消费者的审美观念来支配。

5. 语言文字

语言文字是文化长期发展演变的结果，不同的国家有不同的语言文字。而会展营销活动又离不开语言文字，语言不通或表述不准是交流的极大障碍。

正是这些文化因素促成了一个国家特有的消费习惯，表现为具体的市场需求。同时随着时间的推移而不断发生变化，从而影响着顾客的消费心理和消费行为，以此潜移默化地、全方位地作用于会展企业的营销活动。这些因素影响消费者的行为，企业营销工作必须重视和必须适应文化因素。在进行市场营销时，要自觉考虑客源地异地文化的特点，寻求市场营销活动与社会文化因素的相互契合。

（二）社会因素

社会因素比较复杂，但它时刻影响着会展营销活动，具体包括以下三个方面。

1. 相关群体

相关群体是一个人在形成一般或具体的观念、态度和行为的过程中用以比较或参考的任何个人或群体。会展营销人员利用相关群体吸引会展消费者时主要通过三种效应：(1) 名人效应。是指利用名人的巨大影响力及与其相关的物质和事物形成会展产品。(2) 专家效应。是指那些有丰富的专业知识和消费经验的人。这些人或因从事相应的职业，或因受过专业的培训，或者是在某方面有着丰富的经历，而成为广大消费者咨询的对象。(3) 共同性效应。是指会展潜在消费者经常评估他人的相关会展经历，同时考虑被参考的群体与自己有多大的共同性，从而决定参考群体的“满意”或“不满意”对自己有无参考价值。

2. 社会阶层

所有社会和文化中都存在着社会阶层。社会阶层一般被定义为某一特定群体相对其他人所具有的地位和身份。

3. 家庭

家庭是社会组织的一个基本单位，也是消费者的首要参照群体之一，对消费者购买行为有着重要影响。

五、技术环境

科技环境不仅直接影响企业内部生产和经营，还同时与其他环境因素互相依赖、相互作用，对会展业的发展有着巨大的影响。尤其是新技术革命给企业市场营销既创造了机会，又带来了威胁。

从会展企业的角度看，企业的机会在于寻找和利用新技术，而它面临的威胁可能有两方面：一是新技术的突然出现，使企业的现有产品变得陈旧；新技术改变了企业人员原有的价值观。二是新技术给企业带来巨大压力，如果企业不及时跟上新技术革命的发展，其产品很有可能被很快淘汰出局。当然，科学技术的进步促使会展业向多元化发展迈进。伴随着电子商务和 B–B（网络贸易市场）的发展，IT 技术和网络技术进步，“网上会展”已在会展业中异军突起。

六、自然环境

自然环境是指地理位置和景观资源给会展营销活动带来的影响。它一方面能给会展企业带来市场机会，另一方面也会给其造成环境威胁。如大气污染、温室效应、海洋生态危机、垃圾难题、人口增长过速等全球环境问题，也会对会展目的地的选择有极大的影响。

七、互联网环境

互联网没有时间和地区的限制，它不仅是一种比传统媒体更为强大的传播媒体，也是一种新的商务活动平台和营销手段，也是企业市场营销活动面临的一种新环境。这种新的环境使市场营销面临许多与过去不同的经济规律、市场规则及不同的顾客需求和行为。

网络具有高效性、普及性、虚拟性和强大的信息集散功能等优势，这些使得结合互联网发展的会展形式，即网络会展具有虚拟性、开放性、通用性和可扩展性的特征。与传统的实物会展相比，网络会展在时空、资源、成本、效益等方面有着明显的优势。

（1）更完善系统的功能。网络会展平台的高级功能有待开发，如用于不同种类、性质的展览的便利模板的创建；寻找一个机制保证信息传输的安全性；保证虚拟内容的持续更新，这个更新必须是全部内容的更新，而不是仅仅一个文件的更新。国外会展业中现在出现了一些颇受欢迎的新功能，如系统集成数据库、集成买家检索分析系统、对口观众信息发布、客户关系管理、在线配对买卖服务、现场跟踪、后期数据挖掘、智能化设备管理等，这些应该成为中国网络会展平台功能的发展优势。

（2）更加人性化的服务。网络会展平台的服务更加人性化，能提供有针对性的服务，方便参展商监控会展全过程。展位有详细的数据统计，从而为参展商提供实时信息，包括参观者数量、注册用户数量、点击率、流量等。参展商可以将该窗口下载到自己的计算机上，这样参展商不用登入平台或者链接，就可以实时监控自己展位的动向。

（3）注重平台品牌化建设。网络会展成功的关键是流量，流量越大，参展商越高兴，因为这意味着潜在的商机越多。要增加流量，重点在于提高该网络会展平台的知晓度和扩大其传播范围。网络会展平台必须要有完整的营销策划方案，实行全球沟通战略，实施品牌化战略，以便在全世界范围内产生流量。网络会展方必须重视顾客满意度，要精心设计虚拟会展的网站、服务项目和功能，不断提升平台的知名度。

（4）移动互联改变习惯方式。移动互联可以改变观众的参观习惯，提升参展体验；移动互联改变展会的宣传推广方式；移动互联还可以改变商业思维，可以用国际化思维聘用国际人才，合作分享跨界思维方法等手段，促进会展业繁荣发展。

【案例拓展】

中国（广东）国际“互联网+”博览会高端论坛①

“互联网+”如何让制造业实现智能制造？“互联网+”如何助力企业实现数字化转型？“互联网+”将如何改变我们的生活？这三个围绕展会主题的疑问将贯穿这些重量

① 资料来源：中国（广东）国际“互联网+”博览会高端论坛，http：//www.internetplus-expo.com/.

级论坛，满足观众“看展会”的同时，享受“听未来”的体验。在中国机械工程学会、汉诺威米兰展览（上海）有限公司共同举办的“互联网 +”战略助力制造业转型升级研讨会上，专家学者共同探讨了互联网与制造业深度融合，预测“互联网 +”催生新一轮的工业革命，深度解析中国制造 2025 和工业 4.0 的研究成果，梳理调动制造业和互联网企业积极性的因素，打造经济发展新动力，实现制造业强国战略，开辟极为广阔的制造业转型升级应用市场。并且由来自欧洲的专家介绍国外在人工智能、机器学习、VR/AR、大数据、物联网等新技术在制造业上的实际应用。

与此同时，在面对全球数字化大浪潮的背景下，中国企业面临着利用数字化实现转型升级，提高企业竞争力的机遇与挑战。而在此次“互联网 +”博览会期间，“智慧企业数字化转型之道专场论坛”“企业凌云转型增效实战高峰论坛”等活动，为企业找到了取胜之匙。论坛将围绕规划建立智慧企业 IT、传统企业向智能制造变革及利用云计算在采购、物流等环节实现智能管理，让海量数据为企业服务等主题展开积极的讨论与分享。

第三节　会展市场营销微观环境分析

会展营销微观环境是指与会展企业市场营销活动直接发生关系的具体环境，是决定企业生存和发展的基本环境。会展营销环境的营销微观环境包括会展企业、会展资源供应者、会展营销中介、顾客、竞争者和公众六大部分，如图 2–2 所示。

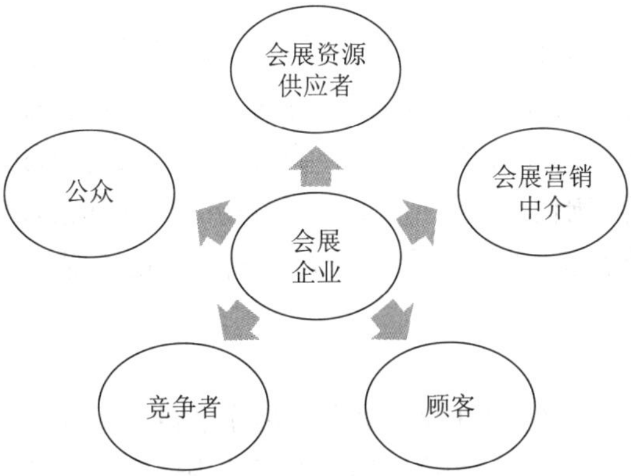

图 2–2　会展营销微观环境

一、会展企业

微观环境中的第一力量是会展企业内部的环境力量，良好的会展企业内部环境是会展企业营销工作得以顺利开展的重要条件。内部环境由会展企业高层管理（董事会、经理等）和会展企业内部各种组织（财务、科研开发、采购、生产等）构成。营销部门工作的成败与会展企业领导及其各部门的支持有很大关系。会展企业所有部门都同营销部门的计划和活动发生着密切的关系，各管理层之间的分工是否科学、协作是否和谐，能否精神振奋、目标一致，配合默契，都会影响会展企业的营销管理决策和营销方案的实施。

二、会展供应者

会展供应者是指向会展企业提供生产产品所需要的资源的会展企业或个人，包括提供原材料、设备、能源、劳务、资金等。其所提供的资源质量、价格和供应量，直接影响着会展企业产品的质量、价格和销售利润。会展企业应从多方面获得供应，而不可依赖于单一会展供应者。

三、会展营销中介

会展营销中介是指在会展企业把产品送到最终购买者手中给予帮助的有关机构，包括营销实销实体分配机构（批发零售环节）、营销服务机构（广告公司等）和金融中介（银行、保险公司等）。这些都是市场营销中不可缺少的中间环节。会展企业在产品营销过程中，必须处理好同行业内外部各种会展营销中介机构的关系。

四、顾客（目标市场）

顾客，即目标市场。这是会展企业服务的对象，是会展企业的"上帝"，也是营销活动的出发点和归宿。因此，顾客是企业最重要的环境因素。购买者是企业服务的对象，同时也是产品销售的市场和企业利润的来源。企业的一切营销活动都应该以满足顾客的需要为中心。

会展企业需要仔细了解自己的顾客市场。会展产品的购买者可分为两大类：个体购买者、组织购买者。每一购买者市场都有自身的特点，会展企业应按照顾客及其购买目的的不同来细分目标市场，并且认真研究影响每一个购买者市场的因素，对它们进行市场细分，在市场细分的基础上，进行企业目标市场的选择和市场定位。市场上顾客不断变化和不断发展的消费需求，要求会展企业以不断更新的产品提供给消费者。

五、竞争者

会展企业面对着的一系列竞争者，每个会展企业的产品在市场上都存在数量不等的业内产品竞争者。会展企业的营销活动时刻处于业内竞争者的干扰和影响下。因此，任何会展企业在市场竞争中，主要是研究如何加强对竞争对手的辨认与抗争，采取适当而高明的战略和策略谋取胜利，以不断巩固和扩大市场。

六、公众

公众是指对企业实现营销目标的能力有实际或潜在利害关系和影响力的团体和个人。会展企业所面临的公众主要有六类。

（1）政府。指有关政府部门。会展企业营销在制订发展计划时，必须考虑政府的发展政策，必须严格执行政府规定，还要同有关政府部门建立良好的关系。

（2）媒介公众。指报社、电台、电视台等大众传播媒介。这些团体对会展企业的声誉的正反面宣传有着举足轻重的作用。

（3）金融公众。指关心并可能影响会展企业获得资金能力的银行、保险公司、投资公司、证券公司等。

（4）群众团体。如消费者组织、劳动权益保护组织、未成年人保护组织及群众团体等。他们是会展企业必须重视的力量，需要重视他们的社会影响力，关注并尊重他们的活动。

（5）社区公众。指会展企业所在地附近的居民和社区组织。会展企业在营销活动中要避免同周围的公众利益发生冲突，应指派专人负责处理社区部门关系，并努力为公益事业做出贡献。

（6）一般公众。会展企业的“公众形象”即一个会展企业在一般公众心目中的形象，它对会展企业的经营发展是至关重要的。会展企业需要了解一般公众对它的产品和活动的态度，争取在公众心目中建立良好的会展企业形象。

现代企业是一个开放的系统，上述各类公众都与企业的营销活动有着直接或间接的关系。企业的营销活动必然与各方面发生联系，必须处理好与各方面公众的关系。

第四节　会展市场营销环境分析方法与对策

企业的生存与发展既与其生存的市场营销环境密切相关，又取决于企业对环境因素及其影响所持的对策。不同企业应根据所处营销环境的不同而采取相应的对策。

一、营销环境机会与威胁

市场营销环境的变化对会展企业可能产生的影响主要有两种：一种是环境的变化对企业形成新的市场机会；另一种是环境的变化对企业造成新的营销环境威胁。

所谓营销环境机会，是指由于环境变化形成的对会展企业营销管理富有吸引力的、能享有竞争优势和获得差别利益的有利因素。

所谓营销环境威胁，是指由于环境的变化形成或可能形成的对企业现有营销活动造成冲击和危害的不利因素。

二、SWOT 分析法

SWOT 分析是广为应用的一种机会—威胁分析方法。SW 是指会展企业内部的优势和劣势（Strengths & Weaknesses），OT 是指会展企业外部的机会与威胁（Opportunity & Threat）。SWOT 分析就是会展企业在选择战略时，对该企业内部的优劣势和外部环境的机会与威胁进行综合分析，据此对备选战略方案做出系统评价，最终选出一种适宜的战略方案。

（一）分析环境因素

1. 竞争优势（S）

是指一个企业超越其竞争对手的能力，或者指公司所特有的能提高公司竞争力的东西。例如，当两个企业处在同一市场或者说它们都有能力向同一顾客群体提供产品和服务时，如果其中一个企业有更高的赢利率或赢利潜力，那么，我们就认为这个企业比另外一个企业更具有竞争优势。竞争优势可以表现为以下几个方面的优势：

（1）技术技能优势。例如，独特的生产技术，低成本生产方法，领先的革新能力，雄厚的技术实力，完善的质量控制体系，丰富的营销经验，上乘的客户服务，卓越的大规模采购技能。

（2）有形资产优势。例如，先进的生产流水线，现代化车间和设备，拥有丰富的自然资源储存，吸引人的不动产地点，充足的资金，完备的资料信息。

（3）无形资产优势。例如，优秀的品牌形象，良好的商业信用，积极进取的公司文化。

（4）人力资源优势。例如，关键领域拥有专长的职员，积极上进的职员，很强的组织学习能力，丰富的经验。

（5）组织体系优势。例如，高质量的控制体系，完善的信息管理系统，忠诚的客户群，强大的融资能力。

（6）竞争能力优势。例如，产品开发周期短，强大的经销商网络，与供应商良好的伙伴关系，对市场环境变化的灵敏反应，市场份额的领导地位。

2. 竞争劣势（W）

是指某种公司缺少或做得不好的东西，或指某种会使公司处于劣势的条件。可能导致内部弱势的因素有：①缺乏具有竞争意义的技能、技术；②缺乏有竞争力的有形资产、无形资产、人力资源、组织资产；③关键领域里的竞争能力正在丧失。

3. 潜在机会（O）

市场机会是影响公司战略的重大因素。公司管理者应当确认每一个机会，评价每一个机会的成长和利润前景，选取那些可与公司财务和组织资源匹配、使公司获得竞争优势的潜力最大的最佳机会。潜在的发展机会包括：①客户群的扩大趋势或产品细分市场；②技能、技术向新产品新业务转移，为更大客户群服务；③前向或后向整合；④市场进入壁垒降低；⑤获得并购竞争对手的能力；⑥市场需求增长强劲，可快速扩张；⑦出现向其他地理区域扩张，扩大市场份额的机会。

4. 外部威胁（T）

在公司的外部环境中，总是存在某些对公司的盈利能力和市场地位构成威胁的因素。公司管理者应当及时确认危及公司未来利益的威胁，做出评价并采取相应的战略行动来抵消或减轻它们所产生的影响。公司的外部威胁可能有：①出现将进入市场的强大的新竞争对手；②替代品抢占公司销售额；③主要产品市场增长率下降；④汇率和外贸政策的不利变动；⑤人口特征、社会消费方式的不利变动；⑥客户或供应商的谈判能力提高；⑦市场需求减少；⑧容易受到经济萧条和业务周期的冲击。

（二）构造 SWOT 分析矩阵

如图 2–3 所示，图中的 SO，表明外部有许多机会，内部又具有强大优势，宜采用发展型战略；WO，表明外部有机会而内部条件不佳，可采取措施来扭转内部劣势，宜采用先稳定后发展战略，即扭转型战略；WT，表明外部有威胁，内部状况又不佳，企业应设法避开威胁，消除劣势，可采用紧缩型战略；ST，表明企业拥有内部优势但外部存在威胁，宜采用多元化经营战略分散风险，寻求新的机会。

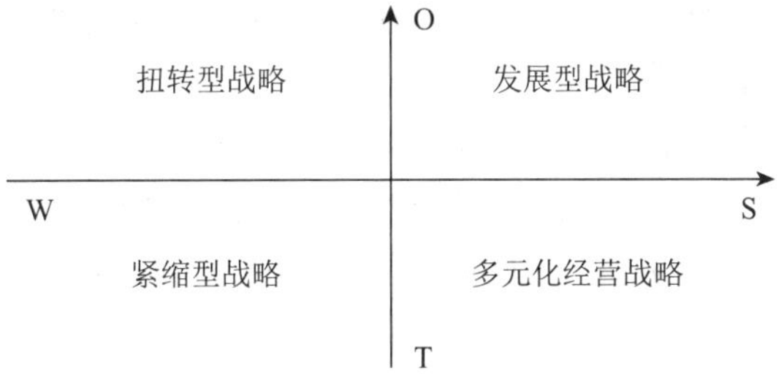

图 2–3　SWOT 分析矩阵

（三）制订行动计划

在完成环境因素分析和 SWOT 矩阵的构造之后，便可以制订出相应的行动计划。制订计划的基本思路为：发挥优势因素，克服弱势因素，利用机会因素，化解威胁因素。运用系统分析的综合分析方法，将排列与考虑的各种环境因素相互匹配起来加以组合，得出一系列企业未来发展的可选择对策。

三、企业的对策

企业面临的市场机会、威胁都是客观存在的，通常，旅游企业环境中的任何一个因素的变化，都可能会给旅游企业带来新的市场机会和环境威胁。企业如果不能及时利用机会，可能会失去大好的发展契机，若不能恰当、及时地处理环境威胁，可能会导致情况恶化，使企业陷入困境。从总体上讲，企业对于市场机会和环境威胁是不可控制的，但可以通过企业的努力，利用市场机会，化解环境威胁，从而使企业得到更好的发展，获取更多的利润。

（一）利用市场机会

市场机会对企业来说是难得的宝贵资源，有效地捕捉和利用市场机会是旅游企业营销成功和发展的前提。企业营销人员不仅要善于发现和识别市场机会，还要善于分析和评估市场机会，并对其充分地加以利用。

（1）及时。企业的营销人员必须时刻保持“机不可失，时不再来”的紧迫感，及时地发现市场机会，并且要抢在竞争对手前面采取应对措施，争取主动，做到“人无我有”。

（2）创新。企业在利用市场机会时要勇于创新，突出特色，做到“人有我优”。

（3）应变。企业所面临的市场机会，也有可能在一段时间后变成对企业的威胁。因此，企业营销人员要密切关注这些因素，认真分析机会给企业带来的潜在利益的大小及机会出现的概率，做到及时应变。

（二）化解环境威胁

（1）反抗。企业要设法限制或尽力扭转不利因素的发展。

（2）转移。避开环境威胁，即将受到环境影响比较严重的业务转移到盈利较多的业务上，通过多元化经营来降低风险。

（3）减轻。通过企业营销策略的改变，来减轻客观存在的威胁对企业造成的危害。

（4）改良。改进自身产品，增强对环境威胁的防御能力。

（5）转化。因势利导，通过企业及相关部门的努力，将威胁因素转化为市场机会。

（6）防备。防患于未然，尽最大努力避免威胁的产生。

总之，旅游市场营销环境是旅游企业经营活动的约束条件。旅游企业经营的成败，关键看旅游企业是否能适应不断变化的市场营销环境。当前，科学技术飞速发展，生产力水平明显提高，使得市场营销环境变化速度越来越快。因此，对于会展市场营销人员来说，除了要制定不断适应外部环境变化的营销组合，还要积极主动地适应和改变营销环境。只有这样，才能在新的时代、新的形势下，抓住市场机会，打造会展企业的优势，增强竞争力，实现会展企业的目标。

【复习与思考】

1. 什么是会展市场营销环境？宏观环境与微观环境包括哪些因素？
2. 经济环境对参展者的消费选择会产生什么影响？
3. 技术环境对会展营销活动有哪些影响？
4. 会展市场营销活动应如何适应人口环境？
5. 企业对营销环境影响的对策有哪些些？
6. 自然环境是如何影响会展市场营销活动的？
7. 结合“9·11”事件，分析政治因素对一个国家或地区会展业的影响。选择你所熟悉的一家会展企业分析其市场营销的外部环境和内部环境。

【案例分析】

杭州努力打造具有全球影响力的“互联网+”创新创业中心①

在杭州即将举办G20峰会和亚运会前夕，杭州城市国际化发展进入了重要“窗口期”。但对照建设世界名城目标和可持续发展要求，杭州在各个方面还存在不少差距。

① 资料来源：新浪网，http：//zj.sina.com.cn/finance/regional/2017-03-08/detail_f-ifycaafp2261491.shtml.

为了用好战略机遇扬长避短，全面提升杭州城市国际化水平，努力让人民群众共享更好环境、更好发展、更好生活。杭州提出打造四大个性特色和加快形成四大基础支撑。

1. 具有全球影响力的“互联网 +”创新创业中心

以杭州国家自主创新示范区建设为龙头，实施“一区十片、多园多点”发展布局，加快创新创业平台建设。到 2020 年，全市聚集国内外顶尖人才 20 名左右、国家级领军人才 500 名左右、海外高层次人才 2 万名左右。

大力发展新一代信息技术、高端装备制造、汽车与新能源汽车、节能环保与新材料、生物医药和高性能医疗器械、时尚六大重点产业，跟踪发展人工智能、量子通信、增材制造、新型显示、虚拟现实等前沿产业，抢占全球产业制高点。到 2020 年，高新技术产业增加值占工业增加值比重达到 50% 以上。

推进国家综合保税区建设，打造“网上丝绸之路”重要战略枢纽城市，支持企业用好国际国内资源、技术和市场，建设一批境外产业合作园区，实施一批参与“一带一路”建设重大项目。

2. 国际会展目的地城市

充分发挥杭州成为 G20 峰会举办城市的带动效应，引进一批有世界影响的国际会展、高端论坛项目。到 2020 年，杭州进入由国际大会及会展协会发布的全球会展目的地城市前 80 强行列。

完善以杭州国际博览中心为重点的大型会展场馆布局，提升会展服务水平和配套能力，打造会展创新创业基地。继续推进西湖国际博览会转型升级，提升世界休闲博览会、中国国际动漫节等展会国际化水平，培育具有国际影响力和号召力的本土会展品牌。

增强国际体育赛事组织能力。按照国际一流水准，推进一批重点体育场馆建设和改造提升，办好 2018 年世界短池游泳锦标赛、2022 年亚运会等重大赛事。到 2022 年前，累计承办各类国际 A 类体育赛事 10 项。

3. 国际重要的会展休闲中心

制订实施新一轮会展国际化行动计划，拓展“互联网 + 会展”模式，加快发展智慧会展、共享会展等新业态。积极引进大型品牌主题公园，打造一批世界级会展产品和品牌。

以创建国家全域会展示范区为契机，持续推进“会展西进”，打响一批会展特色小镇品牌，大力发展乡村会展，把三江两岸打造成为最美绿色风景廊道，构建大杭州全域化会展新格局。到 2020 年，全市会展休闲产业增加值年均增长 10% 以上。

用好杭州航空口岸 144 小时过境免签政策，完善中转服务体系，争取境外旅客购物离境退税试点，加快进境免税店落地和大型免税购物中心、区域性进口商品展示交易中心建设。

4. 东方文化国际交流重要城市

发挥西湖文化景观、大运河两大世界文化遗产的带动效应，推进跨湖桥、良渚、南宋皇城、钱塘江古海塘、西溪湿地等文化遗产保护与开发，传承弘扬中国篆刻、蚕桑丝织技艺、浙派古琴艺术等人类非物质文化遗产和优秀传统文化，形成世界级文化遗产群。到2020年，文化创意产业增加值年均增长12%以上。

支持重点文化企业参与国际展会，开拓海外文化市场。加快建设具有国际水平的音乐厅、美术馆、书画院，培育引进国际一流演艺经纪公司，策划举办一批具有国际影响的音乐节、舞蹈节、电视节、会展节等重大文化活动。

讨论题：

1. 杭州打造的四大特色涉及了哪些市场营销环境？
2. 试用SWOT分析法分析杭州的会展业发展环境，并提出杭州会展业发展策略。

第三章

会展营销信息和调研

【学习目标】

1. 理解会展营销信息系统的概念及构成；
2. 了解会展营销调研的主要内容及一般流程；
3. 掌握会展营销调研的常见方法；
4. 掌握会展营销调查问卷的设计要点和技巧。

【导入案例】

大连市车展策划前期调研准备工作①

要成功举办一个大型会议或展览，立项策划是关键，而立项策划的关键又在于能够准确地掌握一些客观有效的市场信息，按照市场调研系统充分掌握各种市场信息以确保未来的会展项目具有乐观的发展前景。“中国大连车展”立项的前期调研就是很好的例子。

大连市是一个滨海城市，环境宜人。大连国际车展目前已经成功跻身国际知名车展之列，是中国连续举办时间最长、汽车销量最大的展会，但在其举办之初也曾面临重重困境。1996 年大连星海会展中心建成投入使用，首届车展的举办面临时间紧、任务重、没有客户、没有经验且招商难的问题，为了将大连的车展举办成功，大连市贸促会了解行业情况，重点邀请大连市汽车经销商参展。之后，通过对汽车行业的调查分析，了解到当时的国内还没有汽车品牌的合资工厂，国内仅有“三大三小”汽车工厂，国外的品牌仅在国内设有办事处或销售部。根据市场分析，大连市确定了主攻方向，第一是国内

① 资料来源：杨扬，仰山 .2017 第二十二届大连国际汽车展览会［N］. 大连日报，2017-08-21.

“三大三小”汽车工厂，第二是国外汽车公司在中国设立的办事处或销售部，第三是北京和上海的汽车展览参展商。工作人员奔赴北京、上海、武汉、长春、广州等地，通过亲自拜访或电话等各种方式，同各种能接触的汽车厂家进行交谈，并有针对性地向外推介大连国际汽车展。经过不懈努力，从第三届大连汽车展起，室内外展场总规模就达到了 2.1 万平方米。并由此将大连的国际汽车展定在每年 8 月下旬定期举办。

为使调研工作顺利开展，主办方设法得到了大连市政府、中国国际贸易促进委员会、中国国际贸易促进委员会汽车行业分会与大连市分会、中国汽车工业协会、中国汽车工程学会、中国汽车工业进出口总公司、大连国际商会展览公司的大力支持，为其提供了很多重要的行业资料，大大方便了市场调研工作。此外，大连于 2005—2009 年升级展馆硬件，依托大连保税区“境内关外”的政策优势，加大力度对保税区经营进口汽车品牌的企业进行招商，多次拜访北汽、长安、吉利等发展迅速的企业，对国内国外汽车品牌的邀请，并到国内最有影响力的北京、上海汽车展，学习展会布局、现场搭建和服务管理经验等。2010 年，大连国际汽车展新建 F 馆，并设为豪华车馆，首次大规模展出劳斯莱斯、宾利、法拉利、玛莎拉蒂、兰博基尼、保时捷等国际名牌，参观人数达 35 万人次，销售 6750 辆，销售额 14.06 亿元。截至 2016 年，大连国际汽车展 21 年来累计销售汽车 97275 辆，销售额达 211.21 亿元，其中销售进口车 15726 辆。2017 年的车展主题是“新能源、互联、智能”，为期 5 天的车展观众达 30.2 万人次，展会现场销售汽车 9260 辆，交易额达 12.45 亿元人民币。展会为汽车厂家宣传品牌形象、开拓市场范围、提升销售业绩发挥了积极的促进作用。

思考：

1. 市场调研是成功举办会展活动的必要环节吗？
2. 市场调研有哪些方法？市场调研对一场成功的会展活动有哪些影响？

第一节　会展营销信息系统

在活动开展之前搜集有效信息是必不可少的一部分，有效信息的数量和质量直接影响到决策和活动的质量。《孙子·谋攻篇》中提到：“知彼知己，百战不殆；不知彼而知己，一胜一负；不知彼，不知己，每战必殆。”在当前竞争激烈又瞬息万变的市场环境里，有效的信息对一场会展策划和营销活动的影响越来越大，会展企业要在日益严峻的市场环境中求生存、谋发展，就必须掌握营销信息，进而建立快速反应的营销信息系统。

一、会展营销信息系统的含义

会展营销信息系统（Marketing Information System，MIS.）是会展企业内部由营销人员、信息处理技术设备和信息处理运行程序组成的一个持续的、彼此关联的系统。该系统准确、及时地对有关信息进行收集、分析、评估、选择与传输，以便营销决策者制订市场营销计划、执行和控制市场营销活动。会展营销信息系统构成如图 3–1 所示。

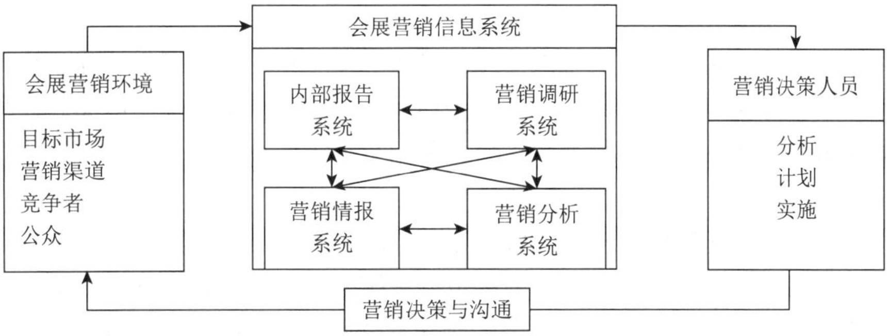

图 3-1　会展营销信息系统

由图3-1可知，营销信息系统处于营销环境与营销决策人员（即信息使用者）之间，系统由四个子系统即内部报告系统、营销情报系统、营销调研系统和营销分析系统构成。四个子系统根据需要收集营销环境提供的各种信息，再对所得信息进行系统的分析与加工整理，然后传导给营销决策人员，营销决策人员依据这些信息进行营销决策，最后通过营销沟通流程流回市场，作用于营销环境。

二、会展营销信息系统的构成

（一）会展营销信息

会展营销信息指会展企业为有效开展会展营销活动所需收集、处理的各种相关环境数据，具体包括宏观环境信息和微观环境信息。会展营销活动处于不断动态变化的市场环境之中，营销环境既能为展会带来市场机会，也可能造成潜在威胁，对会展公司而言，持续不断地观察与适应变化着的市场环境是非常重要的。

1. 宏观环境信息

宏观环境指对办展机构可能产生影响且多为会展企业自身所不能控制的各种外部力量，包括人口环境、经济环境、政治法律环境、文化社会环境、技术环境、自然环境、互联网环境等。宏观环境对会展营销的影响具有两个显著特征，即强制性和不确定性。开展会展营销必须密切关注宏观环境信息，制定与之相适应的营销战略与策略，抓住市场机会，规避市场风险。

2. 微观环境信息

微观环境指对办展机构会构成直接影响的各种因素，由会展企业组织内部、营销中介、展会服务商、客户、竞争对手及社会公众等构成。会展企业必须做好微观环境信息的情报收集与市场调研，尤其应加大对目标客户需求和竞争环境方面的调研力度。

（二）会展营销信息系统的构成因素

如前所述，会展营销信息系统由内部报告系统、营销情报系统、营销调研系统和营销分析系统构成。以下将分别阐述会展营销信息系统的四个子系统。

1. 内部报告系统

内部报告系统是会展营销决策人员使用最多、最基本的信息搜集处理系统。其最大特点包括：①信息来自企业内部，如会展企业的各种文件档案的招展情况表、一线销售部门的业绩表、人才资源部门信息表、财务部门报表等；②通常是定期提供信息，用于会展营销日常活动的计划、管理与控制。

会展企业在设计和运行内部报告系统时，应特别注意以下问题。

（1）规范化。规范化运作是保证内部报告系统数据稳定性和准确性的基础，如果不能保证系统信息数据的准确性，就无法保证分析结果的安全性，由此而做出的营销战略与策略也不具有针对性。

（2）时效性。我国会展市场竞争日趋激烈，市场环境瞬息万变，谁能在第一时间抓住市场机会，就能在激烈的市场竞争中占得先机、赢得主动，快速、及时、有效的情报提供和战略运用，可以帮助企业抓住市场机会；反之，则可能使近在眼前的市场机会转瞬即逝。

（3）针对性。会展企业内部报告系统应避免目标数据的非相关性，即信息要求准确且信息量少，减少营销决策人员处理信息资料的繁杂程度，使其有更多精力投入到营销分析、营销战略与策略的制定上。

（4）内部报告系统对营销决策人员也提出了较高要求。由于提供信息的部门不同，其所提供信息的服务目的也不同，导致各种信息交织在一起，信息量大而杂乱，这就对营销决策者的个人能力提出要求。相应的决策者也应该具有敏锐的营销思维，准确有效地筛选与甄别信息，合理利用信息，为会展营销决策提供合理的数据分析参数。

2. 营销情报系统

营销情报系统的主要功能是向会展企业的营销决策部门及时提供有关外部环境发展变化的情报信息，借助该系统，可将外部环境发展趋势及最新信息传递给会展企业营销部门，为其进行营销战略决策提供重要参考。

企业的营销情报系统是指营销人员取得外部市场营销环境中的相关资料的程序或来源。营销情报系统的任务是提供外界市场环境所发生的相关动态信息。如前所述，会展营销活动的开展与实施会受到各种外部环境因素的影响与制约，它们既可能为会展营销带来市场机会，也可能造成潜在威胁，会展企业只有做好对外部环境信息的情报收集与市场调研，才能更好地把握市场机会，规避市场风险。

会展企业获得营销情报的途径是多种多样的。比较常见的有进行案头调查，如查阅企业资料、商业报刊、公开出版的图书期刊、统计公报、网上资料；与客户（参展商或专业观众）座谈、进行问卷调查、到展会现场观察、与招展代理商座谈；通过向相关咨询机构或情报商购买市场信息；参加各种贸易展览会等。为拓宽收集情报的渠道，进一步提高收集情报的数量和质量，会展企业还可以采用以下方法。

（1）训练和鼓励销售等一线人员收集情报。销售人员是最直接接触外部环境特别是会展客户的人员之一，他们能直接接触到大量决策人员接触不到的营销情报，会展企业应训练和鼓励销售人员去发现和收集情报，建立良好的制度，使销售人员及时撰写报告或将情报信息输入营销管理的电脑系统中。

（2）利用销售代理商收集情报。销售代理商是受会展主办方委托进行展位销售或招商的，它们直接与目标客户接触，易于了解客户的需求特点、其对展会及主办方的意见与要求，会展企业可通过建立销售代理商定期书面报告制度，要求代理商每隔一段时间向主办方以书面形式对招展、招商情况进行汇报，以便会展企业及时收集营销情报。

（3）聘请专家收集营销情报，或向市场调研公司或行业信息机构购买相关市场动向、竞争态势等情报。上述专家及专业机构调研经验丰富，调研技术与手段先进，其提供情报信息的质量很高。

（4）会展企业还可在本企业内部建立营销信息中心，安排专人负责营销情报收集、编写简报及情报传递等工作。

3. 营销调研系统

营销调研系统的任务是针对会展企业面临的具体问题，对有关信息进行系统的收集、分析和评价，并对研究结果提出正式报告，供营销决策人员用于解决特定的问题。

营销调研系统与内部报告系统、营销情报系统最大的区别在于：它的针对性很强，是为解决特定的具体问题而从事的信息收集、整理与分析工作。换言之，营销调研系统具有鲜明的针对性特征，即针对会展营销活动中某些特定的具体问题收集原始数据、分析研究并编写调研报告，以供决策部门参考。会展企业在营销过程中，经常需要对某个特定问题或机会进行重点研究，如某一会展项目立项前，对其市场可行性和发展前景的研究，或在制定展位价格时，对参展商价格接受能力的预判，或了解参展商对某一特定展会组织与服务的满意度等。显然，对这些市场问题的研究，无论是内部报告系统还是营销情报系统都不能很好地胜任，而需要由营销调研系统来承担。

4. 营销分析系统

营销分析系统对各种统计数据进行统计分析，建立数学模型，帮助营销管理部门分析复杂的营销问题，以便更好地进行营销决策。

营销分析系统包括两组工具，即统计工具库和模型库。其中统计工具库借助各种统计分析技术或方法从已获得的各种信息数据中提取有意义的信息，比较常用的统计分析工具如相关分析、指数分析、因果分析、趋势分析等，这些方法是分析和预测未来经营状况和销售趋势的有效工具。模型库包含了各种有助于会展企业进行科学决策的数学模型。自 20 世纪 60 年代以来，管理学领域大量引进数量模型作为决策依据的做法也渐为市场营销学领域所效仿。营销专家借助数学工具建立了大量的数学模型以用于营销决策，如新产品销售预测模型、广告预算模型、竞争策略模型、产品定价模型及最佳营销组合模型等，借助这些模型和程序，可以从所收集的情报和信息中发掘出更精确的调查结果。现在，越来越多的会展企业也在致力于建立先进的营销信息系统，将会展营销活动所涉及的各种数据的处理工作纳入该系统，应用数量模型进行科学的营销决策。

第二节 会展营销调研的内容与程序

会展营销调研是会展项目成功举办的前提和重要基础，其在会展营销活动中扮演着极为重要的角色。一项大型会议或展览，从选题、立项策划，到展位定价、招展招商，再到会展服务全过程都离不开广泛、深入的营销调研。根据美国 Frost Miller 集团和 Jacobs Jenner & Kent公司联合主持的第三届参展趋势调查（针对贸易展会组织者）结果，通常那些广受欢迎的展会开展营销调研的频率是普通展会的四倍。

一、会展营销调研的内涵

会展营销调研是指会展活动的组织者利用市场调查的方法和手段，对与本会展项目相关的会展市场情报进行系统的收集、整理、分析和评价，旨在为组织制定营销决策提供科学依据的活动。这一定义可从以下三方面理解：

（1）动态性。会展营销调研是一个动态过程，旨在为处在动态市场竞争环境中的会展主办方制定营销决策提供依据。

（2）客观性。会展营销调研的成果既可以是直接的调研统计数据，也可以是市场调研分析报告，在实际工作中后者往往居多。

（3）目的性。会展营销调研必须有明确的调查目的，利用特定的调研方法与手段，以取得调查结果的客观性和准确性。

二、会展营销调研的内容

（一）会展市场环境调研

主要是对影响会展营销活动的各种宏观和微观市场环境的调研。其中，宏观营销环境指与会展营销活动密切相关的政治、法律、经济、技术环境、社会文化环境等因素；微观营销环境指与会展营销活动密切相关的会展服务商（如场地提供商、酒店、展品运输商、展位承建商、展会资料印刷商等）、各种营销中介机构（如招展代理商、展商代理商、广告公司等）、目标客户（主要是参展商和专业观众）、竞争对手（与本展会构成直接竞争关系的其他同类展会）及社会公众等因素。

（二）客户需求调研

主要是对潜在参展商和专业观众的调研。通常目标客户包括消费者市场客户、生产者市场客户、中间商市场客户、政府部门和国际市场五大类。特别需要指出的是，招展和招商是相辅相成、互动双赢的，招展效果好，参展企业多、展品新、信息集中，专业观众就到会踊跃；而招商效果好，观众特别是专业观众数量多且质量好，参展商的展出效果才会好，其对展会满意度也相应提高。所以会展企业应同时做好对参展商和专业观众两方面的市场营销工作，对目标客户及其需求进行充分的调研，不仅要分析他们的数量和分布，还要注意分析和把握他们的需求及其变化趋势，针对其参展或参观需求，有的放矢地开展会展营销活动。对目标客户的调查应包括以下内容。

参展商或专业观众的基本情况。会展企业的目标客户基本都是机构客户，对目标客户基本情况的调查包括企业的性质、规模、地理区位、所属行业及其生产经营状况等。

参展商或与会者的购买行为研究。参展商或与会者的购买行为直接关系到会议或展览的规模和市场价值，会展企业通过对参展商或与会者购买行为的研究，了解其购买行为特点及影响因素，从而制定有效的经营决策。此方面的调查项目如参展状况（如参展频率、参展方式、参展费用）、参展目的、对本展会的认知度、对本展会的总体评价、参展决策过程、对价格反应的敏感程度、了解展会的信息渠道等。

对忠诚客户的重点调研。忠诚客户能够带来更多盈利，是必须予以高度关注的优质客户，会展企业应将更多的资源（如市场调研、市场推广、客户联络等）投放到这类客户群上，为其量身定制营销方案，提供针对性服务。此方面的调查项目如其生产经营动态，参展状况，对本展会的满意度及总体评价，对展会项目、服务、价格等方面的具体意见和要求，有无尚未满足的需要等。

（三）竞争状况调研

竞争状况调研是会展营销调研中必不可少的一项工作。会展项目的主办方在实施会展营销活动前，调研与本会展项目形成直接竞争关系的其他同类会展项目，分析其市场竞争能力及市场占有情况，进而明确自身的竞争地位，制定行之有效的竞争策略。竞争状况调研的主要内容包括：①本地区会展行业的竞争态势及市场结构；②主要竞争者的基本情况，如会展主办方的资金实力、运作经验、管理模式、社会资源、技术手段、人才信息资源等；③主要竞争者开展会展营销活动的情况，如项目规模、项目定位、展位价格、招展招商方式、客户（参展商和专业观众）构成情况、市场占有率情况、市场推广手段、与己相比有哪些优势与特点等；④本会展项目的独特竞争优势；⑤一定地域范围内未被发现的市场机会。

三、会展营销调研的程序

会展营销调研是一项复杂而细致的工作，因此应建立一套系统、科学的程序，合理安排调研流程，对参与调研的人、财、物进行合理安排，有目的地进行调研。会展营销调研包括以下五个基本步骤：确定调研目标、制订调研方案、进行实地调查、整理分析资料、撰写调研报告（见图 3–2）。

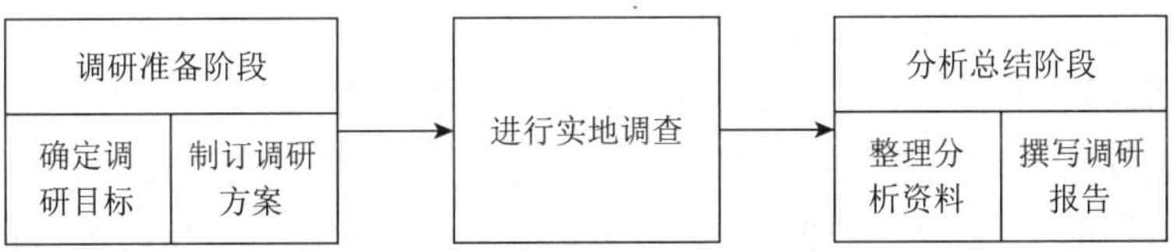

图 3–2　会展营销调研的程序

（一）确定调研目标

明确为什么要进行调研、调研要解决哪些问题、如何进行调研、有关调研结果对会展主办方有何作用等问题，只有这些问题清晰明确了，调研工作才能有的放矢地展开。

调研目标的确定是一个由抽象到具体、由一般到特殊的过程。调查组织者首先应从宏观视角出发，限定调查范围，找出通过调查最需了解或最需解决的问题，然后分析现有的与调查问题有关的资料，在此基础上明确调查需要收集的资料，最后锁定此次调研的主要目标。

为使调研目标更加准确集中，可事先做一次预调查，如调研展会以往的内部资料、对主办方相关部门的领导进行深度访谈、与参展商代表座谈等，逐步缩小调查范围，最终锁定调研目标。

（二）制订调研方案

调研方案是会展营销调研工作的行动纲领，要求对调研工作的指导既具体又灵活，制订时务求做到清晰、具体、可执行强。一般而言，调研方案包括：调查目的、调查内容、调查方法、调查人员、调查费用、调查进度安排等。

（1）确定调查目的和调查内容。调查目的指通过本次调查所要解决的问题、所要达到的目标；调查内容是对调查目的的细化，调查组织者在明确调查目的以及调查所要解决的问题后，需要将调查目的具体化为能直接进行调查的操作变量，列出调查项目的细目。

（2）确定调查方法。市场调查的方法有很多种，具体到会展营销调研，比较常见的有案头调查法、问卷调查法、焦点小组访谈法、观察法等，采用何种调查方法，取决于调查目标和调查任务。在具体操作中，调查组织者常将多种调查方法组合使用。

（3）确定调查区域和调查对象。即解决在什么地区、在多大范围内、向谁进行调查的问题。这是根据调查目的和调查内容而确定的调查范围及所要调查的总体。

（4）确定调查人员。调查人员的选择直接关系到调查效果。一般而言，调查员应具备的条件包括：具有一定的亲和力和良好的心理素质；了解调查目的及所要解决的问题；能够与被调查者进行良好沟通，并掌握适当的沟通面谈技巧；善于观察被访者的心理变化及行为动机；能正确表达所收集的材料；有一定的市场调查，特别是会展营销调查的知识和经验。

为确保调查的质量和效率，在实施调查前，调查组织者应对调查员进行调查内容和调查业务方面的集中培训，使其明确调查方案，掌握调查技术，了解与调查主题相关的经济知识、业务技术知识等。此外，还可对调查员进行实操训练，模拟实际调查中的情境，以及可能碰到的各种问题，锻炼调查员应对、处理实际问题的能力。

（5）调研经费预算。会展营销调研的费用开支主要有三方面：①调查费，包括问卷设计费、资料印刷费、调查员培训费、交通费、调查员劳务费、礼品费等；②分析费，主要是调查资料的上机处理费和统计分析费；③购买专业调查机构的资料费。调查组织者应核定调查过程中将产生的各项费用支出，合理编制广告调查的经费预算。

（6）制定调查进度时间表。为保证调研工作顺利进行，还需制定详细的调查进度时间表，对调查工作的具体流程及时间安排进行规定与控制。

（三）进行实地调查

实地调查阶段的主要任务是组织调研人员亲临调查目的地，按照调查方案的要求，系统地收集各种调查资料。实地调查的基本程序包括以下方面。

（1）组织招募调查员。在调查之前对调研人员进行培训，使其熟悉所要调查的内容、要点和流程，确保整个调查工作规范统一。

（2）准备调查所需的资料和物品。包括调查提纲、调查问卷、照相机、录音笔、麦克风、笔、小奖品等。需要注意的是，问卷需要事先进行顺序编号，记下相应调研区域的负责人，按照回收回来的问卷编号，对问卷的发放和回收进行管理。

（3）现场调查。调查员在现场调查中，应注意遵守调查规范，运用调查技巧，在保证真实性的前提下，努力提高问卷的回收率。要填写问卷发收表，问卷发收表是以每份问卷为单位编制的，调查员还应记录每份问卷的发出时间、地点、发放问卷的调查员、收回时间、收回状态（包括有效、拒答、未答、丢失、无效）及备注事项。

（4）现场负责人。按区域配备调研现场的负责人，负责对调查员进行培训、指导，监督调查现场秩序，审查调查结果，定期开会讨论，及时处理可能出现的各种问题。

（5）核查问卷。对于回收的问卷应进行多重核查，经审核发现问题的问卷应立即进行订正或返回原地重新调查。核查问卷的程序如下：

第一，现场审核订正。调查员对回收上来的问卷马上进行检查订正，对字迹不清、选择似是而非的凭记忆为答卷人确定确切答案，甚至对答卷人重新访问。

第二，监督抽审。现场负责人员对调查员交来的回收问卷立即进行抽查审核（通常抽查 20% 左右），对有问题的问卷讨论订正或发回重新调查。

第三，编辑审核。在将回收问卷的数据录入数据库之前以及录入过程中，编辑或录入人员进行第三重审核，通常是抽查审核。录入数据库后，还需要进行数据的逻辑审核。

经过审核后的问卷分为有效问卷、无效问卷、疑似无效问卷三种。需要注意的是由于问卷回收不易，且大量无效会使抽样失去准确性，所以在对疑似无效问卷的处理中要慎重，不要轻易将疑似无效问卷判为无效。对于大面积空白、逻辑检查大量出错、字迹严重不清的问卷，经负责人确认后，可以作为无效问卷处理，但要注明原因和处理过程。

（四）整理分析材料

这一阶段的主要工作有以下几方面：

（1）审查编校。即对收集的资料加以校对核实，剔除其中的错误部分或不符合实际的成分，如调查人员的主观偏见，被调查人员的敷衍、不完整答卷，前后有矛盾的答案等。

（2）分类归档。即把经过编校的资料分类型整理，以便录入计算机进行处理。

（3）制图制表。即将已归类的资料有系统地制成各种统计图表，以供资料分析时使用；编辑统计图表的工作可由计算机完成。

（4）资料分析。无论是问卷调查还是案头调查，都会得到大量的数据。对这些数据的统计分析，是会展营销调研的重要内容，同时也是一项难度很大的工作。统计分析一般采用数据统计的方法，包括单变量的描述统计、二变量交叉列表、推论统计、多元统计等，对此可以借助一些数理统计软件，如SAS、SPSS等，在Excel中也可以进行一些简单的一元和多元统计。

（五）撰写调研报告

会展营销调研的结果最终通常以调研报告的形式提交给主办方的决策部门，因此，调查组织者十分重视调研报告的撰写。调研报告的撰写原则包括：客观、真实、准确地反映调查成果；内容简明扼要，文字精练，重点突出；结论和建议表达清晰，可归纳为要点；调研报告后应附必要的图表和附件，以便阅读和使用；结构完整，印刷精致、美观。

【案例拓展】

调研报告的结构[①]

一份完整的市场调研报告应包括以下部分。

（1）题目。包括调研报告的标题（公文式标题，如《云南会展人才状况调查》；新闻式标题，如《云南出境游市场期待成熟——中国云南出境游服务市场调查报告》；论文式标题，如《关于我国会展人才培养模式的调查与思考》）、署名、完成日期、承办部门等。

（2）摘要。介绍调研报告的主要内容，提出重要的结论和建议。

（3）前言。简要介绍调查的背景、动机、调查拟解决的主要问题、调查过程设计、调查实施要点、调查方法说明等。

（4）报告主体。这是调查报告最主要的部分，这部分详述调查研究的基本情况、做法、经验，以及分析调查研究所得材料中得出的各种具体认识、观点和基本结论。

（5）结尾。主要是提出解决问题的方法、对策或下一步改进工作的建议；或者总结全文的主要观点，得出结论；可以是强调意义，进一步深化主题；或提出问题，引发人们的进一步思考；或展望前景，发出鼓舞号召。

（6）附录。包括统计图表、计算公式、参考数据和资料来源、使用的统计分析方法说明等。

---

① 资料来源：杨顺勇，丁萍萍．会展营销［M］．北京：化学工业出版社，2009.

第三节　会展营销调研的方法与技术

一、会展营销调研的常见方法

对于会展营销调研而言，选择适合的调查方法是非常重要的。通常包括定性调研和定量调研两大类，定性调研的目的在于发现问题及寻找解决问题的方案，而定量调研用来测试衡量上述方法是否可行、有效，对一定数量的有代表性的样本，进行封闭式的文件调查，然后对调查数据进行计算机的录入、分析和整理。

（一）案头调查法

案头调查是收集前人的数据资料或得出的结论，属于定性研究方法。案头调查收集的是二手材料，按资料来源分为内部资料、外部资料两大类（见表 3–1）。

表 3–1　案头调查的资料来源

主办方内部	业务经营部门，人力资源部门，财务部门，档案部门等
主办方外部	专业机构，即专业调研咨询机构
	社会组织，包括行业商协会、消费者组织、群众组织、国际组织等
	公共机构，包括图书馆、档案馆、信息中心、科研院所、学术团体、大专院校、政府机构、各驻外使领馆、外国驻华机构等
	新闻出版，包括商务性和行业性报纸杂志、统计公报、工商企业名录等
	网站，包括门户网站、政府网站、企业网站、BBS、博客等

（二）问卷调查法

问卷调查法是由调查机构根据调查目的设计调查问卷，然后采用抽样调查的方式抽取调查样本，通过调查员对样本的访问，完成事先设计的调查项目，最后由统计分析得出调查结果。

在会展营销调研实践中，问卷调查是最常见的，也是被主办方广泛采用的调查方法，如在进行展会服务满意度调查时，对参展商及观众均采取问卷调查法。按照问卷传达方式的不同，问卷调查法可分为邮寄问卷调查、电话访问调查、电子邮件调查、留置问卷调查和拦截访问调查（见表 3–2）。

表 3-2　问卷调查的常见形式及特点分析

问卷调查形式	具体做法	优点	缺点
邮寄问卷调查	将设计好的问卷邮寄给被调查者，由被调查者按照要求填妥后寄回调查问卷	①调查区域广、范围大；②调查成本低，样本数目较多；③被调查者有充裕的时间作答，且不受调查员倾向性意见的影响	①问卷回收率较低（一般在15%左右）；②获取资料的时间较长；③资料的真实性、可靠性不易评价
电话访问调查	由调查员在电话一端，遵照调查问卷，逐条询问被调查者，以获得调查资料与数据	①可在短时间内调查较多的样本；②成本较低；③可听到被调查者对所提问题的反应	①对没有电话者无法调查；②受通话时间限制，不易询问复杂问题；③不是面对面交谈，观察不到其表情反应；④不易得到对方的合作
电子邮件调查	利用网络用户的E-mail地址，采取随机抽样的方式，向被调查者发送E-mail问卷，再对被调查者使用电子邮件催请回答	①调查效率高；②成本极低；③接触效果好，调查表回收率高；④调查资料的统计分析快捷	①只反映网络用户的意见，样本不一定完整；②被调查者多回答感兴趣的问题，样本代表性不高
留置问卷调查	调查员将问卷当面交给被调查者，并详细说明调查目的和要求，将问卷留在被调查者处让其自行完成，再由调查员在约定时间收回	这是介于面谈调查和邮寄问卷调查之间的一种折中办法，弥补了邮寄问卷回收率低的缺点，也弥补了面谈调查被调查者不愿意或没有时间填写问卷的不足	①与前三种问卷调查法相比，调查地域范围受限制；②调查成本较高
拦截访问调查	由调查员在特定地点，随机拦截访问被调查者。因其抽样和调查方法简单易用，故在广告调查中被广泛应用	①能当面听取被调查者意见并观察其反应；②直接接触实物资料，可随时提出问题；③问卷回收率高（90%以上）；④调查资料比较真实可靠	①调查成本高；②对调查员素质的要求较高；③不利于对调查员的工作进行控制；④被调查者可能不愿意或没有时间接受拦截访问

（三）焦点小组访谈法

焦点小组访谈法作为一种定性调研方法，是指采用小型座谈会的形式，挑选一组具有相同性质的消费者或客户，由一个经过培训的主持人以一种无结构、自然的形式与一个小组的具有代表性的消费者或客户交谈。从而获得对有关问题的深入了解。为使访谈富有成效，焦点小组访谈法需要遵循以下步骤：

（1）制订计划。按照访谈主题和调查对象的特点，拟定访谈提纲或谈话路线，使访谈能够达到预期目标。

（2）选择参加者。焦点小组的组员是调查对象的代表，一般是采取在街上随机挑选人或电话，也可以由抽查机构通过主观判断筛选获得，通常是6~8名，选择时应该尽量避免出现重复或“职业”性受访者。

（3）选择主持人。良好的主持人是该方法成功的关键。主持人需要有恰当的组织能力、商务洽谈技巧，且需要了解调查主题，有协调和掌控讨论过程的能力。

（4）选择或布置环境（测试室）。重要的焦点小组访谈要求在有单面镜的测试室中进行，有监控摄像设备，录下讨论过程以备事后分析。

（5）访谈过程控制。在访谈过程中进行协调，引导小组讨论，使讨论尽量按照访谈提纲进行，做好讨论记录。

（6）分析访谈结果。对访谈结果及时整理调整分析，编写访谈报告，有必要时需要进行补充调查。

（四）观察法

观察法是在被调查者不知情的情况下，通过观察者的感官和辅助工具观察被调查者的活动取得第一手资料的调查方法。观察法中，调查员不与被调查者正面接触，被调查者感觉不到测试压力，是一种自然状态下的测试，因而常能获得令人信赖的调查结果。

观察法既可以通过调查者在现场直接观察，也可以借助诸如摄像机、监测探头等仪器设备记录被调查者，常用的观察法有核对清单法、记叙性描述。观察法可以让展会组织者（主办方）从客户（参展商和专业观众）的视角来分析问题，能够在真实的环境中观察他们的行为，调查结果比较真实可靠，在自己的展会或竞争对手的展会中都可运用这种方法。

但观察法也存在一些缺陷，其一，调查成本较高；其二，只能观察或记录到被调查者的表面行为，而不能了解其内在心理的变化，如观众沿途参观了哪些展台，而忽略了哪些展台，调查可以给出统计意义上的结果，但无法说明观众为什么对某些展台感兴趣却对某些展台不感兴趣。有鉴于此，调查员常常将观察法与其他调查法如访谈法配合使用，以便获得更有价值的调查材料。例如，某家参展商展台前人流稀少，调查人员可以询问周围的观众为什么不停下来看看。

二、会展营销调查问卷的设计与技巧

问卷调查法是会展营销调研中最有效也是使用最频繁的方法。在问卷调查中，问卷设计是非常关键的环节，调查问卷设计是否科学合理，决定着问卷的回收率、有效率，进而影响到会展营销调研的效果。

（一）调查问卷的基本结构

一份完整的调查问卷包括以下基本部分：问卷标题、封面信、主要调查内容、被调查者基本情况。

（1）问卷标题。一般由调查的对象和内容再加上“调查问卷”组成，如“第五届南亚博览会观众满意度调查问卷”，问卷标题应简明扼要、清楚明确、主旨突出。

（2）封面信。一般应包括：①称呼、问候，如“××先生/女士：您好”；②调查人员的自我介绍，调查的主办单位及个人的身份；③本次调查的目的、意义，简要说明即可；④填写问卷所需的时间说明；⑤保证作答对被调查者无负面作用，并替对方保守秘密；⑥向对方的合作表示真诚谢意。封面信的语言要亲切、有礼、简洁明快，态度真诚，要使被调查者消除顾虑，乐于配合填写问卷。

（3）主体调查内容。包括具体问题、备选答案、回答说明和编码。其中，具体问题是围绕调查主题进行设计的。问题的排序要合理，要有一定的逻辑性，如简单的问题放前面，复杂的问题放后面。备选答案是对封闭式问题所给出的可供选择的范围。回答说明包括对问题的填答方法、跳答指示等。编码指问句的题号、备选答案的编号，这些都会用在后面资料预处理部分的编码表中。

（4）被调查者基本情况。如对参展商或采购商，基本情况包括其单位性质、所属行业、单位规模、单位所在地理区域等因素；对于个人观众，基本情况包括其性别、年龄、文化程度、从事职业等因素。有的调查问卷把该部分放在主体内容之前，还有些问卷出于降低敏感性的考虑，把该部分放在主体内容之后，这都是可以的。

（二）调查问题的设计

调查问题的设计要充分考虑到目标群体的基本情况，如社会阶层、年龄、文化程度、自身的能力范围等。会展营销调查问卷中所涉及的问题主要有三种方式：封闭式问题、开放式问题和量表应答式问题。

1. 封闭式问题

指对所提出的问题给出可供选择的答案，被调查者只能在既定的答案中进行选择。具体到会展营销调查问卷，最常见的封闭式问题有三种：

（1）两项选择法。即由被调查者在预先给定的、相互对立的两个答案中选择其一。

（2）多项选择法。即对所提出的问题预先给出若干答案，请被调查者从中选择一个或几个。

（3）顺位法。即要求被调查者对所询问问题的答案按照自己认为的重要程度排序作答。

调查问卷中的封闭式问题还有回忆法、再确认法、程度倾向法等，由于在会展营销调查问卷中很少使用，本书不再赘述。

对于封闭式问题，被访者易于作答，能节省调查时间，提高问卷回收率，同时，标准化的答案便于统计分析和制表。有鉴于此，封闭式问题在会展营销调查问卷中被大量采用。但同时需要指出的是，封闭式问题也有缺陷，如被调查者在备选答案中找不出适合自己的选项时，很可能会任意选择，这就会导致调查结果出现偏差。为此，调查者在设计封闭式问题的答案时应力求全面、准确。封闭式问题适合于收集事实性信息或被调查者有明确看法的意向型问题，而对于那些寻找动机的探索性调查，更适宜采用开放式问题。

2. 开放式问题

指对所提出的问题，不给出应答的备选答案，被调查者可以畅所欲言，不受限制地回答问题。

开放式问题的优点：其一，调查者拟定问题比较容易；其二，被调查者回答问题时思路不受限制，调查者可获得更为广泛的信息和建设性意见。

开放式问题的缺点：其一，调查时间较封闭式问题长，调查易被拒答，回答率较低；其二，对答案的审核、编码、分析烦琐，不便于数据整理和上机进行统计分析。鉴于此，在设计会展营销调查问卷时，应控制开放式问题的比例。

3. 量表应答式问题

量表可分为多种类型，最基本的有评比量表和语意差别量表两种。具体到会展营销调研，最常用的是评比量表。

评比量表是量表的最基本形式，它是单选题，针对一个主题进行提问，选项是从一个极端经过一定的刻度值到另一个极端的尺度，如非常满意、满意、一般、不满意、非常不满意。

（三）调查问卷的设计要领

总体来说，一份有效的调查问卷应简洁、明了、紧扣主题。设计调查问卷时应遵循以下基本原则。

1. 准确性原则

指问卷中的问题表达清楚明白，便于被调查者对提问做出明确的回答；答案选项完整、准确，避免相互交叉或包容。当前问卷设计在准确性方面存在的问题主要有以下几方面：

（1）用词含糊不清，模棱两可。例如，对展会观众满意度调查问卷中的问题：您是否多次参观 ×× 展会？不同的被调查者对“多次”的理解不同，有人认为 2 次、3 次就可算“多次”，而有人认为每届都参观才能算“多次”，这样调查的结果必然出现偏差。

（2）一题多问。例如，您对本次展览及专项交流活动是否满意？该问句包括了展览和专项交流活动两个主题，其结果可能是“对展览部分不满意”“对专项交流活动不满意”及“对两者都不满意”的被调查者都回答“不满意”，调查结果会出现偏差。为此，该问句应分为两个问题询问：您对本次展览部分是否满意？您对本次专项交流活动（会议 / 论坛）是否满意？

（3）答案选项含义模糊或相互交叉。例如，您参观 ×× 展会的主要目的是：

A 信息沟通　　B 贸易洽谈　　C 寻找项目　　D 参观

该问句的答案选项语义模糊且相互交叉，被调查者很难从中做出选择以准确表达自己的意见和看法，可能就会随便作答，影响调查结果的科学性。

2. 简单性原则

一份好的调查问卷应使被调查者能答、爱答、易答。要做到这些，则问卷设计必须简单。简单性原则包括：问题的设计通俗易答，符合被调查者的知识水平和理解能力；问卷中措辞亲切有礼，使被调查者乐于合作并愿意如实回答；对敏感性问题采取一定的提问技巧；控制问卷的长度，答题时间以自填式问卷不超过 10 分钟，随机拦访问卷不宜超过 5 分钟。

3. 逻辑性原则

对于一般性的问题应先问，因为这些问题相对简单，被调查者易于回答，同时，这些问题也是让被调查者回答其他问题的一个热身；思考性的问题放在中间；敏感性的问题放在最后，这样的排序符合一般人的逻辑思维顺序。

逻辑性与问卷的条理性、程序性是分不开的，在一个综合性问卷中，调查者往往将差异较大的问卷分块设置，以保证每个“分块”的问题都密切相关。

4. 中立性原则

调查问卷中的用词应是“中性”的，避免使用引导或暗示性的词句。例如，本届展会规模宏大，影响深远，贵企业是否准备参展？历届本展会的参展商都获得了满意的展出效果，本届展会贵企业是否获得了预期的展出效果？这样的问题易使被调查者受到引导而得出肯定的结论，或者引起被调查者对问题的反感而简单得出结论，不能反映其真实态度和真实意愿，所产生的结论也缺乏客观性。

除了上述问卷设计的基本原则外，问卷的外观及版面设计也非常重要。整个问卷应印刷精美、排版整齐，要对每一部分的问题进行区隔，力求层次清晰而不杂乱。此外，文字部分的字体字号是否适宜、问卷说明是否使用了明显字体、开放式问题是否留足空间等细节问题也应精心考虑。

【复习与思考】

1. 会展企业进行会展营销需要收集哪些情报信息？
2. 会展营销信息系统的构成因素有哪些？
3. 对会展客户需求的调研应包括哪些具体内容？
4. 简述会展营销调研的一般程序。
5. 会展营销调研的常见方法有哪些？
6. 会展营销调查问卷的设计应遵循哪些原则？
7. 小组实训：每组自拟会展营销调查课题，制订具体调研方案，设计一份调查问卷，进行小规模实地调查，分析调查结果，写出调研报告。

【案例分析】

市场调研的重要性①

2007年4月20日，“亚洲电动游戏大会”新闻发布会在北京举行。据悉，这是新加坡会议与展览管理服务有限公司与德国莱比锡公司首次合作。此次发布会的举办，标志着两家跨国展览公司的项目合作进入实质性阶段。会后，作为新加坡展览行业的龙头企业——新加坡会议与展览管理有限公司董事长廖俊生接受了本报记者的专访，重点阐述了会展企业拓展海外市场面临的风险以及市场调研对海外办展的重要影响。

面对频繁的爆炸和政治争端，是要逃命还是要看展览？2002年3月，当廖俊生刚把目光投向巴基斯坦，没想到就面临这样的抉择。廖俊生告诉记者，就在离巴基斯坦纺织机械展览会开幕的前几天，一场谁也没有料到的浩劫悄然逼近。印度大兵压境，战争一触即发；美国和法国驻巴基斯坦领事馆相继发生爆炸，多人受重伤。面对动荡的局

---

① 资料来源：季春红．市场调研的重要性［N］．中国贸易报，2007-06-18.

势，廖俊生回忆说，如果不是有很多参展商已把机械运到巴基斯坦，或许他真的会离开这个是非之地。根据对巴基斯坦市场的多年研究，他最后毅然决定，延期办展。3个月后，廖俊生的展览虽只剩下800平方米，但却没赔一分钱。在这场博弈当中，他赢得了难能可贵的信誉，从而使第二年的展览面积从2002年的800平方米跃至2800平方米，到2004年展览面积又达5600平方米。

“风险总是与机遇并存，高风险就会有高回报。”廖俊生用这样的话总结当年在巴基斯坦做出延时办展的决策。当然，决策的背后有他对巴基斯坦独到的见解。

据了解，2006年北京某公司在前往泰国举办汽车用品展时，也遇到相似的政治风波——泰国军事政变，使赴泰办展计划夭折。当记者问展览公司在海外办展如何避免风险时，廖俊生说：“海外办展前期调查很关键，这包括政治、经济、社会、技术四方面。值得重点关注的是，前期调研目标国家的经济因素比较重要，如果市场需求大，即便存在政治风险，也会有高额的回报。”谈到市场调查，廖俊生用一个失败的案例，生动地阐述了市场调查的重要性。2002年，他第一次来到中国上海举办美食展却以失败告终。究其原因，廖俊生坦言主要是市场调查不够专业和细致，没有深入了解公众的需求，更没有从行业的角度去统计分析上海展览业的格局，缺乏深度的市场调查，结果为拓展展览市场决策埋下了隐患。

据廖俊生介绍，他从1982年开始到泰国办电脑展，1987年又在泰国做了六届国防展，1993年应泰国空军邀请做了航空展。然而，随着全球会展业的兴起、展览公司的增多，他的公司面临更加激烈的竞争。例如，在泰国举办的展览会原本很成功，但随着泰国人对展览业的不断了解，一些本地公司开始尝试办展，泰国电子协会也着力支持本土公司办展。会展公司压低价格，进行恶性竞争，这种新展览格局的形成，对境外展览公司非常不利，他的展览公司最终退出泰国展览业市场。

“目前，拓展公司展览市场最大的困难就是同类型展览项目太多，想找个题目好，市场又大的展览项目不容易。”廖俊生如是说。在亚洲国家，新加坡较早介入会展业，20世纪80年代，许多新加坡人开始拓展海外展览市场。与此同时，很多国外公司如德国的慕尼黑、汉诺威等展览公司，也到新加坡办展，廖俊生的公司就是在这样的背景下慢慢地拓展海外市场。当记者问及作为新加坡展览业的代表最大的优势在哪里时，他十分自信地说：“我所做的展览都非常专业，这是我最大的优势。”他强调，要想做非常专业的展览，第一，要了解市场需要。如果没有好好地去市场调研，就无法真正察觉到市场需要哪些产品。办展时，要知道谁是真正的买家，这样才能找到卖家。第二，把买家和卖家分类，这样才能更好地为他们服务，更好地安排展会事宜。第三，在网上预约买家、卖家。“我们举办的展览，如在北京举办的旅游展览都是这样做的。”除此之外，廖俊生还以为，开拓海外展览市场，一方面要与当地的行业协会、商会、知名展览公司进行必要的联系，多方听取意见、收集信息，以便更准确地判断国际展览市场的现状和格局；另一方面要根据企业资源，与国外展览公司进行深层次的展览项目合作，利用双方的优势互补拓展海外市场，实现共赢。

讨论题：

1. 新加坡会议与展览管理服务有限公司董事长廖俊生接受专访时说："海外办展，市场调研最重要"，对此你如何理解？

2. 会展企业赴海外办展需要收集哪些情报信息？

3. 廖俊生在谈到第一次到中国上海举办美食展却以失败告终时，坦言失败的主要原因是"市场调查不够专业和细致"。试想如果你是该展览的主办方，展览前期应进行哪些市场调研工作？

第四章

会展市场细分及定位

【学习目标】

1. 掌握会展市场细分的概念、原则、方法和步骤；
2. 了解会展市场细分的意义和依据；
3. 了解目标市场进行评估的因子、会展企业选择目标市场时的五种模式；
4. 掌握无差异性市场营销策略、差异性营销策略和集中性营销策略的优势和不足；
5. 理解会展市场定位的原则、方法，掌握会展市场定位的步骤和策略。

【导入案例】

2016年我国会展行业市场现状和发展趋势分析①

智研咨询发布的《2016—2022年中国展会展览（会展）市场研究及投资前景预测报告》显示：近几年来，会展行业以年均20%的速度发展。目前，中国举办各类展会直接收入超过100亿元，间接带动旅游、餐饮、交通、广告、娱乐、房地产等行业，使之收入高达数千亿元。

中国会展业呈现五大会展经济带格局。从区域分布来看，中国会展业已基本形成了以北京为中心的“环渤海会展经济带”，以上海为中心的“长江三角洲——华东会展经济产业带”、以广州、香港为中心的“珠江三角洲——华南会展经济产业带”，以武汉、

① 资料来源：根据中国产业信息网.2016年中国展会展览（会展）行业特征、行业发展状况与行业发展趋势分析［DB/OL］.http：//www.chyxx.com/industry/201605/416573.html，2016-05-16；中国产业信息网.2016年我国会展行业市场现状和发展趋势分析［DB/OL］.http：//www.chyxx.com/industry/201604/407011.html，2016-04-18；中国产业信息网.2016年中国会展行业现状及发展趋势分析［DB/OL］.http：//www.chyxx.com/industry/201609/444048.html，2016-09-01.整理而得。

郑州、成都、昆明等城市为龙头的“中西部会展中心城市”和以大连、哈尔滨等城市为中心的“东北边贸会展经济产业带”。

会展类型与数量日趋增多。就国际展而言，专业性展览约占95%以上。随着全球产业分工逐渐细化，综合性展会吸引力逐渐下降，品牌性综合展会逐渐分化成若干细分展会，目前欧美展览大国已经开始进行细分之后的“再细分”。如汉诺威工业博览会已细分为机器人展、自动化立体仓库展、铸件展、低压电器展、灯具展、仪器仪表展和液压气动元件展等。我国会展业也将向细分化和专业化发展，这样能够方便采购商快速找到所需产品，提高展销效率。

思考：

1. 随着会展业的发展，为什么专业化、细分化是其发展的方向？

2. 从市场营销的角度看，会展企业如何进行专业化和市场化发展？会展企业如何较好地实现会展产品与市场的对接？

第一节　会展市场细分的概念及意义

市场细分理论是20世纪50年代中期美国市场营销学家温德尔·史密斯在总结企业市场营销的实践经验基础上首次提出的，实践性十分强。其通过购买个体和群体在地理位置、资源条件、消费心理、购买习惯等方面的差异性区分具有不同需求的顾客群体，以使企业明确有多少数目的细分市场及各细分市场需求的主要特征。

市场细分理论是以消费者需求的“异质性”引起的。市场可以分为“同质市场”和“异质市场”两类，凡消费者对产品的需求、欲望、购买行为和经营组合策略的反应有一定的一致性的，则这种产品的市场就是同质市场；但对大部分产品而言，由于消费者的需求有较大差异，这种市场就是异质市场，如会展市场，需要根据游客的不同偏好向市场提供不同的会展产品。细分市场需要一定的客观条件，即当商品经济发展到一定阶段，市场上供过于求，消费者需求呈现出较大差异，企业无法用大批量生产产品的方式有效地满足所有消费者需求时，细分市场的客观条件才具备，细分市场才成为企业营销管理活动中急需解决的问题之一。

一、会展市场细分的概念

会展市场细分就是会展企业为明确经营方向，根据其顾客的需求与欲望、购买心理、购买行为和购买习惯的差异，把其产品的整体市场划分为若干个具有相同需求的子市场，以便有效地调配使用资源进行营销活动的过程。分属于同一细分市场的顾客，他们对会展产品有着某种或某些共有的需求和欲望，需求之间的差别很细微；而分属于不同细分市场的顾客，他们对同一会展产品的需求则呈现出比较明显的差别。

细分市场不仅是一个把市场划分为具有共同消费需求的顾客群的分解过程，也是一个把对会展企业产品特点最易做出反应的消费者集合成群的聚集过程。由于会展企业的消费者分散于不同区域，他们的需求和欲望彼此不同而又随着环境因素变化而变化，对于这样复杂多变的市场，任何一个会展企业都不可能满足该市场上全部顾客的所有需求。会展企业受其资源、设备、规模等方面条件的限制，只能根据自身的优势条件，选择力所能及的、适合自己经营的目标市场。

二、会展市场细分的意义

细分市场是从消费者的角度进行划分的，会展市场细分对会展企业经营和营销具有积极的意义。

（一）有利于会展企业研究潜在市场需求，发现新的市场机会

市场营销机会是已出现于市场但尚未加以满足的需求，这种需求往往是潜在的，一般不易发现。通过市场细分，会展企业可以有效地分析和了解不同顾客群的需求满足程度和市场上的竞争状况，并从中寻找适合本企业开发的需求，抓住机会制定相应的营销策略，赢得市场主动权。

（二）有利于会展企业制定经营策略

市场营销策略制定包括选定目标市场和决定适当的营销组合两个基本方面。通过市场细分，会展企业可以集中了解目标市场的需求和愿望，从而针对目标市场制订不同的经营方案，设计有效的营销因素组合，以适应各细分市场的要求。

（三）有利于会展企业提高竞争力，以较小的投入获得较理想的经济利益

通过市场细分，有利于发现目标消费者群的需求特性，从而调整产品结构，增加产品特色，提高会展企业的市场竞争能力；确定目标市场后，会展企业可以集中人力、物力和财力，经营适销对路的会展企业产品，有的放矢地开展针对性经营，有效地与竞争对手相抗衡。

（四）有利于会展企业确定市场覆盖策略，扬长避短

每一个会展企业的营销能力对于整体市场来说都是有限的。因此，会展企业必须将整体市场细分，确定自己的目标市场，把自己的优势集中到目标市场上，否则就会丧失优势，在激烈的市场竞争中遭受失败。大型会展企业往往能提供多种产品和服务，最大限度地吸引顾客；而小型会展企业由于资金、设备和规模的限制，在整体市场或较大细分市场上无法与大会展企业进行竞争，但它们却可以根据自身特点，针对大会展企业未曾顾及但尚未满足的较小细分市场推出适合的产品，也能获得良好的效益。

三、会展市场细分的原则

（一）可衡量性

指用来细分会展市场的标准和变数及细分后的市场是可以识别和衡量的，即有明显的差别和合理的范围，其容量大小能被判断。如果会展企业市场的某些因素或特征难以

识别、某些细分变数或购买者的需求和特点很难衡量，细分市场后无法界定，会使得会展企业无法有针对性地制定营销战略，那么会展市场细分也就失去了意义。因此，会展企业应选择可以识别、可定量化的数据来描述细分市场中消费者的一些购买行为特征，勾廓细分市场的边界，表达和判断市场容量的大小，如带有主观性的心理、性格方面的变数就比较难以确定，而年龄、收入水平、受教育程度等客观性的变数则较容易确定，相关的信息和统计数据也较容易获得。

（二）可进入性

指会展企业能够进入所选定的细分市场进行营销活动的可行性，即会展企业通过努力能够使会展产品进入并对顾客施加影响的市场。一方面，会展企业能够通过有效的媒体和促销手段，把会展企业产品的信息顺利传递给该细分市场的大多数消费者；另一方面，会展企业在一定时期内能够通过分销渠道，使会展企业产品能为该细分市场的顾客群所购买。如果细分市场难以到达，那么会展企业产品就难以对消费群产生影响，该细分市场的价值就不大。同时，要考虑到政治法律环境对会展企业进入某个细分市场是否设有壁垒阻碍；会展企业的资源能力、竞争能力是否能够了解和获取该细分市场的情报信息，展开市场营销组合策略，使产品及服务通过一定的分销渠道进入目标市场。

（三）有效性

指通过细分，必须使子市场有足够的需求量，能够保证会展企业获取足够的利润，有较大的利润上升空间，而且有一定的发展潜力。在进行市场细分时，会展企业需要考虑细分市场上顾客的数量、购买能力和购买频率，使会展企业值得为它们设计相应的营销方案，以顺利地实现营销目标。如果细分市场的规模过小，市场容量太小，细分工作烦琐，成本耗费大，获利小，就不值得去细分。因此，市场在很多情况下不能无限制地细分下去，避免造成规模上的不经济。

（四）对营销策略反应的差异性

指各个细分市场能区别并对会展企业同一市场营销组合方案或组合要素的变动能作出差异性的反应。如果不同细分市场顾客对产品需求差异不大，行为上的同质性远大于其异质性，此时会展企业进行市场细分的必要性就不大。此外，会展企业应该统筹考虑细分市场顾客群对所有市场营销因素作出的反应，分别制订出独立的营销方案，如果无法制订相应的营销方案，或其中某几个细分市场对是否采用不同的营销方案不会有大的差异性反应，则会展企业可不必进行市场细分。

（五）相对稳定性

指细分后的市场具有相对的购买稳定性。细分后的市场能否在一定时期内保持相对的购买稳定性，直接关系到会展企业生产和营销的稳定性，也关系到会展企业营销目标是否能实现。对于资金实力雄厚、选择多个细分市场作为目标市场，进而采取不同营销策略组合的大中型会展企业而言，某个细分市场的不稳定容易带来利润的波动；对于资金能力有限、选择单个细分市场、采取同一种营销策略组合的小型会展企业而言，细分市场的不稳定就容易影响其经营效益。

第二节 会展市场细分的方法和步骤

一、会展市场细分的依据

会展市场细分的依据就是导致顾客需求出现差异的那些因素。由于受这些因素的影响，不同的消费者表现出不同的需求和欲望、不同的购买动机和购买行为，进而形成不同的购买偏好和购买方式，会展企业可以根据这些影响因素把整个市场划分为不同的市场部分或亚市场。会展市场细分的依据主要有四大类：地理环境因素、人口统计因素、消费行为因素和消费心理因素，如表 4-1 所示。

表 4-1 会展市场细分依据及具体细分变量一览

细分依据	具体细分变量
地理环境因素	综合地理区域（洲际、国别、地区等）、空间位置（近程、中程、远程）、气候与自然地理环境（热带、寒带、高原、沙漠）、聚落与人文地理环境（人口密度、各类城镇）、经济地理环境（发达国家、发展中国家）
人口统计因素	年龄、性别、职业、收入、家庭生命周期、家庭规模、受教育程度、社会阶层、种族、宗教、国籍、体型、民族
消费行为因素	购买时机、待购状态、追求利益、产品使用状态、购买频率、品牌忠诚度、购买方式、对产品的态度
消费心理因素	气质性格、生活方式、社会阶层、价值取向、购买动机、偏好

（一）地理环境因素

地理环境因素是按照消费者所处的地理区域、空间位置、经济发展水平等因素来细分市场，会展企业可以选择一个或几个区域来开展业务。地理环境因素之所以作为市场细分的依据，是因为处在不同地理环境、不同经济发展水平和经济结构下的消费者所表现出的消费观念、价值观念、购买性格特征、需求特点都具有明显的不同，他们对会展企业采取的营销策略与措施会有不同的反应。地理环境变量易于识别，是细分市场应考虑的重要因素，但处于同一地理位置的消费者需求仍会有很大差异。例如，根据消费者的客源地，可以粗略地把会展企业的顾客群细分为国内与国际两个市场，有实力的会展企业可以根据国际和国内市场的不同需求设计不同的产品，以期获得更多的市场份额和更大的利润空间。反言之，简单地以某一地理特征区分市场，不一定能真实地反映消费者的需求共性与差异。因此，会展企业在选择目标市场时，还需结合其他细分变量予以综合考虑。

（二）人口统计因素

人口统计因素是按照消费群体的年龄、性别、职业、家庭规模、婚姻状况、经济收入、受教育程度、信仰、种族及家庭人口等标准来细分市场。人口统计变量比较容易衡量，有关数据相对容易获取，由此会展企业经常以它作为市场细分重要依据之一。而人们在性别、年龄、职业、民族等方面的不同，也形成了人们在生理、心理、社交、兴趣、爱好等方面明显的差异，从而形成了以人文变量而划分的不同需求的细分市场。例如，不同年龄段的参展人员由于生理、性格、经济状况的不同，对会展产品的价位、偏好、消费效果的评价等往往存在较大的差异。

（三）消费行为因素

消费行为因素是按照与消费者购买行为和习惯密切相关的一些因素，如购买会展产品的时机、购买数量、消费频率及对会展产品的预期目标等标准来细分市场。行为变量能更直接地反映消费者的需求差异，根据购买者对会展产品的了解程度、态度、使用情况及反应等，可将他们划分成不同的群体，称为行为细分。例如，可以根据参展企业的参展目标，将其细分为以签订贸易、技术、投资、经营等合同或协议为目标的销售类参展企业和以介绍新产品、新发明、推销新成果和新技术为目标的非销售类参展企业。

（四）消费心理因素

消费心理因素按照消费者的生活方式、性格特征、态度、兴趣和购买动机等标准来细分市场。顾客在购买、使用及消耗产品过程中反映出来的心理状态可分为两类：一是本能性消费心理，决定于消费者的生活方式、个性特征；另一类是社会性消费心理，直接受企业规模、社会阶层、相关群体的影响。消费者的欲望、需求、购买动机、购买行为都直接受心理变量的影响。例如，按照购买动机即消费者购买会展产品的核心利益，可以把会展企业的顾客群细分为求廉、求名、求新、求适等不同的市场，基于不同的核心利益，顾客会选择购买不同的会展产品；或者根据生产不同产品、处于不同成长阶段、拥有不同市场规模和实力的参展企业划分参展商市场，由于处于不同成长阶段的参展企业在发展战略、市场策略、知名度、参展目标、价格等方面存在较大差异，对展会产品和服务有不同的需求，因此可以根据这些差异有针对性地提供相应的产品和服务。

二、会展市场细分的方法

（一）单一变量因素法

单一变量因素法是指根据市场营销调研结果，把选择影响消费者需求最主要的因素作为细分变量，从而达到市场细分目的的市场细分方法。这种细分法是以会展企业的经营实践、行业经验和对组织客户的了解为基础，在宏观变量或微观变量间，找到一种能有效区分顾客并使会展企业的营销组合产生有效对应的变量而进行的细分。这种细分只能是一种概括性的细分，也就是所谓“求大同，存小异”。

（二）多个变量因素组合法

多个变量因素组合法是指以两种或两种以上影响需求较大的因素为细分变数，以达到更为准确地细分市场目的的市场细分方法。这是一种弥补单一变量法的不足而采用的市场细分方法。由于影响消费者需求的因素是多种多样的，一些因素又相互交错在一起共同对某种需求产生影响，如性别与年龄、职业与收入、规模与对产品的要求等交织在一起，影响需求的增减变化，所以用多个变量因素交叉组合来细分市场就显得更为必要和科学。

（三）系列变量因素法

细分市场所涉及的因素是多项，并且各因素是按一定的顺序逐步进行时，可由粗到细、由浅入深，逐步进行细分，细分的过程也就是一个比较、选择细分市场的过程，这种方法称为系列因素细分法。采用这种方法，目标市场将会变得越来越具体。例如，会展企业根据顾客的性别将会展产品的消费者划分为男性市场和女性市场，在此基础上根据顾客来自国内还是国外，将男性市场和女性市场进行相应的地理细分，继而又可根据顾客的消费水平，将男性国际（或国内）市场进一步细分为高、中、经济三个层次的市场。

会展企业在运用细分标准和方法进行市场细分时需注意的问题：第一，市场细分的标准如年龄、收入、购买动机等都是动态的，随着市场状况的变化而不断变化的；第二，由于各会展企业的条件、资源、财力和产品各异，不同的会展企业在市场细分时应采用不同标准；第三，会展企业在进行市场细分时，可采用一项标准，即单一变量因素细分，也可采用多个变量因素组合或系列变量因素进行市场细分。

三、会展市场细分的步骤

第一步：选定会展产品的市场范围。会展企业通过对竞争者、供应商、目标顾客等微观环境和社会、经济、政治等宏观环境的调查，结合自身经营条件，确定经营目标，选定市场范围。确定会展产品的市场范围应更多考虑顾客的需求而不仅是产品本身的特性。同时，这个所确定的市场范围的宽度必须适中，要与会展企业的自身能力和营销目标相适应。

第二步：找出潜在顾客的基本需求。会展企业在确定市场范围后，营销人员通过调查和研究，列出所选择市场所有展会产品和服务的需求，包括现实和潜在的需求，并尽可能地进行详细而全面的分类，为进一步的市场细分提供翔实的资料。

第三步：分析潜在顾客的不同需求。通过调查设计和调查活动的组织，了解参展商和观众对会展产品和服务的需求，再根据主要目标购买者特别是目标顾客的地区分布、人口特征、经济状况、购买行为和消费习惯等方面的因素，推测其潜在的市场需求，分析可能存在的细分市场。

第四步：选取重要的差异需求为细分标准。会展企业的营销人员针对可能存在的细分市场对展会的需求，分析相关的营销因素，研究每一个因素对参加展会需求产生的影响，列出主要影响因素，最终选取重要的差异需求，以确定细分市场的标准。

第五步：根据所选标准细分市场。根据潜在顾客基本需求的差异方面，将其划分为不同的群体或子市场，赋予每一个子市场一定的名称，并采取不同的营销策略。

第六步：分析各个细分市场的购买行为。进一步分析每一细分市场需求与购买行为特点，并分析其原因，以便在此基础上决定是否可以对这些细分出来的市场进行合并，或做进一步细分。

第七步：评估各细分市场的规模。即在调查基础上，估计每一细分市场的顾客数量、购买频率、平均每次的购买数量等，并对细分市场上产品竞争状况及发展趋势做出分析。

第三节　会展目标市场的选择与定位

会展企业的目标市场是会展企业打算进入的细分市场或打算满足的具有某一需求的顾客群体。选择目标市场，明确会展企业应为哪一类顾客服务，满足他们的何种需求，是会展企业营销活动中的一项重要内容。选择目标市场是会展企业制定营销策略的前提条件，也与会展企业发展的前景息息相关。一个好的目标市场有利于提高会展企业的竞争力；而缺乏竞争力的市场又不利于会展企业自身的发展。因此，目标市场选择对会展企业营销而言是非常重要的一个环节。

目标市场选择是指会展企业在市场细分的基础上，从满足现实和潜在的目标顾客的需求出发，并根据自身的营销条件而选定的一个或几个特定的市场。由于目标市场对会展企业经营利润与营销目标的实现有非常重要的意义，因此，在确定目标市场之前，首先要对其进行评估。

一、评估细分市场

会展企业的目标市场是会展企业进行营销活动所要满足的市场需求，是会展企业的一切营销活动的目标，也是其制定营销战略的首要内容和基本出发点，不仅直接关系着会展企业的经营成果及市场占有率，而且还直接影响到其生存。因此，会展企业在选择目标市场时，必须认真评价细分市场的营销价值，一般来说会展企业可以从以下几方面对拟进入的目标市场进行评估。

（一）有一定的市场规模和增长潜力

要评估细分市场是否有适当的规模和增长潜力。市场规模是与会展企业规模和实力相适应的，增长潜力是要有尚未满足的需求，有充分发展的潜力。较小的市场对于实力雄厚的大型会展企业而言，不利于充分利用其生产能力；而资金实力较弱的小型会展企业则缺乏能力来满足较大市场的有效需求或难以抵御较大市场上的激烈竞争。

（二）细分市场结构吸引力

吸引力主要是从获利的角度看市场长期获利率的大小。会展企业的某个细分市场可能具有适当规模和增长潜力，但从长期盈利的角度来看不一定具有吸引力。影响细分市场长期吸引力的结构因素主要包括同行业竞争者、潜在的和新参与的竞争者、替代性产品、购买者能力和供应商的状况等，会展企业必须充分估计这几种因素对长期获利率所造成的影响，预测各细分市场的预期利润。

（三）符合会展企业的经营目标和资源

会展企业选择目标市场时需要考虑该目标市场是否符合会展企业经营的长远目标，是否与会展企业自身的融资状况相当，会展企业是否具备了在该市场获利所需的优于竞争者的技术和资源优势，具备这些条件，才适宜进入该细分市场。某些细分市场虽然有较大吸引力，但不能推动会展企业实现发展目标，甚至会分散其精力，使之无法完成营销目标，这样的市场应考虑放弃；另外，应考虑会展企业的资源条件是否适合在该细分市场经营。只有选择那些会展企业有条件进入、能充分发挥其资源优势的市场作为目标市场，会展企业才能实现其营销目标。

二、选择目标市场

（一）会展企业目标市场模式选择

会展企业在对不同细分市场进行评估后，就需要对进入哪些市场和为多少个细分市场提供产品和服务做出决策。一般来说，可采用的目标市场选择模式有五种：单一市场集中、产品专门化、市场专门化、选择性专门化和完全覆盖市场，各种模式各有其优势，如表 4–2 所示。

表 4–2　会展企业目标市场模式选择

模式选择	具体策略
单一市场集中	会展企业选择一个细分市场集中营销，可在该细分市场建立巩固的市场地位。由于经营对象单一，会展企业可以集中力量在一个细分市场中获得较高的市场占有率；如果细分市场选择恰当的话，也可获得较高的投资收益率
产品专门化	集中生产和提供一种产品和服务，会展企业向各类顾客销售这种产品和服务。由于市场面广，有利于会展企业摆脱对个别市场的依赖，降低风险；生产相对集中，有利于发挥生产效能，在某类产品方面树立较好的声誉
市场专门化	专门为满足某个顾客群体的各种需要而提供相应产品和服务。有助于发展和利用与顾客之间的关系，降低交易成本，并在这一类顾客中树立良好的形象
选择性专门化	选择若干个符合会展企业目标和资源的、有可能赢利的细分市场，向各个不同的细分市场提供不同的产品和服务。多元化经营的模式，可以较好地分散会展企业的经营风险
完全市场覆盖	会展企业用各种产品满足各种顾客群体的需求，只有大型连锁会展企业才有可能采用完全市场覆盖战略

（二）目标市场策略选择

任何会展企业都没有足够的资金和人力、物力来满足整个市场或追求过分大的目标，只有扬长避短，找到有利于发挥本会展企业现有资源优势的目标市场。目标市场策略主要有三种。

1. 无差异性市场营销策略

无差异性市场营销策略指会展企业将整体市场作为自己的目标市场，用单一的产品和一种营销组合策略去满足市场上的顾客的共同需求，如图 4–1 所示。

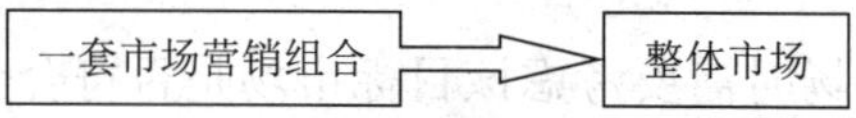

图 4–1　无差异性市场营销策略

无差异营销策略的基础是成本的经济性，只考虑消费者或用户在需求上的共同点，而不关心他们在需求上的差异性。这种营销策略的优点在于：会展企业提供单一产品，可以减少生产与策划成本；无差异的广告宣传和其他促销活动可以节省促销费用；不搞市场细分，可以减少会展企业在市场调研、产品开发、制订各种营销组合方案等方面的营销投入，一般在大的细分市场、同质市场、新产品的介绍期或者卖方市场上比较广泛使用。

但对于大多数会展企业产品而言，无差异市场营销策略并不一定合适。首先，消费者需求客观上千差万别并不断变化，一种产品长期为所有消费者和用户所接受非常罕见。其次，当众多会展企业如法炮制，都采用这一策略时，会造成市场竞争异常激烈，同时在一些小的细分市场上消费者需求得不到满足，这对企业和消费者都是不利的。最后，这种策略易受到竞争会展企业的攻击，当其他会展企业针对不同细分市场提供更有特色的产品和服务时，采用无差异策略的会展企业可能会发现自己的市场正在遭到蚕食但又无法有效地予以反击。正由于这些原因，世界上一些曾经长期实行无差异营销策略的大企业最后也被迫改弦更张，转而实行差异性营销策略。

2. 差异性营销策略

差异性营销策略指会展企业在市场细分的基础上，从不同的细分市场的需求差异性出发，针对各个不同的细分市场的特点，分别推出不同的会展企业产品，采用不同的营销组合方案，以满足不同顾客的需求，从而提高会展企业在这些细分市场中的地位和顾客对该类产品的认同与偏好，如图 4–2 所示。

差异性营销策略的核心思想是细分市场，针对目标消费群进行定位，导入品牌，树立形象，营销的关键是积极寻找市场空白点，选择目标市场，挖掘消费者尚未满足的个性化需求，开发产品的新功能，赋予品牌新的价值，通过产品、概念、价值、形象、推广手段、促销方法等多方位、系统性的营销创新，实现品牌在细分市场上的目标聚焦，取得战略性的领先优势。

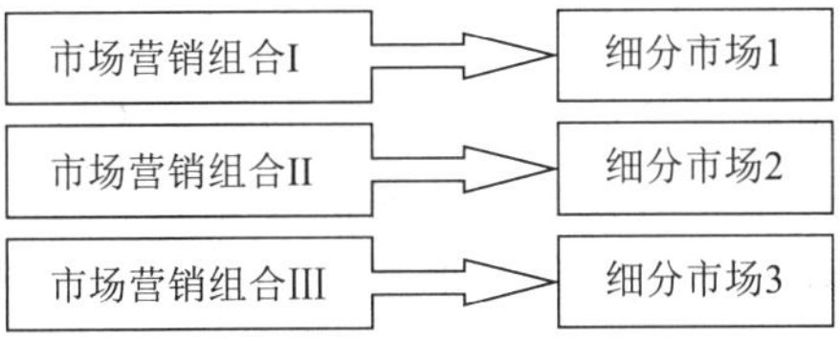

图 4-2 差异性市场营销策略

会展企业采用这种营销策略可以使顾客的不同需求得到更好的满足，一定程度上可以减少经营风险，使每个子市场的购买潜力得到最大限度的挖掘。一旦会展企业在几个细分市场上获得成功，有助于提高会展企业的形象及扩大市场占有率，同时也大大降低了经营风险，一个子市场的失败，不会导致整个会展企业陷入困境。同时，差异化营销策略能大大提高会展企业的竞争能力，会展企业树立起几个品牌，可以有效提高消费者对会展企业产品的信赖感和购买率；而多样化的广告、多渠道的分销、多种市场调研费用等，都是限制小型会展企业进入的壁垒，对于规模大、资源雄厚的会展企业或会展企业集团在竞争激烈的市场上或在产品成熟阶段比较适宜采用这样营销策略。

同时，差异性营销策略也有自身的局限性，最大的缺点就是营销成本过高，不具经济性。一方面，该策略由于目标市场和产品品种过多，因而会增加会展企业生产、市场调研、销售分析、促销计划、渠道建立、广告宣传等方面的费用和管理工作的难度，使单位产品的成本相对上升；另一方面，该策略可能使会展企业的资源配置不能有效集中，顾此失彼，甚至在会展企业内部出现彼此争夺资源的现象，使拳头产品难以形成优势。这也是为什么很多企业采取差异性营销策略后，市场占有率扩大了，销量增加了，利润却降低了的原因所在。

3. 集中性营销策略

集中性营销策略指会展企业在市场细分的基础上，从整体中选择一个或少数几个细分市场作为目标市场，集中力量采用一种营销组合策略来满足这些目标市场顾客的需求，如图 4-3 所示。

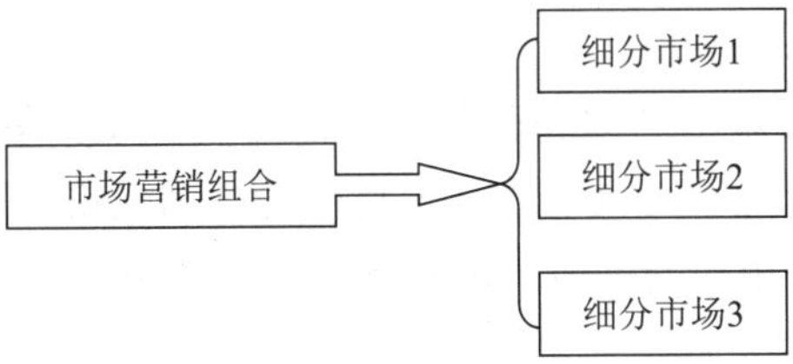

图 4-3 集中性营销策略

集中性营销策略的指导思想是与其四处出击收效甚微，不如突破一点取得成功。因而，会展企业采取这种营销策略不是追求在一个大市场角逐，而是力求在一个或几个较小的子市场上占有较大份额，有利于会展企业经营项目的专业化，这样可以增加会展企业的营业收入和投资收入，比较适合于受财力、技术等资源力量制约和资金有限的中小型会展企业或竞争比较激烈的市场，集中优势资源在大型会展企业尚未顾及或尚未建立绝对优势的某个或某几个细分市场进行竞争，成功的可能性更大。

然而，实行这一营销策略也会加大会展企业的经营风险，一旦确定了某一细分市场的地位，会展企业的市场区域相对较小，发展就会受到限制；一旦目标市场突然发生变化，如消费者趣味发生转移、强大竞争对手进入、新的更有吸引力的替代品出现，都可能使会展企业因没有回旋余地而陷入困境，会给会展企业带来很大的损失，因此采用该战略时必须密切注意市场动向，做好充分的应变准备。

（三）影响会展企业目标市场策略选择的因素

1. 会展企业的资源能力

会展企业的资源能力主要包括会展企业的人力、物力、财力等，这是选择目标市场的首要因素。在不考虑其他影响因素的前提下，实力雄厚、规模较大的会展企业可采用差异性或无差异性市场营销策略；反之，资源不足、实力较弱、规模较小的会展企业则宜实行集中性市场战略。

2. 会展产品差异

指会展产品之间的差异和消费者所感受的产品消费特征相一致的程度。一般来说，差异较小的会展产品，消费者对其产品特征的感觉相似程度较高，购买时的选择性较低，就可以采取无差异性营销策略；反之，如果会展产品之间差异性大、可选择性强，则宜采用差异性或密集性营销策略。

3. 会展企业产品的生命周期

会展企业应随着会展产品所处的生命周期的不同阶段采取不同的营销策略。一般来说，会展产品处在投放市场的导入期时，会展企业营销的重点是挖掘市场对产品的基本需求，宜采取无差异性营销策略，或针对某一特定细分市场实行集中性市场营销，以便提高产品的知名度，探测市场需求和潜在顾客情况，也有利于节约市场开发费用；当产品进入成长期和成熟期以后，竞争者增多时，应采取差异性营销策略，以应付竞争或开拓新的市场，延长产品生命周期；当产品进入衰退期后，会展企业为了集中力量对付竞争者，则宜采用集中性市场战略。

4. 市场竞争状况

根据市场竞争态势、竞争结构和竞争者数目的多少及竞争对手所采取的营销策略，会展企业应根据竞争双方的实力灵活地确定自己的营销战略，采取与竞争对手有所区别的策略或采取与竞争对手相同的策略，避实就虚或针锋相对。

5. 市场需求相似度

市场需求相似度主要是指消费者需求、偏好等方面特点的类似程度。如果某类会展产品市场消费者的需求偏好大致相同，宜在该市场采用无差异性市场战略；反之，如果该市场消费者的需求偏好差异较大，则宜采用差异性或集中性市场策略，根据目标市场各个消费者群的需求特点，分别设计几种不同的或特定的产品与营销组合。

三、会展目标市场定位

市场定位，也被称为产品定位或竞争性定位，是在20世纪70年代由美国营销学家艾·里斯和杰克特劳特提出的。市场定位就是勾画企业产品在目标市场即目标顾客心目中的形象，使企业所提供的产品具有一定特色，适应一定顾客的需要和偏好，并与竞争者的产品有所区别。市场定位不是对一件产品本身做些什么，而是在消费者的心目中做些什么。市场定位的实质是使本企业与其他企业严格区分开来，使顾客明显感觉和认识到这种差别，从而在顾客心目中占有特殊的位置。企业营销定位可分为产品定位、市场定位、企业定位和竞争定位等。市场定位不是一成不变，要适时而动、因势而变。

市场定位可分为对现有产品的再定位和对潜在产品的预定位。对现有产品的再定位可能导致产品名称、价格和形象的改变，但是这些外表变化的目的是为了保证产品在潜在消费者的心目中留下值得购买的形象。对潜在产品的预定位，要求营销者必须从零开始，使产品特色确实符合所选择的目标市场。在进行市场定位时，一方面要了解竞争对手的产品具有何种特色，另一方面要研究消费者对该产品的各种属性的重视程度，然后根据这两方面进行分析，再选定本产品的特色和独特形象。

（一）会展市场定位的含义

会展市场定位是指会展企业为了使自己的产品和服务在公众和目标顾客心目中占据明确的、独特的、深受欢迎的地位，根据目标市场上同类会展产品的竞争情况，针对顾客对该类产品某些特征或属性的重视程度，为本会展企业产品和服务在市场上确定适当的位置，塑造强有力的、与众不同的鲜明个性，并将其形象生动地传递给顾客的营销过程。会展企业市场定位主要包括会展企业形象、产品、价格、服务标准、消费群、销售渠道等方面的定位，如表 4–3 所示。

表 4–3　会展市场定位的内容

定位内容	具体内涵
形象定位	会展产品外观、风格、设计包装、会展企业名称、会展企业标志、主调颜色、经营的规模、档次等形成一种特定的形象印在顾客的心目中
产品定位	会展企业为客人提供什么样独具特色、优势和具有鲜明市场形象的产品，以符合某一层次或目标市场顾客的需求，使其从消费中获得怎样的利益
价格定位	会展企业用什么样的价位吸引哪一个消费层次的顾客，高价策略是精品策略，档次高、收入高；低价策略是大众化策略，薄利多销
服务标准定位	会展企业以何种服务标准为客人提供产品和服务，包括服务的态度、行为语言及个性化服务标准等
消费群体定位	会展企业根据具体情况选择哪一类消费群体或者哪几类消费群体作为自己的目标市场
销售渠道定位	会展企业通过何种直接的、间接的销售渠道将会展企业的产品传送到顾客手中

市场定位对会展企业经营的意义主要体现在两个方面：一是市场定位有利于建立会展企业及产品的市场特色，是会展企业参与现代市场竞争的有力武器。在供大于求的买方市场中，众多同类会展企业争夺有限的顾客资源，竞争往往非常激烈。为了使自己的产品获得稳定的客源，防止被其他产品代替，会展企业就需要为其产品树立鲜明的市场

形象，以期在顾客心目中形成一种特殊的偏爱。二是市场定位是会展企业制定营销组合策略的基础。会展企业的营销组合策略受会展企业市场定位的影响和制约，会展企业的市场定位决定了会展企业需要采取与之相适应的市场营销组合。

（二）会展市场定位的原则

各个会展企业经营的产品不同，面对的顾客不同，所处的竞争环境也不同，因而市场定位所依据的原则也不同。许多会展企业进行市场定位的依据和原则往往不止一个，而是多个原则同时使用。因为要体现企业及其产品的形象，市场定位必须是多维度的、多侧面的。总的来讲，会展市场定位所依据的原则主要有以下四个方面。

1. 突出会展产品特色原则

会展产品之间的某种差别，是可以通过调整经营策略和不断努力来缩小和同化的，无法拉近的是产品的个性和特色，这往往是无形因素，无法仿造，与产品的物理特性和功能利益无关。因此，会展企业的市场定位应该遵循突出产品特色原则，即赋予产品或品牌独有的个性并获得消费者的认同，以迎合相应顾客的偏好。

2. 考虑顾客接受程度原则

成功的定位取决于两个方面：一是会展企业如何将定位信息有效地传达到消费者脑中；二是定位信息是否和消费者需要相吻合。也就是说，市场定位必须为消费者接收信息的思维方式和心理需求所牵引，必须考虑顾客的接受程度，这实质上是如何突破传播障碍将定位信息进驻消费者心灵的原则，也是不断强化消费者满意程度的过程。

3. 根据顾客类型定位原则

会展企业常常试图把某些产品指引给适当的使用者即某个细分市场，以便根据该细分市场的看法塑造恰当的形象。市场定位就是通过各种媒体和渠道向消费者传达产品或品牌的特定信息，使差异性明显地出现在消费者的面前，从而引起消费者注意。根据顾客类型进行差别化定位，可以使消费者把本会展企业的产品和其他品牌的产品区分开来，如果定位所体现的差异性和消费者的需要相吻合时，本会展企业的产品或品牌就能留驻消费者心中。

4. 动态调整原则

动态调整原则就是要求会展企业在变化的环境中，对周围环境时刻保持高度的敏感，及时调整市场定位策略。由于会展企业的营销环境、市场偏好、竞争对手的策略都在不断变化，因此，会展企业也必须不断调整自己的经营目标、服务种类、管理方式、定位策略，才能适应环境不断变化的要求。

（三）会展市场定位的方法

1. 竞争定位法

竞争性定位法又称“针锋相对”定位法，指会展企业选择在目标市场上与现有的竞争者靠近或重合的市场定位，要与竞争对手争夺同一目标市场的消费者的定位策略。采取这种定位方法的会展企业必须具备以下条件：一是能比竞争者开发出更好的产品；二是该市场容量足以吸纳两个以上竞争者的产品；三是本会展企业比竞争者拥有更多的资源和更强的实力。这种定位方法的优点是竞争过程中往往由于惹人注意而产生轰动效应，会展企业及其产品可以较快地为消费者或用户所了解，易于达到树立市场形象的目的；缺点是具有较大的风险性。

2. 避强定位法

避强定位法也叫“填空补缺式”定位法，是指会展企业尽力避免与实力较强的其他会展企业直接发生竞争，而是寻找新的、尚未被占领的，但又为许多消费者所重视的市场进行定位。通常在两种情况下可以采用这种定位方法：一是这部分潜在市场机会没有被发现，在这种情况下，会展企业容易取得成功；二是许多会展企业发现了这部分潜在市场，但无力去占领，这就需要有足够的实力才能取得成功。这种定位方法的优点是能使会展企业较快地在市场上站稳脚跟，并能在消费者或用户中树立形象，风险较小；缺点是采用这种定位方法意味着会展企业必须放弃某个最佳的市场位置，很可能使会展企业处于较差的市场位置。

3. “另辟蹊径式”定位法

当会展企业意识到自己无力与同行强大的竞争者相抗衡从而获得绝对优势地位时，可根据自己的条件取得相对优势，即突出宣传自己与众不同的特色，在某些有价值的产品和服务属性上取得领先地位。采用这种定位方式时，会展企业应明确定位所需的产品在技术、经济上是否可行，有无足够的市场容量，能否为企业带来合理而持续的盈利。

4. 重新定位法

重新定位对于会展企业适应市场环境、调整市场营销战略是必不可少的，可以视为会展企业的战略转移。会展企业对已经上市的产品实施再定位就是重新定位，重新定位可能导致会展企业产品的名称、价格、形象和品牌的更改，采用这种定位方法的会展企业必须改变目标消费者对其原有的印象，使目标消费者对其建立新的认识。如果原先的定位不准确，或者市场情况发生变化如遇到竞争者定位与本会展企业产品接近从而侵占了会展企业的部分市场，或是由于某种原因会展企业顾客的偏好发生变化转移到竞争者方面时，就应考虑采用这种定位方法，以退为进，但会展企业必须考虑定位转移的成本和新定位的收益问题。

（四）会展市场定位的步骤

市场定位的步骤是指会展企业在调查研究的基础上，明确潜在的竞争优势、选择本企业的竞争优势和定位战略及显示独特的竞争优势的方案策划，其关键是会展企业要设法在自己的产品上找出比竞争者更具有竞争优势的特性。这种优势表现在两方面：一是价格竞争优势，就是在同样的条件下比竞争者定出更低的价格，这就要求会展企业要努力降低单位成本；二是偏好竞争优势，即会展企业能提供确定的特色来满足顾客的特定偏好，这就要求会展企业要努力在产品特色上下功夫。会展企业市场定位的步骤包括以下几步。

1. 分析目标市场现状，明确潜在竞争优势

这一步骤的中心任务是弄清楚竞争者在目标市场上的定位；目标市场上顾客对其购买的产品的最大偏好和愿望，以及他们对产品优劣的评价标准，顾客欲望满足程度及确实还需要什么，针对竞争者的市场定位和潜在顾客的真正需要的利益要求，企业应该及能够做的工作。因此，会展企业市场营销人员必须通过相应的调研手段，系统地设计、搜索、分析上述有关问题的资料和研究结果，明确会展企业自身的竞争优势及能否为顾客提供他们愿意购买的产品和服务。

2. 选择相对竞争优势，对目标市场进行定位

竞争优势是会展企业与主要竞争对手相比，在产品开发、服务质量、销售渠道、品牌知名度等方面所具有的可获取明显差别利益的优势。经过对目标市场现状的分析，会展企业会发现许多潜在的优势，然而并不是每一种优势都是自身能够利用的，因此，会展企业要善于发现并利用自身存在或创造出来的相对竞争优势，即会展企业能够比竞争者做得更好的工作或在某方面胜过竞争者的能力，它可以是现有的也可以是潜在的。选择竞争优势实际上就是一个企业与竞争者各方面实力相比较的过程。通常的方法是分析、比较本会展企业与竞争者在经营管理、采购、服务、市场营销、财务和产品等方面哪些是强项，哪些是弱项，据此选出最适合本会展企业的优势项目，以初步确定会展企业在目标市场上所处的位置。

3. 有效准确地向目标市场传递定位信息

选定的竞争优势不会自动地在市场上显示出来，会展企业通过一系列的宣传促销活动，将其独特的竞争优势准确传播给潜在顾客，并在顾客心目中留下深刻印象。会展企业可以通过自己理念识别系统、行为识别系统和视觉识别系统，向顾客表明自己的市场定位。要做到这一点，会展企业应首先使目标顾客了解、知道、熟悉、认同、喜欢和偏爱本会展产品的市场定位，在顾客心目中建立与该定位相一致的形象。其次，会展企业要通过各种努力强化目标顾客心目中的形象，保持目标顾客的了解，稳定目标顾客的态度和加深目标顾客的感情来巩固与市场相一致的形象。最后，会展企业应注意目标顾客对其市场定位理解出现的偏差或由于会展企业市场定位宣传上的失误而造成的目标顾客模糊、混乱和误会，及时纠正与市场定位不一致的形象，准确定位并传播本会展产品的定位形象。

（五）会展市场定位的策略

市场定位就是为会展产品和服务在市场上确定适当的位置，塑造强有力的、与众不同的鲜明个性，从而使自己的产品和服务在公众和目标顾客心目中占据明确的、独特的、深受欢迎的地位。要为会展企业产品和服务塑造强有力的、与众不同的鲜明个性，就要采用差异化策略。所谓差异化策略，是指为使会展产品、服务、企业形象等与竞争对手有明显的区别以获得竞争优势而采取的策略，重点是创造被全行业和顾客都视为是独特的产品和服务。差异化策略主要包括以下五种。

1. 产品差异化策略

产品差异化策略是从会展产品质量方面实现差别，寻求会展产品与众不同的特征。对同一行业的竞争对手来说，产品的核心价值是基本相同的，所不同的是在性能和质量上。因此，可以通过向市场提供竞争对手不可比拟的高质量产品，产生较高的产品价值，能进而提高销售收入，获得比对手更高的利润；拥有雄厚实力的会展企业则可以采用以产品创新为主的差异化策略。

产品差异化策略可以为会展企业带来竞争优势。差异化产品可以更好地满足消费者需求，同时也就允许会展企业制定更高的价格；会展企业提供差异性产品无形中也为潜在进入者设置了一道进入壁垒，现有产品的特色、种类及所建立的产品信誉可以减少该产品市场的进入者，使潜在竞争者难以介入。

2. 服务差异化策略

服务差异化是会展企业面对较强的竞争对手而在服务内容、服务渠道和服务形象等方面采取有别于竞争对手而又突出自己特征，以战胜竞争对手，在服务市场立住脚跟的一种做法，其目的是要通过服务差异化突出自己的优势，与竞争对手相区别。服务主要是由人员提供的，因此，实施高质量的员工训练计划和高水准的质量管理，则可以促进服务质量提高，建立难以模仿的竞争优势。

采用服务差异化策略首先要调查、了解和分清会展企业服务市场上现有的服务种类、竞争对手的劣势和自己的优势，有针对性、创造性地开发服务项目，满足目标顾客的需要。此外，采取有别于他人的传递手段，迅速而有效地把会展企业的服务传达给服务接受者，注意运用象征物或特殊的符号、名称或标志来树立会展企业的独特形象。

3. 人员差异化策略

市场竞争归根到底是人才的竞争。从产品的设计与研发到营销策略的制定，再将产品交到顾客手中，会展企业需要培养专业的服务人员、管理人员和销售人员团队，才能使整个流程更为规范化，增强会展企业的整体实力。人员差异化策略是差异化策略的形式之一，是指通过聘用和培训比竞争者更为优秀的人员以获取差别优势。训练有素的员工应能体现出以下特征：一是能力，具有会展企业产品知识和技能；二是礼貌，能友好地对待顾客，尊重和体谅他人；三是可信，坦诚和可以信赖；四是可靠，有强烈的责任心，能保证准确无误地完成工作；五是反应敏捷，对顾客的要求和突发情况能迅速反应并做出处理；六是善于交流，能与顾客很好地进行沟通，并能将会展企业信息准确传递给顾客。

4. 形象差异化策略

形象差异化策略是指在会展产品的核心部分与竞争者雷同的情况下塑造不同的产品形象以获得差别优势。形象就是公众对旅游产品和旅游企业的看法和感受，会展企业塑造形象的工具有：会展企业名称、颜色、标识、标语、环境、活动等。在实施形象差异化策略时，会展企业需要有创造性的思维和实际行动，需要持续不断地利用企业所有的传播工具，针对竞争对手的形象策略及消费者的心智而采取不同的策略。可以采取两种手段实施该策略：一是塑造产品名称的差异化策略，产品名称或品牌也可能成为会展企业最重要的竞争优势，如果经过市场的检验，名称本身也能成为一项不败的竞争优势；二是采用会展企业 CI 战略，CI 战略是会展企业参与国际竞争的一种“差别化”策略，它体现在会展企业识别系统的各个方面。

5. 渠道差异化策略

渠道差异化策略是指会展企业从渠道设计、渠道建立、渠道管理、渠道维护、渠道创新等方面进行差异化营销。实施渠道差异化策略，首先要解决的是量体裁衣，让渠道以最佳的效率保持与目标市场的接触，不同的目标市场对应着不同的渠道手段。在目标市场定位之后，也要有一个基本的渠道定位，使渠道能够与目标消费人群的生活习惯、消费行为特征合拍。此外，将传统渠道与高科技网络相结合等，都是会展企业可以借鉴的方式。

【复习与思考】

1. 简述会展市场细分的概念和原则。
2. 简述会展市场细分的步骤、会展市场定位的步骤。
3. 会展企业如何选择目标市场？其对应的模式是什么？
4. 影响旅游目标市场策略选择的因素有哪些？
5. 如何理解会展定位的差异化策略？

【案例分析】

中国出境旅游交易会①

2017年3月29~31日，第十三届中国出境旅游交易会（COTTM2017）在北京全国农业展览馆（新馆）成功举行。中国出境旅游交易会（COTTM）由英国Tarsus集团公司自2005年在中国创办组织，定位于中国出境旅游市场的B2B专业展览会。本届展会吸引了来自70多个国家或地区的450家旅游资源供应商参展及4500名业内观众/买家前来参观和采购。今年，诸如凯撒旅游、捷达旅游、易游天下、华远国旅等中国出境旅游顶级运营商也重点参与，并积极地通过展会平台和来自全球各地的旅游资源供应商进行洽谈与合作。业内观众/买家的数量上升比达到18%，这一可喜的数字使得COTTM成为中国出境旅游行业最有价值的年度盛会。

与展会同期，COTTM在现场内的两个会议室举办了一系列的会议/研讨及目的地产品推介活动。本届COTTM会议由COTTM与执惠Tripvivid联合主办，并取得了巨大的成功。会议围绕“谋动·求变 海外旅游目的地的开发与运营”“重塑·格局 变局中出境游如何寻找新商机”两个主题，从变局中如何寻找生机、线上线下获客新场景、海外目的地如何实现中国本土化运营、中国旅游运营商如何进行海外目的地市场扩张、如何做好定制游五个方面进行研讨，洞察了旅游市场趋势，为业者提供了高水平的旅游知识，并对中国消费者的需求进行了更加细致的探索。

COTTM会议上，业者们一致认为，主题游和定制游产品将会成为旅游消费市场的主力。这一行业趋势在本届展会上也有所体现，COTTM组织了迄今为止规模最大的高端/奢华展区，为业内观众/买家展示了独特的，多样化的旅游资源，展区内有着专门从事探险旅行、体育赛事、豪车驾驶体验游及各种美食、美酒旅游和豪华酒店体验游等

① 资料来源：中国出入境旅游交易会［DB/OL］.http：//www.cottm.cn/news_details.asp？id=1429，2017-09-10.

旅游消费升级产品。

除了对参展产品内容的升级，COTTM 为自身平台做出了不少创新之举。在 2016 年 11 月，COTTM 与飞猪 / 阿里旅行和兴旅产业集团签署成为战略合作伙伴，并推出了“COTTM Online”品牌，让展会上的资源商、服务商的产品，通过飞猪的平台登陆客户端市场。通过帮助目的地在阿里平台上开店建馆，使目的地与 C 端用户直接接触。COTTM Online 的初衷就是要缩短整个产业链，让客户端用户直接能够买到海外目的地的服务。

讨论题：

1. 中国出境旅游交易会是依据什么对市场进行的细分？
2. 中国出境旅游交易会的目标市场有哪些？
3. 针对目标市场，中国出境旅游交易会是怎样进行定位的？

第五章

会展营销组合

【学习目标】

1. 熟悉市场营销组合理论，掌握4P理论、4C理论和4R理论；
2. 理解会展营销组合的内涵与特点；
3. 掌握会展营销组合策略：产品、价格、渠道及促销等策略；
4. 了解会展营销组合创新方法，能用会展营销组合策略分析实际问题。

【导入案例】

南博会：今年新增亮点“强劲”①

2016年5月5日，国务院新闻办公室就中国与南亚各国开展经贸交流合作及第4届中国—南亚博览会筹备情况举行发布会。商务部副部长高燕和云南省人民政府副省长刘慧晏介绍了筹备工作等方面情况并答记者问。“很多周边国家的政要和高级官员都很希望云南继续办好南博会，通过这个展会把各国企业、商人聚在一起，共同探讨发展事宜。”刘慧晏表示，南博会和昆交会有很强大的生命力，正朝着专业化和品牌化的方向继续努力。

据介绍，第4届中国—南亚博览会暨第24届中国昆明进出口商品交易会定于2016年6月12~17日在云南昆明举办，会期较往届增加一天。以“亲诚惠容、合作共赢”为主题的本届南博会展览展示规模空前。展会从筹备到举办都贯穿了创新、协调、绿色、开放、共享的发展理念，使用场馆的数量从上一届的13个增至18个，布展面积由上一届的12万平方米增至17万平方米，提升了40%以上，规模已经位居国内展会前列，共

① 资料来源：国际商报．和讯新闻：南博会：今年新增亮点“强劲”[DB/OL].http://news.hexun.com/2016-05-29/184120628.html，2016-05-29.

设置 8000 个国际标准展位，为历届之最，目前完成确认的展位已接近 100%。本届南博会专业性展馆呈现出新亮点。

1. 亮点一：增设多个专业馆

新增设的国际产能合作馆主要针对中国与周边国家开展产能合作和装备制造合作的现实需要；信息化及信息产业馆旨在着力推动信息产业发展与促进大众创业万众创新的相互融合；旅游产业馆和高原特色农业馆注重将云南的高原特色与资源优势转化为跨越发展和扶贫攻坚的强大动力。

2. 亮点二：展馆设置特色更加鲜明

本届南博会设置了国际产能合作馆、东盟馆、南亚馆、国际馆、日韩港澳馆、台湾馆等 17 个展馆，境外展位总量超过 50%。预计将有超过 80 个国家和地区的 4000 家企业参会参展。马尔代夫将担任第 4 届南博会主题国，越南将担任第 24 届昆交会主宾国。

3. 亮点三：专业化和品牌化建设凸显

一年一年地办南博会，云南积累了很多成功的经验。从南博会、昆交会举办情况看，一年更比一年好，经贸合作成效也很明显。很多周边国家的政要和高级官员都很希望云南继续办好南博会，通过这个展会把各国企业、商人聚在一起，共同探讨发展事宜。刘慧晏举例说："比如今年马尔代夫作为主题国积极性非常高，他们设计的主题国布展规划对每一个细节都做了认真细致的考虑，为了展示马尔代夫作为世界知名旅游国家的特色，他们甚至连布展用的沙子都要从马尔代夫空运到昆明来，让人感动。""南博会和昆交会有很强大的生命力，已成为具有国际影响力及品牌价值的精品展会，在促进中国与南亚各国之间的商品和服务贸易、加强投资与旅游合作、推动科技文化交流等方面的地位和作用日益突出，得到了南亚东南亚国家政府、企业和民众的广泛认知和高度关注。"

思考：

从南博会亮点分析会展营销组合创新表现在何处？

第一节 市场营销组合理论

"市场营销组合"（Marketing Mix）是指一整套能影响需求的企业可控因素，它们可以整合到市场营销计划中，以争取目标市场的特定反应。这是 1953 年美国哈佛大学奈尔·鲍顿（Neil Borden）教授首先提出来的，其意是指市场需求或多或少地在某种程度上受某种"营销变量"或营销要素的影响，为了寻求一定的市场反应，企业要对这些要素进行有效的组合，从而满足市场需求，获得最大利润。"市场营销组合"现已成为市场学的一个重要概念。

一、4P 理论

1960 年，密歇根大学麦卡锡教授在其著作《基础营销学》一书中提出了以企业为核心的 4P 组合理论，进一步发展了"市场营销组合"的概念。他把鲍顿教授提出的有关营销要素和手段重新分类组合，认为可供企业运用的市场营销要素和手段固然很多，但企业可以控制的、能有效运用的因素归纳起来只有四大类：产品（Product）、价格（Price）、分销渠道（Place）和促销（Promotion），即“4P组合”（见图5-1），其中每一类P又包括许多因素，形成每类P的次级组合，构成了市场营销组合的四大基本策略。麦卡锡的市场营销组合更加强调营销组合的可控制性特点，是迄今为止最有影响力的营销组合模式。

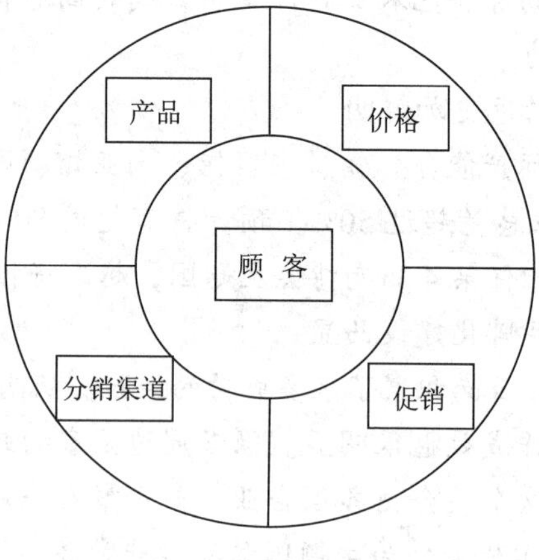

图5-1 4P营销组合

产品策略主要研究新产品开发、产品生命周期等，是价格策略、促销策略和渠道策略的基础。

价格策略又称定价策略，主要研究产品定价、调价等市场营销工具。

渠道策略是指为了达到产品分销的目的而起用的销售渠道。它代表企业（机构）在将自身的产品送抵最终消费者之前，所制定的与各类分销商之间的贸易关系、成本分摊和利益分配方式的综合体系。

促销策略是指将组织与产品信息传播给目标市场的有计划的营销活动，它主要的焦点在于与消费者沟通。促销的形式则包括了广告宣传、公共关系、促销活动、人员销售、口碑操作等，通过推广，使企业得以被消费者知晓、了解、喜爱，进而购买产品。促销的强度及其计划是否得宜，足以影响或操纵产品的知名度、形象、销售量，乃至企业的品牌形象。有了促销，消费者才能得知产品能够提供何种利益、价格如何、可以到什么地方购买及如何购买等，而这些消费者反应会进一步协助推动其他营销组合（产品、价格、通路）进行修正调整。

20世纪80年代以后，许多企业界和理论界人士纷纷提出传统的4P组合存在较大的局限性，不断对其进行批判，同时提出新的营销组合模式，呼声最为集中的是服务界。1981年，波姆斯和比特勒在《服务企业的市场营销战略与组织》一文中，把市场营销组合描述为7P结构，即产品（Product）、价格（Price）、分销渠道（Place）、促销（Promotion）、人员（People）、服务过程（Process）和有形展示（Physical Evidence）（见表5-1）。

表 5-1 7P 营销理念

产品	领域、质量、水准、品牌名称、服务项目、保证、售后服务
价格	水准、折扣、付款条件、顾客的认知价值、质量定价、差异化
分销渠道	所在地、可及性、分销渠道、分销领域
促销	广告、人员推销、销售促进、宣传、公关
人员	人力配备、态度、顾客行为参与程度
服务过程	政策、手续、机械化、员工自主权、顾客参与度、顾客取向、活动流程
有形展示	环境、装备事物、实体性线索

三个服务性的“P”形成了如下三方面策略。

人员策略是指所有的人都直接或间接地被卷入某种服务的消费过程中，这是 7P 营销组合很重要的一个观点。知识工作者、白领雇员、管理人员及部分消费者将额外的价值增加到了既有的社会总产品或服务的供给中，这部分价值往往非常显著。

服务过程是指服务通过一定的程序、机制及活动得以实现的过程（亦即消费者管理流程），是市场营销战略的一个关键要素。

有形展示包括服务供给得以顺利传送的服务环境、有形商品承载和表达服务的能力、当前消费者的无形消费体验，以及向潜在顾客传递消费满足感的能力。

二、4C 理论

随着经济的发展和企业生产效率的逐步提高，企业与企业之间的竞争逐步加剧，产品之间的差异也越来越小。在这种情况下，运用传统 4P 理论，很难有效地指导企业的生产经营实践取得成功。许多学者对营销组合理论的研究也就从以企业为中心的 4P 理论的研究发展到以消费者为中心的 4C 理论。布鲁纳（1989）提出 4C 组合方法，该组合包括概念（Concept）、成本（Costs）、渠道（Channels）、沟通（Communications）四个子组合。布鲁纳认为：①概念组合比产品组合更好地描述了不同组织向目标市场提供的不同产品、服务等；②成本组合不仅包括货币成本，还包括顾客所面临的运输、信息搜集等成本；③渠道类似于 4P 中的地点；④沟通包括传统的促销因素，也包括企业的市场研究活动。

然而，布鲁纳的 4C 理论只是 4P 名称上的变化，它并无本质上的不同。鉴于此，该 4C 理论并没有得到学术界的广泛认同。在学术界得到广泛认同的，是 1990 年罗伯特·劳特伯恩在《广告年代》上发表的著名的《4P 退休，4C 登场》论文中提出的 4C 理论，该理论是从消费者的角度来考虑企业营销活动，是与 4P 相对应的顾客 4C 市场营销组合模式，包括：顾客需求和欲望（Customer Needs and Wants）、对顾客的成本（Cost to the Customer）、便利性（Convenience）、沟通（Communication）。劳特伯恩认为：在一定的搜集成本的条件下，顾客选择的最基本标准是顾客价值最大化。要求企业考虑和重视顾客的感受，强调企业与顾客之间的双向互动沟通，把顾客当作共同创造价值的伙伴。通过充分倾听客户意见，满足他们的各种需求，提高顾客的价值，从而提高顾客的忠诚度。

4C 理论的提出引起了营销传播界及工商界的极大反响，从而也成为后来整合营销传播的核心。企业应该用 4C 理论来思考，用 4P 理论来行动。4C 理论——站在消费者的角度看待营销，决定了企业的未来；4P——站在企业的角度看待营销，把握着企业的现在。看问题的角度不同，企业的竞争立足点也就不同。

4C 理论以客户需求为导向，但对客户需求还面临合理性的问题。客户总是希望物美价廉，特别在价格上要求越低越好，这样企业就会付出更大的成本，久而久之就会影响企业的发展。从长远看，企业要遵循双赢的原则，4C 理论更多的是关注顾客的短期需求和利益，没有体现既赢得客户，又长期拥有客户关系的营销思想，这是 4C 理论需要解决的问题。

三、4R 理论

由于市场营销组合策略的制定已经从卖方为中心走向以买方为中心，总是要受到企业外部环境中诸多不可控因素的制约，因此，企业营销组合要适应外部环境，就必须适时地加以修改。同时随着产业组织营销学和服务营销学的发展，关系营销理论开始出现并广泛为人们所接受，4R 理论应运而生。1999 年，舒尔兹提出 4R 理论，即关联（Relation）、反应（Reaction）、关系（Relation）、回报（Reward）。舒尔兹认为，首先，企业与顾客是一个命运共同体，关联是建立企业与顾客关系的第一步，企业应分析和选择顾客，通过更好地满足顾客的需求和欲望而与顾客建立联系。其次，企业应该转变视角，主动站在顾客的立场上看问题，及时满足顾客需求，主动与顾客展开互动交流，建立快速反应机制对市场变化做出快速反应。再次，企业与顾客之间应建立长期而稳定的关系，从实现销售转变为实现对顾客的责任和承诺，从管理营销活动转变为管理顾客关系。最后，企业应满足客户需求，为客户提供价值，顾客也将为企业带来回报，为企业赢得长期的利润。

（1）关联（Relation）。企业与顾客是一个命运共同体，建立并发展与顾客之间的长期关系是企业经营的核心理念和最重要的内容。

（2）反应（Reaction）。在相互影响的市场中，对经营者来说最现实的问题不在于如何制订、控制和实施计划，而在于如何站在顾客的角度及时地倾听和将商业模式转移成为高度回应需求的商业模式。

（3）关系（Relation）。在企业与客户的关系发生了本质性变化的市场环境中，抢占市场的关键已转变为与顾客建立长期而稳固的关系。与此相适应产生了五个转向：从一次性交易转向强调建立长期友好合作关系；从着眼于短期利益转向重视长期利益；从顾客被动适应企业单一销售转向顾客主动参与到生产过程中来；从相互的利益冲突转向共同的和谐发展；从管理营销组合转向管理企业与顾客的互动关系。

（4）回报（Reward）。任何交易与合作关系的巩固和发展，都是经济利益问题。因此，一定的合理回报既是正确处理营销活动中各种矛盾的出发点，也是营销的落脚点。

4R 理论有效地体现和实施了关系营销的基本思想，在一个全新的层面上描述了市场营销的构架，与 4P、4C 相比，其更具动态性、互动性、可持续性和互利性。4P、4C

和 4R 理论是营销学发展史上的三大经典营销组合理论。它们在营销理念、模式、方式、目标等方面都有区别（见表 5-2）。

表 5-2 4P、4C 和 4R 理论的区别

考察因素＼理论	4P理论	4C理论	4R理论
营销理念	生产者导向	消费者导向	竞争者导向
营销模式	推动型	拉动型	供应型
满足需求	相同产品、相近的需求	个性化需求	感觉需求
营销方式	规模营销	差异化营销	整合营销
营销目标	满足现实的、具有相同或相近的顾客需求，并获得目标利润最大化	满足现实和潜在的个性化需求，培养顾客忠诚度	适应需求变化，并创造需求，追求各方互惠关系最大化
顾客沟通	“一对多”单向沟通	“一对一”双向沟通	“一对一”双向或多向沟通
投资成本与时间	短期低，长期高	短期较低，长期较高	短期高，长期低

4R 理论侧重于用更有效的方式在企业和客户之间建立起有别于传统的新型关系。4R 理论根据市场不断成熟和竞争日趋激烈的形势，着眼于企业与客户互动与双赢，体现和落实了关系营销的思想。

随着社会经济的进一步发展，单靠某种营销组合的应用很难在市场竞争中取胜，营销组合理论逐步与战略管理相融合，出现了战略营销的新观念。即 4I 营销组合：关系营销（Incorporating Marketing）、权力营销（Influence Marketing）、形象营销（Image Marketing）和信息营销（Information Marketing）。20 世纪 80 年代后，随着高科技产业的迅速崛起，高科技企业、高技术产品和服务不断涌现，营销观念、方式也不断发展，形成了新型的 4V 营销理念，即差异化（Variation）、功能化（Versatility）、附加价值（Value）和共鸣（Vibration）的营销组合理论。后来网络营销和电子商务的兴起，出现了适用于电子商务的 4S 营销组合理念，即范围（Scope）、网站（Site）、协同（Synergy）和系统（System）。

第二节　会展营销组合内涵与特征

一、会展营销组合的内涵

会展营销组合是市场营销组合的一个分支，是企业为了进入目标市场、满足顾客，在市场营销工具或手段层面上的“整合”。

会展营销组合是会展企业依据其营销战略对营销过程中的构成因素进行配置和系统化管理的活动。有效的营销组合是会展企业市场营销活动能否成功的关键。具体而言，

会展营销组合即指企业为了满足目标市场的需要，对会展产品、参展价格等各种可控因素的组合使用。

会展营销组合中包含的可控因素很多，从营销组合发展的脉络中，可以看出整个市场营销实践和理念的变化，而这些变化都是从最初传统的4P要素模式演化而来。会展营销活动的实质是综合发挥会展企业的相对优势，做到产品、价格、促销等多方面的“适合”和各种可控因素的动态组合。

第一，产品。会展产品必须考虑提供服务的领域、服务的质量和服务水准，同时还要注意品牌保证以及售后服务等。

第二，价格。价格方面要考虑的因素包括价格水平、折扣、折让、佣金、付款方式和信用。价格与质量间的相互关系是企业必须予以重视的要素。

第三，分销渠道。会展服务提供者的所在地及其地缘的可达性在会展营销中都是重要因素。地缘的可达性不仅是指实物上的，还包括传递和接触的其他方式。所以，销售渠道的形式及其涵盖的地区范围都与服务可达性的问题关系密切。

第四，促销。促销包括广告、公关、人员推销、销售促进或其他宣传形式的各种市场沟通方式。

二、会展营销组合的特征

（一）可控性

会展营销手段是企业可以控制和运用的各种因素。比如，一个会展企业可根据目标市场决定生产什么，制订什么价格，选择什么渠道，采用什么促销方式。市场营销手段的这一特性决定了市场营销组合的可控性。会展市场营销的各种不可控因素构成了市场营销环境的内容，单个企业谈不上对它们的整合、协调使用。市场营销管理的核心正是通过艺术性地运用市场营销的可控因素，在动态适应不可控因素的过程中实现预期目标。

（二）动态性

会展营销组合不是固定不变的静态组合，而是变化无穷的动态组合。构成特定会展市场营销组合的工具或因素受到内部条件、外部环境变化的影响，必须能动地做出相应的反应。比如，同样的产品、同样的价格和同样的销售渠道，企业根据需要改变了促销方式，或其他因素不变，企业提高或降低了产品价格等，都会形成新的、效果不同的市场营销组合。

（三）复合性

构成会展营销组合的四大类因素或手段各自又包括了多个次一级或更次一级的因素或手段。以产品手段为例，它由质量、外观、品牌、包装、服务等因素构成，每种因素又由若干更次一级因素构成，如品牌便有多种使用方式。又如促销手段，包括人员促销、广告、公共关系促销和营业推广。其中，广告依据传播媒体的不同，有电视广告、广播（电台）公告、报纸广告、杂志广告和网络广告等，每一种还可继续细分。市场营销组合不仅要求四种手段的协调配合，而且每种手段的组成因素之间、每个因素的更次一级组成单位之间都必须协调配合。

（四）整体性

会展营销组合的各种手段及组成因素不是简单地相加或拼凑而成，而应成为一个有机整体，在统一目标的指导下，彼此配合、相互补充，进而取得大于局部功能之和的整体效应。

第三节　会展营销组合策略

一、产品策略

（一）会展产品

从狭义角度看，产品是指企业提供给市场的具有特定用途的物品或劳务。这里所说的物品，指的是具有可以触摸到实体的实物形态的产品。这里所说的劳务，指的是虽然没有可以触摸到的实体但客观存在的劳务形态的产品。而从广义上看，产品是指企业提供给市场，用于满足购买者某一或某些基本方面整体需要的各种有关因素的总和。

会展产品是由会展经营企业提供的、以顾客参与和体验实现产品价值的一种活动。具体来说，会展产品是举办会议和展览活动的单位凭借一定的场地和设施，向参展商、观众、新闻媒体等参加会展的人员提供的满足其参会和参展所需要的有形商品和无形劳务。会展产品是一个整体概念，是宣传、会议、陈列、商品交易、物流、饮食、住宿、交通、游览、售后服务等一系列有形产品和无形劳务的综合。

（二）会展产品组合策略

1. 会展产品组合的类型

（1）地域组合形式。地域组合形式的会展产品组合主要是由跨越一定地域空间、产品特色突出、差异性较大的若干个会展产品项目构成的。组合产品以内容丰富、强调地域间的反差为特色。根据会展产品组合地域范围大小可以分为国际与国内两种组合形式，国内组合形式还可细分为全国型、区域型等。

（2）内容组合形式。内容组合形式的会展产品组合，是根据会展活动的主题选择会展产品项目构成的。它可以分为综合型组合产品与专业型组合产品。主题的选择是会展企业生产设计内容组合形式的会展产品的关键。

2. 会展产品的组合策略

会展企业进行会展产品组合决策一般有以下的策略可供选择：

（1）会展产品组合扩展策略。会展产品组合扩展策略是会展企业为扩展经营范围，扩大会展产品组合广度的策略。这一策略有助于会展企业扩大经营范围，实行多元化经营，充分利用企业资源和提高经济利益。会展企业采用这一策略的条件包括以下几方面：

第一，会展产品系列之间的关联度要强，否则，会加大会展企业的经营风险。

第二，会展企业应明确和突出主打会展产品的优势，如果会展企业放弃自己的市场定位，在竞争中就会变得十分盲目。

第三，会展企业应有步骤、分阶段地加宽会展产品组合的广度，否则，会造成企业资金、资源紧张。

（2）会展产品组合简化策略。会展产品组合简化策略是会展企业缩小会展产品组合广度的策略，这一策略可以减少会展企业资金占用，提高资金利用率，实现会展生产的专业化，淘汰已经过时的会展线路。会展企业采用这一策略的条件包括以下几方面：

第一，会展企业的产品处于饱和和激烈的市场竞争状态。会展企业为有效地利用资源，可以放弃获利较小的产品系列，降低成本。

第二，会展企业追求专业化经营。会展企业集中企业资金、资源经营少数会展产品系列，有助于突出企业经营优势，树立企业市场形象。

（3）会展产品组合改进策略。会展产品组合改进策略是会展企业改进现有产品，发展组合深度的策略。这一策略可以增加细分市场，吸引更多参展企业，提高会展产品的质量。由于会展企业增加了产品组合深度，难以满足所有会展者的需求，因而必须有自己的利己市场。在实践中，会展企业还应根据市场变化不断调整会展产品组合结构，使会展产品组合深度保持合理的范围。

（三）会展产品不同生命周期营销策略

1. 会展项目生命周期的不同阶段

会展项目同样存在着生命周期，在生命周期的不同阶段有不同的特点。相应的价格策略也应配合着会展项目的生命周期来加以制定。

（1）培育期。在培育期，行业内对会展项目认知有限，知名度不高，尚处在市场竞争的劣势，参展商构成以小型企业为主，经营目标是要尽力让参展企业了解会展项目、引起参展企业的注意，因此，招展时价格定位不宜太高。等到参展企业广泛接受与认可，已经到了一个新的发展阶段时，再适当地提高展位价格。

（2）成长期。会展项目在行业内形成一定的知名度，具有一定的市场竞争力，参展商构成发生变化，中小型企业参展热情提高，展会规模迅速扩大，价格可以保持一个稳中有升的态势，偶尔也可以运用促销手段，再度吸引消费者的注意。

（3）成熟期。成熟期会展项目在市场上的地位基本稳定，参展商构成多元化且数量也基本固定，展会规模基本定格，主要经营目标是最大限度地获取利润，价格不易变动，但要经常注意观察，并着手准备开发和经营新的替代项目。

（4）衰退期。衰退期的会展项目竞争力逐渐减弱，大中型参展商开始逐渐减少，展会规模萎缩。根据这一阶段的参展商构成，展会的招展价格应该较低，以调动参展商的参展积极性。

综上所述，展会各个不同时期的参展商构成是不同的，这对展会的招展价格有着十分重要的影响。上述各因素往往互相牵制，彼此影响，因此在制定招展价格时，主办单位需要全面考虑，如果只考虑某一方面，而忽略其他因素，展会的招展工作就会因此而受到影响。作为展会企业的营销人员，必须充分地考虑到以上各个因素，才能制定出既适合市场经营和竞争环境，又能保证成本的回收和获利，并兼顾消费者的实际需求与喜好的理想价格。

任何产业与产品的发展都会经历培育、成长、成熟和衰退四个阶段，展会也同样。展会之所以会经历这几个发展阶段，一方面是因为展会题材会受所在产业的影响，另一方面展会本身也会受发展的影响，因此，应针对展会所处的不同发展阶段制定相应的展会营销策略，从而争取展览市场的主动权。

2. 会展产品不同周期营销策略

从广义上讲，展会营销策略的实质就是宣传营销、管理营销、服务营销等。因此，做好展览组织过程中的每项工作，其实质就是做好营销工作，当展会品牌获得了市场认可，展会品牌具有相当强的市场竞争力时，展会的营销策略也就顺利实现了。

（1）培育期展会的营销策略。展会在培育期的特征往往其规模不是很大，市场影响力弱，行业知名度不高，目标客户对其实际可达的展会效果的预期不确定。展会所处的这个时期，参展企业与参观观众对展会的意愿和欲望平平，展览组织机构必须在营销工作上下功夫，努力使展会能在展览市场上站住脚跟，被行业认同。唯有这样，展览会才会赢得发展壮大的机会。在展览会培育期，展览组织机构在营销策略上应该注意把握好以下几点。

①弱化盈利观点，做大展览会。展览组织机构须有长远的发展与战略眼光，在展会培育期，不要过分强调展会的短期盈利能力而削减对展会必要的前期投入。展览组织机构的着眼点应放在将展会办强、办大的思路上，只有展览会做强做大了，才能实现长期盈利能力。国际展览会经验表明，知名品牌展的培育时间通常要经过3~5届，甚至更长。展览组织机构在展会培育期的工作重点是规划展会的品牌化与长期盈利能力，而不是新展的暴发“盈利”能力。在这一阶段，即使展会有盈利，这部分利润只是作为展会的发展基金，以提高展会的竞争力。

②规划展览会的发展战略。展览会作为贸易与展示的平台，需明确发展方向与发展战略，才能在瞬息万变的市场环境中赢得一席之地。展览会中长期发展战略的规划不仅是为了创造市场机会，更是为了培育期的展会能得到市场的认同。因此，展览组织机构需在错综复杂的市场环境中找准展会鲜明的定位，赋予展会以个性化的特色，利用差异化战略在展览市场中脱颖而出，打出自己的品牌，从而也给展览会找到合适的发展空间。

③运用现代营销提升展览会知名度。在现代展览会中，培育期的展览会是否能赢得市场发展空间很大程度取决于展览组织机构是否能有效利用现代营销组织宣传和推广展会品牌，整合市场资源为展会的发展创造生存条件与机会。展览组织机构可研究多种营销手段，实现努力扩大展会知名度的战略。在展会培育阶段，组合运用多形式的广告，软性介绍文章、人员推广、直接邮寄、公关事件等营销手段对提升展会知名度具有积极的意义与切实的效果。

④实现展览会规模的稳步扩大。培育期展会的核心任务之一就是组织与建立良好的客户资源，保证展会的质量和展出效果，重视展会观众邀请的基础工作，稳步实现展会规模的扩大。品牌展会发展的轨迹证明要实现展会规模的扩大，展览组织机构要重点建设展览组织工作的营销体系与营销策略，利用多渠道的宣传与推广、有效的目标管理与展会营销队伍的建设，来培育展会的内功。只有当展会具有一定的规模时，才会在展览行业与市场发挥较大的影响力。

⑤提供目标客户体验式服务。现代经济的重要概念是以“体验式服务”为代表的，新创展览会更是应体现“体验式服务”的作用，以增强目标客户的满意度，继而转化为对展会的忠诚。因此，展览服务是对目标客户提供“体验式服务”的一个过程，从展览服务工作中真正实现展会的品牌价值。如果没有良好的展览服务，展览会作为贸易、展示、信息发布的平台就难以真正起作用。所以，培育期展会需要更突出展览会的服务，全面提升目标客户的忠诚度。

（2）成长期展览会的营销策略。进入成长期的展览会，其规模与影响迅速扩大，参展商数量快速增长，与会的观众数量和质量也不断提高，展览会在所属行业的地位与知名度不断上升，开始快速发展。在成长期，展会营销的任务不仅要努力保住展会品牌成长的势头和在展览行业中享有的声誉，更重要的是要加强专业观众的组织与邀请，为参展商提供实质性的展览服务。同时还需要进一步完善市场发展战略，提高市场的竞争优势。

①强化展会招商组织工作。招商组织工作是成长期展会最容易被忽视的问题，也是阻碍成长期展会继续成长的关键所在。在成长期，招展工作通常已经打开了良好局面，展会开始盈利，但招商组织工作却很容易被忽视。展览组织经验证明，如果与会观众的数量和质量跟不上展览会规模扩张的需求，展览会的质量就因此而开始下降，展览会就会停止成长。因此，与会观众的数量能与展会规模同比增长才能有效保持展览会的快速成长。

②重视客户关系管理。重视客户关系管理是新经济模式研究的重要课题。随着展会的快速成长，客户数量日益增多，参展商的数量与展览会的规模不断扩大，观众数量更可能达到数万以上，传统的客户管理不再适应展览会发展的需求。因此，这阶段的展览组织工作对目标客户须实行客户关系管理（CRM）。以信息技术与科学管理手段来提高和保持目标客户对展览会的忠诚，防止老客户的流失，不断地开发新客户，使展览会发展后劲具有科学管理技术的保障。

③持续改进展览服务体系。展览服务体系的建设在展会的成长期或多或少地会被展览组织机构所忽略，很多展览服务问题被快速成长的展览现象所掩盖，以致展览组织机构不能及时发现和改正。例如，展览会的观众组织、参观登记，展会现场的交通、餐饮、通信、卫生环境等存在的问题。在展览会成长期，展览服务是目标客户保持对展会信心与忠诚度的一项重要工作，也是展览会核心竞争力。展览组织机构需持续改进展览服务体系，以便展览服务同步于展会的发展。

④动态研究市场与竞争对手。德国展览业的成功，其最重要的秘诀是加强对展览市场与竞争对手的动态研究工作，从而针对性地制定展会营销策略。竞争对手可能对培育

期的展览会有所轻视，但当展览会进入成长期以后，就会引起竞争对手的日益关注，并会针对性地对该展览会采取竞争性的营销策略。加强对展览市场与竞争对手的动态研究的主要目的就是使展会营销组织工作能有的放矢，增强竞争活力。

⑤提高展览会增值功能。随着展览会的逐步成长，参展商及参展观众逐步增多，目标客户对展会功能会提出更多的个性化需求。展览组织机构在保持展会的战略定位与品牌特色的前提下，需研究和归纳不同目标客户的各种个性化需求并与目标客户共同努力加以完善。比如，目标客户通过参展，需得到其他相关的功能服务，如信息发布会、市场研讨会、产业高层论坛、网络展会、贸易撮合、商务旅行等。展览组织机构要不断加强展会建设，使展览会既有自身的特色，又能兼容并蓄，派生更多的增值功能。

（3）成熟与衰退期展会营销策略。进入成熟期，展会营销的重点应是尽力延长成熟期，减缓其进入衰退期的进程。成熟期展览组织工作的重要特征与研究方向是如何继续做好展会内涵创新与营销创新工作，增强展会的活力与品牌的持续影响力。具体营销策略有以下几点。

①完善展会营销的评估体系。展览组织机构需针对培育期与成长期的营销工作进行系统评估，为展会成熟期的营销工作总结经验和教训，提出进一步完善展会营销工作的设想与建议。展会营销工作与效果评估可以由展览组织机构自行组织安排，也可以委托具有实践经验的专业评估公司组织实施。评估体系的主要内容包括：营销质量评估、营销效率评估和营销成本评估三大方面。展会营销评估体系的建设对调控成熟期展会的发展方向具有十分重要的意义与作用。

②创新展会品牌形象内涵。成熟期展会的知名度在行业内已有基础，目标客户对展会品牌的认知度也相应提高。但展会要维持其品牌、巩固其良好的品牌形象，就需在展会品牌形象内涵上下功夫，如展览会在行业中地位、专业化程度、对市场发展的引导作用及品牌的象征意义等。国际展会品牌之所以强势与长盛不衰，其原因就在于它有深邃的内涵，是前瞻性技术、时尚性元素、行业发展趋势、产业综合效应等的标志。展会品牌形象内涵的创新程度在一定意义上决定了展会在市场环境中的生存力。

③优化展览市场份额。成熟期展览会的规模扩张是展览组织机构不断面临的新课题，分析与研究展览会现有的目标市场份额，找出其所发生变化的原因，制订系统的营销应对解决方案，是解决这一难题的有效途径。例如，优化展会营销网络、扩大海外宣传与推广活动、建立展会营销网络的预警机制、调整展会选题组成等行之有效方法。展览市场份额的优化不仅针对展会营销工作，也针对展览组织工作的每一过程，通过优化，展会的竞争力就会再上一个台阶。

④赢返流失客户、稳定现有客户。赢返流失客户、稳定现有客户群是展会营销对成熟期展会非常重要的一项工作。这需要强化展会客户关系管理 CRM 系统的应用，如调整工作流程，提高营销管理模式，放大每一环节的效率和控制力度，建立展览组织内部全方位的管理信息平台等，使各岗位、职能部门及协同单位间高度共享客户管理信息，做到内外各种资源的关联管理和实际利用。使目标客户的任何信息与服务支持都能实时响应，将稳定现有客户和赢返流失客户的工作落实到实处。有效地展开这项工作可以使展览组织机构保持 80% 的展会盈利能力。

⑤提炼客户需求，增加客户价值。成熟期展会，提炼客户需求，增加展会对目标客户的价值，建立以客户需求为导向的营销体系是全新的营销理念。因为，再完善与丰富的客户信息只有通过科学手段对其进行去伪存真、去粗求精、精心提炼，才具备利用价值。只有将客户需求与展会组织者的市场营销紧密结合起来，才能为目标客户提供最佳的展会品牌与相关的展览服务。展览服务除了要提供规范及时的展览会专业服务外，还要想方设法增加客户的价值，并使客户在享受优质展览服务的同时也能提升自身价值。

⑥建立对衰退期展会的预警机制。成熟期展览会的后半阶段，展览组织机构应加强对展会营销工作的各项评估，通过对营销质量评估、营销效率评估及营销成本评估发现问题并查找原因。影响展会营销工作的因素很多，有展览会本身的因素，也有政治、经济、社会等因素。通过评估工作及早建立对衰退期展览会特征的预警机制，利用科学的指标与系数的比值来确定衰退期展览会是否需要继续扶持，或调整，或合并，或取消。这些指标与系数有：盈亏平衡点、新老参展商参展率、参展行业变动率、营销人员流动率、贸易观众参会率等。通过几届数据比较，发现危机，果断采取“关停并转”的措施，在展览会还有微利之际，就对展览会的走向进行决策，以保证展览组织机构的营利性不受影响，并能有效地保持营销队伍的稳定性，为重新策划与组织新的展会品牌积累资源。

二、价格策略

（一）影响会展项目定价的因素

在会展业经营中，价格决定了会展企业的收益，同时影响着企业在市场上的竞争地位，一个良好的价格决策会给企业招来大批参展商企业，从而实现会展项目收入增长。

会展业营销人员在制定项目价格时要考虑许多因素。这些因素从性质上可以归纳为两大类：一类是可控因素，即营销人员在定价时有能力控制的因素，通常是企业内部的因素，包括会展企业的经营成本、会展企业定价的利润水平目标、会展项目 / 会展企业的经营整体战略等；另一类是不可控因素，即指那些对会展企业的价格制定有影响，但营销人员又无法控制的因素，一般是企业外部因素，包括市场需求、市场供给、行业竞争、市场发展环境等。

1. 会展行业竞争状况及企业的竞争能力

市场竞争状况直接影响着会展企业的定价。在会展企业经营项目差异较小、市场上存在着多个竞争者的情况下，会展企业在价格方面的活动余地也相应缩小。价格如高于竞争对手，则参展商企业数量减少，营业额降低，无法吸引高层需求；价格如低于竞争对手，一个非常可能的后果便是会引发同行业的价格大战，结果是“数败俱伤”。所以，行业竞争状况对会展企业的定价影响力很大，作为会展企业应客观地评估自身的竞争力高低，并根据自身竞争能力优劣制订出可行的企业价格方案。

2. 会展行业市场环境

会展行业的现状及发展趋势、通货膨胀状况、政府政策法规的颁发、社会公众的意见及消费理念变化等市场环境因素，都将对会展企业的定价产生相应的影响。

会展所在行业的状况是重要的市场环境因素，主要是指该行业平均利润率的大小和该行业的市场发展状况。行业平均利润率的大小决定了该行业所属企业可能的盈利水平和支付能力。如行业平均利润率较小，那么该行业的企业的盈利水平和支付能力可能也不高。在这种情况下，如果展会的招展价格定得过高，企业将无法承受而放弃参展。反之，展会的招展价格就可以相应地定高一些。行业的市场发展状况是制定展会招展价格时需要考虑的另一个重要因素。例如，如果行业处于买方市场状态，企业参展的积极性就较高，展会的招展价格可以定得高一些。如果行业处于卖方市场状态，企业参展的积极性就较低，展会的招展价格就应该定得低一些。

3. 会展市场需求状况

任何会展项目都必须经过市场运营，被参展企业认可后才能实现企业的利润及经营的目标。所以，在会展企业进行定价时必须考虑到参展企业的需求状况及支付能力。若定价太高，则易使参展企业认为价格与会展企业所提供的会展项目价值不相匹配而失去参展企业，进而使会展企业失去获利的机会；若定价太低，又不足以补偿会展经营中成本及费用开支。一般来说，主要考虑两方面因素：一是消费者对会展项目价值的评估状况；二是消费者的支付能力。

4. 会展企业整体经营战略

一个会展企业的总体经营战略是为了实现该企业经营的总目标而制定和策划的各部门总体行动计划方案。一切经营的子计划、子策略都应与整体的经营战略保持一致，不能互相冲突。作为会展企业经营策略中重要一环的价格策略当然也不能例外。所以在进行会展企业的定价决策时，一定要考虑到该会展企业总体经营战略的要求。

5. 会展企业成本状况

成本是确定会展企业项目价格的重要依据，它决定了价格的最低限度。制定展位价格的有关人员必须掌握会展业项目成本的特点和构成，密切关注影响成本变动的相关因素，以便随时采取相应的价格措施和策略，并且应努力地探索与发现降低和控制企业成本支出的途径。

会展项目成本包括投资成本和经营成本两个部分，它是向消费者提供会展服务时所发生的所有费用的总和，包括整个会展项目场地租金、其他物品的购进费用、营业费用、营业税金、财务费用、设备的购置费及为提供周到的会展服务所支出的管理费用等。这些都是会展企业定价时首先要考虑的因素。

6. 会展企业的定价目标

会展企业的定价目标为定价者指明了价格制定的方向。定价目标一般与企业的营销计划目标直接相关，而营销计划目标又与会展企业的经营总目标相关，在某些情况下，定价目标可能是由会展企业的总体经营目标直接转化而来。假如一个会展企业有优良的服务、精彩的促销手段、符合参展企业的经营项目及富有特色的经营理念，它的总体经营目标是追求长期利润的最大化，那么这个总体的经营目标会直接导致企业定价目标将围绕着“如何在长期内获得最大利润”这个根本的出发点而制定。

（二）定价策略

灵活的定价技巧是会展企业针对具体情况定价的科学性与艺术性相结合的体现。针对不同的会展项目、参展企业、经营环境及不同的经营方式而灵活地变动价格，是保证会展企业价格策略成功的极为重要的手段。一般来说，定价策略是指会展企业为了在目标市场上实现自己的定价目标而使用的策略。

1. 心理定价策略

根据消费者在会展现场消费时的心理进行价格的制定。在一般情况下，市场对会展项目的需求量同定价的高低成反比例关系，即价格高则需求量小，价格低则需求量大。然而，会展项目是一种特殊的项目，它使消费者心理对其有不同的特殊反应。一个会展项目越能满足参展企业的参展目标，那么会展项目的最终价格就会远高于基本价格。另外在接受价格时还可能受其他心理因素的左右。所以，利用消费者的心理来做文章，进行相应的定价，往往对企业的经营能起到帮助。在实践中，心理定价的具体方式主要有以下几种。

（1）"一口价"政策。所谓的"一口价"政策是指会展经营者对于本企业所经营的会展项目都只定一个固定的价格，不允许讨价还价。"一口价"政策易使消费者产生信赖感，认为该企业的会展项目定价公道，这是常用的一种心理定价方法。

（2）尾数定价法。即保留价格尾数，采用零头定价，如价格为4980元，而不是5000元，使价格保留在一个较低的档次。这种做法所依据的心理特征是消费者在对某项会展项目产生消费需求后会了解其价格，绝大多数参展企业在观看价格数字时总是从左向右地先看整数，后看尾数，而且往往只对整数特别重视并留下深刻的印象，而对尾数却从视觉至思维都有所省略。如上面所列举的4980元，大多数消费者在心理上都认为是4000多元钱，而如果定价为5100元，虽说只多了100多元，但消费者就认为是5000多元钱。所以，根据消费者的这种省略尾数的心理，会展企业在为项目定价时，就可以适当地降低价格的整数，而加大价格的尾数，给人以价廉、可靠的感受。

（3）例行定价法。这种方法是指会展企业的经营者设定会展项目及服务的价格，并在相当长的一段时间内保持不变，这种定价法容易在消费者心中形成一种习惯性标准的收费。

2. 折扣折让定价策略

会展企业为达到鼓励消费者增加消费数量和消费额的经营目标，可以采用折扣折让定价策略。一般是当消费者的消费达到一定数量或金额之后给予其折扣优惠。消费量越大、金额越多、折扣比率也就越高。

（1）会展企业折扣折让定价适用情况。会展企业采用折扣折让定价的适用情况通常有以下几种。

①累积型数量折扣。即当参展企业在一定时间或者一次性认购的达到一定数额的展位，则给予折扣优惠。例如，在一次性认购5个展位，享受8折优惠；或参展次数达5次，给予贵宾待遇，享受8折优惠等。这种方式的主要目的在于鼓励参展企业长期参加本会展项目。

②非累积型数量折扣。即每多认购一个展位都给予折扣优待。这种方式的目的在于鼓励参展企业一次性大量认购，从而有利于降低企业的经营成本，加速资金的回收及周转，增加盈利水平。

③团体消费折扣。为促进会展项目及项目的消费量，会展企业常常对大批量进行会展消费的参展企业给予价格折扣。例如，商务团体、协会、区域组织集体认购等都会给予相应的优惠价格。

④消费时段折扣。会展企业通常在周末或晚间达到营业额高峰。在营业额的低谷时段，为鼓励消费者前来消费，通常在该时段内给予价格折扣。

（2）会展企业折扣折让定价策略的制定。会展企业采用折扣折让定价策略的依据是消费者在会展企业进行消费的数量及折扣率。

①确定折扣的起点。即参展企业认购的金额或次数达到何种程度才可以享受到折扣折让价格。折扣折让价格的起点应是使会展企业有一定盈利的消费量，而且有利于鼓励消费者购买和消费。如果起点过低，则加重了企业的成本，减少了利润，对企业不利。

②划分折扣的档次。在折扣档次的划分时，应注意适中的原则，如果划分太少则会限制大量消费，而且使大多数参展企业难以明白折扣的具体运作方式，增加会展企业对折扣折让定价的管理控制难度。

③各档次折扣率的确定。每个档次的折扣率根据档次之间数量和收益的差额来确定，从而体现出各档次之间的差别。这种定价技巧在实际使用中的频率很高，是一种为会展经营者普遍使用的定价手段。

有些展会还会采取上面未提及的其他一些折扣方式。从效果上来看，这种方法对于延长会展项目的生命周期，吸引行业龙头企业参展，培养忠实消费者及响应国家号召、扶持落后地区企业发展均有一定的帮助。

3. 差别定价策略

差别定价策略是一种“依参展企业支付意愿”而制定价格的定价方法。主要运用于：①建立基本需求，尤其是对高峰期的会展服务最为适用；②缓和需求的波动，降低会展服务的易消失性所带来的影响。

在会展业中差别定价的形式主要有：①价格 / 时间差别；②参展企业支付能力差别；③会展项目的品种差别；④地理位置差别。

使用差别定价法存在的问题是，有的参展企业会认为采用差别定价的会展项目及服务质量会较正常价格水平下的项目及服务质量差，从而不愿进行认购。

4. 吸脂定价策略

这种策略是指在一个新的会展项目或项目推出后，对其制定一个大大高于成本的价格进行销售与经营。其目的在于立即取得丰厚的市场回报，从中获取高额的利润。这种定价策略的着重点是要在极短的时间内立即取得厚利，收回投资，而对能否提高市场占有率并不十分关注。这种策略通常适用的情况有以下几种：

（1）会展企业需要迅速收回投资时。

（2）会展企业需要迅速获得大量利润，以改良经营的项目，或有竞争者进入市场，会展企业需支持各种竞争性的活动时。

（3）需要增强高档会展项目的定位时。

（4）会展项目处在介绍期，企业希望通过高价策略多获得利润时。

（5）会展企业重视利润，希望保持较高的利润率时。

（6）会展项目生命周期过短，需要高价策略在短期收回成本时。

（7）会展项目由于技术原因、政策原因或资金原因等只能由少数企业经营，不易被模仿、复制或有专利保护时。

需要注意的是这种价格政策由于能使会展企业获得高利，因而会很快吸引竞争者，从而产生激烈竞争，导致价格下降。另外，在使用这种方法时，还要注意不要违背国家反暴利经营的规定。

5. 短期优惠定价策略

这种策略是指在会展项目的经营中以相对较低、足以吸引参展企业的价格，把参展企业引入会展场所，然后在场所内再进行各种单项收费；或者以低价将参展企业引入，在他们了解、熟悉和喜爱上会展项目后再逐渐地提升价格。这种方法的目的在于快速而有效地提升市场占有率，也就是说，此种定价策略以提高市场占有率为最主要的目标，而销售的利润退为次要的目标。这种策略通常在以下情况适用：

（1）会展企业要扩大市场，让无法支付高价的参展企业成为实际会展项目的参展企业时。

（2）会展企业采用低价以使参展企业增加认购量时。

（3）会展企业以此作为先发制人的竞争策略，夺取市场占有率时。

（4）会展企业要阻止实力不足的竞争者进入市场时，这种扩大市场的定价政策，可让会展企业在竞争压力最小的情况下，获得大量最忠实的参展企业。

（5）会展企业开发出新的项目后，要通过让参展企业进行尝试消费来迅速地提升知名度时。

6. 渗透定价策略

渗透定价策略是指会展企业开发新的会展项目时，一开始就将其价格定得很低，目的是为了使新项目迅速地被参展企业接受，从而能迅速打开和扩大市场，尽早在会展市场上取得领先地位，而且可以有效地防止竞争者挤入市场，以便使自己长期占领市场。市场渗透定价策略适用于竞争性大而且容易模仿、目标参展企业需要的价格弹性大的会展项目。

三、分销渠道策略

（一）会展分销渠道的特点与类型

1. 会展分销渠道的特点

（1）直接分销渠道多于间接渠道，即使使用间接渠道，其层级也很少。直接分销渠道是一种由会展主办、承办单位在其市场营销活动中不借助任何一个中间商，而直接把会展项目销售给参展企业的销售渠道。也就是所谓的零层次分销渠道。通过直接分销渠道，会展主办、承办单位可以直接获得参展企业的信息，有助于改善会展项目的信息和强化会展企业的形象。在会展项目直接销售量大和参展企业购买力较稳定的情况下，会展主办、承办单位可以省去中间商的分销费用，以降低成本，提高效益。目前，国内会展企业大多采用这种分销渠道。间接分销渠道是一种会展主办、承办单位借助中间商向参展企业销售其会展项目的分销渠道类型。间接分销渠道是目前较少使用的销售渠道。销售渠道越长，会展项目市场扩展的可能性就越大。但会展主办、承办单位对销售的控制能力和信息反馈的清晰度就越差。

（2）会展分销渠道是一种短而窄的分销渠道。根据间接分销渠道中介入中间商层次的多少，会展项目分销渠道可以分为长渠道与短渠道。会展项目大多由本企业完成分销任务，因此它的分销渠道较短，会展企业承担的销售任务就多，也就能够较有力地控制分销渠道和进行价格、服务、宣传等方面的管理。根据一个时期内会展项目销售网点的多少、网点分配的合理程度及销售数量的多少，会展项目分销渠道可以分为宽渠道与窄渠道。分销渠道越宽，分销渠道的每个中间环节中使用同类型中间商的数目就越多，销售网点的增设，就是指加宽会展项目的分销渠道。一般性、大众化的产品主要是通过宽渠道去进行销售，但是，会展项目由于具有专业性较强、费用较高的特点，它的分销渠道较窄。

（3）会展分销渠道是一种多通路的分销渠道。根据会展企业采用分销渠道的类型，会展分销渠道又可分为单渠道和多渠道。单渠道是指采用的渠道类型比较单一，如所有项目全部由自己直接销售或全部交给中间商。有时候，会展企业根据不同层次或地区参展企业的不同情况，采用不同的分销渠道。如在本地区采用直接渠道，对外地采用间接渠道，或同时采用长渠道和短渠道，这些都称为多渠道。这种多渠道结构也称作双重分销。一般情况下，如果会展企业规模较小或经营能力较强，可采用单渠道销售旅游产品。反之，则可采用多渠道，以便提高销售覆盖面。

2. 会展分销渠道的类型

（1）代理制。指会展承办单位授权相关企业开展招展业务。代理制分两种，一种是区域代理制，即授权某企业在指定区域开展业务；另一种是专业代理制，指授权某些特定企业（如专业的广告公司）在其特定的客户群体中开展业务。

（2）合作制。指通过赞助单位、协办单位、支持单位等合作单位开展招展业务。

（3）部门制。指会展企业内部独立成立招展业务部门，开展招展业务。

（二）代理制渠道

1. 招展代理的形式

（1）独家代理。在规定时期内，展览组织机构将某一地区的招展权赋予某家代理商独家负责。展览组织机构与其他代理商在该地域内不再进行展会项目的招展活动。独家代理只有通过展览组织机构者的资质审查并承诺完成一定数量的招展任务，才能取得这项授权。

（2）排他代理。展览组织机构赋予代理商在规定地区与规定时间内的招展权，在该地域内不再安排其他代理商进行该展会项目的招展，但展览组织机构不在限定的范围，可在该地区招展。国外招展代理通常可采取这种形式。

（3）一般代理。展览组织机构在同一地区同时委托若干代理商作为展览组织机构的招展代理，并明确各招展代理商的招展权限，展览组织机构也可在该地区实施招展，采用此招展代理方式时，需明确统一的代理条件。

（4）承包代理。代理商买断一定数量的展位，不论能否完成约定的展位数量，代理商都得按商定的展位费付给展览组织机构。

2. 代理商的管理

加强会展分销渠道的管理，才能保证营销活动的顺利进行，实现分销渠道的目的，使会展企业获得良好的经济效益。由于会展间接分销渠道的构成较为复杂，管理难度较大，因而对会展分销渠道的管理，主要是指加强对间接渠道的管理。所以，应该在明确代理商的权力与责任的基础上，调动代理商的积极性、主动性，使其充分表现出应有的合作精神，并且随着市场的变化灵活地调整会展企业与代理商的关系是分销渠道管理的主要内容。

（1）代理商的权利。按合同规定收取代理费；从展览组织机构获取招展必需的全部资料与信息；按合同享受展览组织机构对展会及代理商的宣传与推广支持；在规定时间内预订的展位能得到保证。

（2）代理商的责任。按合同规定的代理形式和条件切实履行职责，依法经营；对所代理的展会项目进行宣传与推广；定期向展览组织机构有关负责人汇报情况；服从展览组织机构的展位分配；维护展览组织机构和展会的声誉和形象；按展览组织机构规定的价格或范围进行招展，按时收取和缴纳展位款（含定金）；不擅自改动展览组织机构制定的招展条件；必须协助展览组织机构做好参展商服务工作。

（3）代理费。根据代理形式、代理期限、代理商招展业绩水平等综合因素确定相应代理费的支付。展览组织机构给予代理商的代理费和准许代理商给予参展商的折扣不能混为一谈；参展商的折扣应由展览组织机构决定，以免引起招展价格的混乱。

①代理费的确定。独家代理，排他代理和一般代理的代理费，通常是在展览组织机构实际收到由该代理商招展工作所交的参展费总额中按 15%~20% 比例提取；承包代理的代理费要高于 20% 的水平，或可达到 25%，甚至更高。

承包代理一般只有在完成承包展位数量后才可提取代理费。为鼓励代理商的招展积极性，给代理商的代理费可以采取累进折扣制，即按招展的不同数量给予对应的代理费比例。代理费比例的拉开可按该项代理费的比例上下浮动 5%~10% 计算。

代理商（除承包代理外）原则上不得代收参展商的参展费及其他一切费用，个别特殊情况，可允许代理商代收参展商的参展费用。但代理商必须在展览组织机构指定的时间内，将其所代收的展位费扣除商定的代理费后的余额全部汇入到展览组织机构指定账户。

累进折扣的最高代理费比例对应招展展位达到的数量。代理费结算，是按当时招展数量对应的比例计算。以后跨档，再补足以前已结算的代理费差额。对于不同的代理商，具体代理费累进折扣可选其一。

分档固定折扣，招展展位的数量与不同代理费档位折扣相对应，档位固定，折扣比例固定，代理费分段计提。

分档浮动折扣，招展展位数量档位与代理费比例对应浮动，即以最后招展位所达到对应档位下限数的代理费比例计提代理费。代理商的招展费用成本由代理商自行承担。

②代理费的结算。根据具体情况分别采取以下代理费结算方法。

a. 定期结算、定期支付：按季度或月度结付。提取代理费的基数以实际汇入展览组织机构账户的展位费为准。

b. 逐笔结算、汇总支付：代理商每推广一个展位，展览组织机构收到由该代理商所缴的展位费后即与之结算，但到合同规定时间时汇总支付代理费。

c. 逐笔结算、逐笔支付：代理商每推广一个展位，展览组织机构收到由该代理商所缴的展位费后即与之结算并支付本笔展位费的代理费。

无论采取何种结算形式支付，协议须规定由此引起的营业税和个人所得税扣缴办法。

3. 代理商的控制与激励

（1）渠道控制。弗兰奇・拉文认为渠道控制的目的在于赢得中间商的合作。进行渠道控制的方法主要有以下几种。

①胁迫。胁迫是一种消极的控制方法，不利于长远的合作，如果过分使用，还会使代理商纷纷离去，但对那些对企业依赖程度较高的代理商在不合作时可以利用，代理商对企业依赖越大，胁迫的威力越大。当然，从代理商撤回资源或中止关系需要付出赔偿，但对那些不合作的，为企业造成不良影响而不作改进的代理商，企业对其已失去信心，没有下次合作的可能时，只有通过胁迫的方式强迫它履行这次合作的责任，如果胁迫失效，将选择中止合作。

②额外报酬。很多代理商做事并非出于固定的信念，所以企业要求它执行特定任务时，它往往会向企业要求更高的报酬。企业如果要了解参展企业相关信息，很多代理商会要求企业支付信息费。因为额外报酬的驱动，代理商可以为企业较好地完成特定任务，比胁迫收到的效果要好一些。

③履行责任。凭借上下级关系或签订责任合同是企业常用的控制方法。企业向代理商提供让利、服务和技术培训，也要求代理商履行责任。这种方法因有上下级关系和合同的制约，使用起来比较有效。

④利用专业权威。企业在自己的项目领域具有丰富的相关知识，对一些代理商特别是专业代理商具有较大的吸引力。利用企业的专业权威是一项有效的方法，因为代理商必须从企业那里得到专业知识的培训，离开了这些帮助，它的经营就无法成功。当然，专业知识传授完毕，专业权威也就不复存在。解决这一问题有两条途径：一是在培训之前与代理商签订有效的合同；二是企业不断拓展演化专业知识，使中间商认定企业的专业优势，希望与企业合作。

⑤营造声誉。聪明的企业总会不惜成本地维护和营造自己的声誉。一些加强形象宣传的举措，能赢得很多代理商的欢迎。

对渠道控制的目标在于将代理商转变成企业的业务合作伙伴，企业应当让代理商明白他们并不是靠与顾客讨价还价而获利，而是因与制造企业形成了有效的业务体系而赚钱。为此，企业必须使代理商得到重视与关心，帮助中间商以最佳方式经营。要达到上述目的和效果，企业必须达到几个方面的要求：与代理商主要管理层保持密切联系；深入代理商以了解其经营管理工作；有固定的时间和有效的机制保证与代理商的定期交流；定期向代理商调查咨询，了解其意见与看法，要求代理商自评，对代理商的问题提出建议；安排市场人员负责各代理商的工作，以保证信息反馈的及时与准确。

（2）渠道激励。代理商有自己的经营体制与利润目标，哪怕与会展企业配合再紧密，也不会以企业的利益为重，代理商与企业的配合热情和动力来源于企业对它的鼓励、支持及带给它的实际利润。企业为使代理商有良好的表现，须采取必要的措施，对代理商进行激励。

①根本性激励。代理商首先是参展企业认购的代理商，然后才是会展企业的销售代理商，与参展企业一样，他们总希望得到物美价廉的项目或展位。企业提高项目的辐射力和服务水平，就从根本上为代理商创造了良好的销售条件。这是对代理商最根本性的激励。

②驱动性激励。代理商有自己的利润目标和价值取向，会展企业通过对代理商营业数量、信誉、财力、管理能力的考核，给予较高的让利和折扣，合理分配利润，是对代理商的驱动性激励。

③保健性激励。产销矛盾不可避免，但会展企业应尽力把其影响降至最低限度。一方面，企业要弄清楚代理商的需求，另一方面，要明确自己能满足代理商的什么要求，并与代理商的需求结合起来，妥善解决矛盾。这是对中间商的保健性激励。

④辅佐性刺激。市场信息是市场推广活动的重要依据，会展企业及时将市场信息传递给各级代理商，以便他们及时调整销售措施。这是对代理商的辅佐性刺激。

（三）合作制渠道

会展活动的组织者为了提升项目的档次、吸引力、影响力及获取经济、物质支持，通常会多方寻求合作与赞助。政府管理部门、相关行业协会及社会团体、各种新闻媒体、企业等都可能成为支持、合作或赞助单位。

1. 合作的核心——整合会展营销资源

营销资源即主办、承办者的办展资源，包括资金、人力、物力。其中，比较直观的是物力，如办公设备和通信工具，而最为重要的是信息资源和社会关系资源。信息资源指目标客户的信息、合作单位的信息，还有关于该项目的行业、产业的信息，如该行业发展趋势、热门话题、行业亮点等。社会关系指与该展会所属行业的主办单位、主管部门的关系；与全国及海外合作伙伴、展览组团代理的关系；与各大专业媒体和公众媒体的关系等。其实，还有些因素常常为人们所忽略，但它们对展会的影响又十分巨大，包括：一是同行对此项目的反应。同行业是否经营同类的展会项目。特别是本地，本区域的同行，如果有同类项目的话，就必须慎重考虑。二是该项目举办的时间选定。原则上要避开国内外同类展会项目的举办时间，特别是与该项目相似的品牌展会，两者的举办时间起码要相隔3个月以上。三是创意命题。项目确定后，展会名称的命题需要有创意，要抓住行业的亮点和市场的特点进行命题。

2. 支持单位

争取政府主管部门、行业的权威协会、具有广泛影响力的行业媒体等成为支持单位，这是展会成功的关键环节。寻求对口的主管部门和单位作为展会的主办或支持单位，可以提高展会的档次、规格和权威性；可以扩大展会的影响力，吸引媒体的广泛关注，便于展开新闻宣传；可以提高行业号召力，有利于组织目标客户参展和目标买家参加；能代表行业的发展状况和趋势；能有效地形成项目的品牌效应，最终实现可持续发展战略。

各种组织、机构支持展会的目的因其性质而有所不同。政府主管部门希望通过支持展会显示其对行业发展的关心、扶持和鼓励。在我国作为半官方性质的行业协会也是各种会展活动常见的支持者，他们的目的大致与政府部门相同，是希望利用他们的影响、号召力让业内企业抱团发展，共同将行业做大做强，实现健康、稳定、可持续发展。行业媒体则具有商业动机，希望扩大在业内的影响力。

3. 合作单位

寻求合作是展会组团成功的重要环节，对口的合作单位作为展会的组团代理，能提高展会的影响力，加快信息的有效快速传递，提高招展效率；可利用资源、优势互补，加快资源整合；可最大限度挖掘新客户，壮大参展队伍；能最大限度地降低展会成本。

大众媒体、当地行业协会、主办单位的分支机构、行业权威机构、办展公司及海外的代理机构（国际展）都可以成为合作单位。寻求媒体支持单位主要考虑其专业性、大众性、权威性等。而当地行业协会、主办单位的分支机构、行业权威机构、办展公司及海外的代理机构（国际展）等则能利用他们的网络成为合作展会组团单位。

合作单位应具备的条件有：有专职人员负责项目；有广泛的社会网络和行业信息；能切实有效地开展展会组织工作；该行业有较高的信誉度和成功历史；有一定的组团展览的经济实力；有成功的展会组团工作经验。

4. 赞助单位

对于会展活动举办方来说，是否能找到合适的赞助单位也是非常关键的。赞助单位一般都是企业，为了实现商业目的向会展活动提供经济支持。赞助收入是会展项目重要的收入来源，特别是在某项会展活动的培育期，或者经费有限的项目，有时甚至会关系到会展活动能否举办。

四、促销策略

（一）会展促销策略

会展促销策略是影响会展市场顺利发展的关键因素，世界上许多国家的会展之所以能够取得巨大成功，并在国际上享有盛誉，在很大程度上就得益于他们高效有力的促销活动。中国会展业要实现可持续发展，也必须要加强会展促销的力度。

第一，应该采用适当的促销组合。适用于会展的促销要素有：直接邮寄、广告、公共关系、电子营销，直接销售、销售促进等。会展企业要根据会展市场的特点，对上述要素灵活地综合运用。通过直接邮寄这一会展营销中的最有力的沟通工具，成功地吸引会展顾客；通过广泛的广告宣传为会展营造一种氛围，加大会展宣传的覆盖面，争取更多会展顾客的参与；通过派人员进行洽谈及赠送惠顾券等促销活动，增大会展的成功率。同时，要充分利用互联网技术进行会展营销活动，使会展更具吸引力。

第二，应该发挥媒体的宣传作用。利用电视、广播、报刊、街头广告等媒体，并根据各个媒体的特点进行频繁的新闻报道和广泛的会展宣传，通过及时发布各个会展的筹备、组织、活动等相关信息，既可吸引更多的参展商和客户，也可借此扩大会展市场的影响力和号召力，从而提高会展品牌形象和市场地位并推动会展业的蓬勃发展。

适用于会展促销的策略包括：直接邮寄、广告、公共关系、直接营销、电子营销、销售促进。只有对每种要素特征准确掌握，才能灵活地综合运用。

1. 直接邮寄

直接邮寄是会展营销中的最有力的沟通工具之一。其优点是直接指向特定的市场；节约成本；灵活性高，可以满足个性化需要；与其他的广告宣传比较，信息可获得受众的注意。

被称为直接营销之父的爱得·迈耶创建了 40-40-20 法则。即直接邮寄的效果 40% 取决于邮寄名单——你的读者，必须将相关内容直接邮寄给准确的客户或准确的细分市场，以保证成功地吸引客户；40% 取决于会展提供物——你的服务、条款、价格和身份；20% 取决于邮寄创意——你的邮寄包。这一法则是直接邮寄理论的重要法则。

2. 广告

广告是由明确的发起者以付费的方式，通过各种媒体对观念、产品或服务进行的非人员形式的促销。

广告是会展营销中另一种有力的沟通工具。广告能为会展营造一种氛围，又便于通过其他方式推广，特别是在面向来自于新的细分市场上的大量客户时，广告是最有效益的。虽然它的费用高，但有助于使潜在顾客了解展会，并对其产生兴趣，也有助于增强以往顾客对会展的印象。广告成功的基础是所有要素不仅能恰当地抓住客户的注意力，而且还能促使潜在的客户行动。其关键是要制定和实施一项合理的创新广告战略。

3. 公共关系

公共关系是组织能够利用营销工具中成本最低的一种。一项好的公共关系活动唯一的缺陷是缺乏直接的管理结果。不管其多么有创意，都没有办法确保其媒体的覆盖率。要建立良好的公共关系，必须解决好下列几个关键问题：

（1）内容。要有新闻价值，有效的公共关系的关键在于找到可以为公众服务的新闻内容。

（2）方式。通过邮寄或电子信件方式发送的新闻稿会引起编辑，出版社和公众的注意。

（3）媒体。提供给媒体可靠的信息，建立有关主体的“专家”形象。

（4）回复。通过致电呼吁行动，表达紧迫感，使回复工作尽可能顺利。

4. 直接销售

它是所有营销方法中最有效也是费用最高的，人员销售是营销工作的重点，因为现在的客户希望与商业伙伴建立的是直接持续的关系。直接销售的步骤为：①寻找潜在客户；②事前准备；③介绍、处理异议、成交、售后跟踪。

5. 电子营销

几乎所有的会展组织都通过过互联网技术进行营销活动，要充分利用它，需做到：引导顾客使用你的网站，用电子邮件，鼓励在线登记等。

6. 销售促进

会展典型的销售促进包括：惠顾券、赠品、彩票、名人出席和表演，竞赛、宣传册等。这些方法运用得好，会提高会展的成功率。

（二）会展促销效应

1. “注意力”效应

在激烈的会展市场竞争中，会展企业必须制定有效的会展促销策略，针对目标市场和公众，选择适当的促销手段和富有创新性的促销方式，才可能将参展企业的注意力从令人眼花缭乱的同类会展项目的宣传活动中吸引过来。同时，也可以扩大会展项目和会展企业的知名度，从而激发参展企业的认购需求和引起更多潜在参展企业的关注。

2. 名牌效应

与传统产品不同，会展项目的质量存在着事前不可评估性。而我国目前在会展市场上，一些会展企业的服务质量难以令参展企业满意。因此，建立企业品牌，提高企业信誉度与顾客信任感是会展企业发展的关键。一方面要通过内部管理与控制提高质量；另一方面，要尽量运用广告、公共关系等手段，加强对企业形象的长期性持续性宣传，以获取名牌效应。

3. 特色效应

在进行市场调查分析，确定市场定位的基础上，会展企业针对主要参展企业的需求，突出企业在某一领域的核心竞争力与独特之处。这就需要采用合适的促销策略，在消费者心目中建立对本企业的鲜明形象，从而增进企业与顾客间的了解与沟通。

第四节　会展营销组合创新

营销创新就是根据营销环境的改变，或者根据遇见的将会发生的变化，结合企业自身的资源条件和经营特色，寻求营销要素某一面或某一系列的变革或突破，且这些变革和突破是竞争者从未使用过的或在特定市场中是崭新的，能否最终实现营销目标是衡量会展营销创新成功与否的标准。可以预测，在21世纪初期的很长一段时间内，展览营销创新将主要表现在四大方面——理念创新、主体创新、手段创新和内容创新。这四个方面是相辅相成的。其中，理念创新是基础，手段创新是关键。

一、营销理念创新

没有创新理念的指导，营销活动就可能仍然追求传统的、不适应新的环境的模式。展览企业只有把营销创新提上日程，才能使企业在变化中成长。

一是要为服务参展商和专业观众创造一个良好的交流平台。能否同时为参展商和买家提供优质服务决定了一个展览会是否可取得成功。然而长期以来，展览公司都只把服务好参展商看作头等大事，而对那些专业观众不太重视。但事实上，参展商的参展目的就是把自己的产品拿出来给观众，并在展览会上找到合适的买家。但如果专业观众因为对服务质量不满不来参展，就可能会出现整个场馆只有参展商的现象。

二是要从国内营销到全球营销。目前，国内的许多展览会存在这样一种情况：海外参展商不少，甚至不乏国际巨头参展，但绝大部分的观众来自本地和国内。国内展览公司在营销过程中，往往把招徕国内观众作为目标且已经形成了固定的思维模式，从而忽略了国际专业买家的巨大空间。因此，国内展览企业必须树立全球营销的理念，把自己成熟的展览会品牌拿到世界上专业观众更多的地方举办，以开拓新的市场。但要做到这一点，国内展览公司还有很长的路要走。

三是要从大众营销到品牌营销。长期以来，国内大多数展览公司追求的是单纯的人气，而忽视了品牌所蕴含的巨大宣传效应。这种理念在营销活动中的表现就是广告宣传没有明确的营销对象，不管专业买家有多少、质量如何，来的人越多就越好，展览会现场越热闹就越好。因此，在营销过程中，展览公司必须注重展览会品牌所代表的主题和特色，以品牌为指向，招徕特定的参展商和专业买家。换句话说，展览公司的营销目标是招徕更多的参展商和专业观众，而不是简单地找来更多的人。

二、营销主体创新

随着中国展览市场的逐步放开，国内展览企业将面临巨大的威胁。从营销主体的角度来看，创新主要体现在三个方面。

第一，随着世界展览业竞争的日益加剧，各个国家和地区特别是展览业落后的国家和地区将出现更多专门的展览营销组织或推广机构，这些机构可采取紧密型的董事形式或采取松散型的联合形式。

第二，大力宣传自身的办展环境，从而吸引更多的国际会议或展览会，城市甚至全国性的展览整体营销活动将大量涌现。

第三，在营销观念上，人们对展览营销主体的认识将更加深入，即除了传统意义的会议或展览会外，还包括展览城市、展览企业整体和专业媒体等。

三、营销手段创新

在各种营销要素中，最富活力的莫过于营销手段了，它不仅具有很强的灵活性，而且对具体营销活动的成败起着决定性的作用。只有不断创新，采取一些新颖的营销方法，才能吸引那些早已对常见的营销手段司空见惯的受众。为此，展览营销主体可以从两个方面去努力。

第一，要积极运用各种新技术和新的理论研究成果，如网络营销、目的地营销、整合营销、一对一营销、微信营销等。其中，网络营销将在信息时代的展览营销活动中占有主导地位，互联网将被各种展览营销主体广泛应用。

第二，要创造性地运用常见的营销手段。例如，展览公司招徕观众的常用办法是发邀请函给相关专业领域内的人士，或刊登广告吸引普通观众。但是要有所创新，展览公司不妨和旅行社、体育场等合作，以商务旅游作为卖点，在邀请函中附加特别内容，以求抵消远途劳顿的负面效应，从而达到提高观众前来观展的兴趣。

四、营销内容创新

与灵活多样的营销手段相比，营销内容显得更为实在。实施营销内容创新，展览营销主体可考虑从以下三个方面入手。

（一）强调服务

对于会议和展览会而言，一个定位明确的主题固然重要，但其根本仍然是完善并富有人性化的配套服务。服务是展览会的主要竞争力要素之一，它直接影响着参展商和专业观众对展览会的印象，并决定了一个展览会是否能发展成为世界知名的品牌展。

（二）主题创新

这一点是针对具体的会议或展览会而言的。从总体上看，中国展览业刚步入发展阶段，还存在着许多有待改进的地方。只有策划和宣传鲜明的主题并提供个性化的服务，才能吸引某一类参展者的眼球，进而达到预期的营销目的。

（三）产品创新

产品是市场营销的核心要素。展览公司的产品是会议或展览会，而要想新办一个会议或展览会，就必须紧跟市场需求。因此，展览企业必须精心策划并适时推出新的产品和服务，这是营销成功的基本前提。事实证明，创新并关注市场需要的展览会永远都是受欢迎的。广告大师奥格威曾经说过：“没有营销效应的广告不能称之为优秀的广告。”同样，可以这样理解，没有营销效应的会展不能算是成功的会展。

【复习与思考】

1. 简述 4P、4C 和 4R 的区别。
2. 简述会展营销组合的内涵与特征。
3. 简述会展产品不同生命周期营销策略。
4. 影响会展项目定价策略的因素有哪些？
5. 简述会展分销渠道的特点与类型。
6. 简述会展营销组合如何创新。

【案例分析】

会展服务成为未来会展业发展新路径①

中国会展业经历数十年的高速增长，走到了转型升级的十字路口。一方面是行业高增长、高预期、高关注度；另一方面是行业的无品牌、低效率、缺乏行业标准和规范等一系列问题。展酷作为“互联网＋会展”模式下的创新平台，通过互联网技术对会展业连接和交易场景进行重新定义，让会展更简单。

1. 互联网＋会展

展酷网创始人、CEO 赵洋认为，会展不仅对整个城市的建设和发展具有重要促进作用，而且会展在整个经济和贸易往来中也起到了非常重要的平台作用。同时，会展又具有很强的抓手作用，能够快速形成虹吸效应，吸引资金及产业聚集。但会展业在野蛮生长的过程中，出现了一些问题，比如参展效率低下，信息化程度低，同题材、同类型展会较多等。中国会展经济研究会会长袁再青也认为，中国会展品牌将近一万个，但缺乏国际知名度高的会展品牌，存在多而小、小而乱，参差不齐的现象。

如何解决这些问题，赵洋认为，可以通过互联网的方式改变整个会展的交易模式。展酷将重新定义会展的连接和交易的场景。通过展酷平台，连接会展参与各方，整合会展全产业链资源，以互联网为传统产业赋能、为会展从业者赋能，帮助他们解决应用场景中的实际问题，从而提高会展业发展的整体效率，助力产业创新升级。

据介绍，展酷平台成立以来，已经积累了百万级注册用户、千万级企业数据。截至2017 年 7 月，展酷业务覆盖全球 80 多个国家、200 多座城市，服务领域涵盖 20 个行业、176 个细分行业，入驻展会超过 18000 场次，入驻服务商超过 4000 个，是中国会展平台最大流量入口，是最大的会展资源数据库之一。赵洋表示，展酷升级到全球的会展综合服务平台是一个新的战略。希望通过创新、改变链接和数据，真正能够惠及会展行业，能够促进会展行业发展，让参展变得更加简单，让办展者也能够更好地实现商业目标，让采购商能够更好地实现参展。

在赵洋看来，未来互联网一定会加速会展业的发展，未来 30% 的会展公司会消失掉，未来会展业一定是依靠品牌和其核心竞争力，而大数据是会展营销的核心竞争力。“展酷将以信息资讯为入口，以电商为前期发展积淀，以大数据为驱动力，以研究院为智库，整合相关产业链条，在参展商、组展商、服务商和观众四方面受众间，打造正反馈、正强化的生态系统，让这个行业运行与发展更为高效、健康。”赵洋表示。

2. 会展服务是发展新路径

对于未来会展的理想图景，赵洋表示，希望通过展酷的服务真正解决行业痛点，让参展就像一场旅行，让观展就犹如参加一场专属展会，让展会主办者和相关行业拥有更大的生意。

中国会展经济研究会常务副会长储祥银认为，未来会展，实际上是未来会展服务。

① 资料来源：李晓红. 会展服务成为未来会展业发展新路径 [N]. 中国经济时报，2017-07-20.

从目前会展发展的趋势来看，第一，会展业在不断转型发展。第二，会展业进行跨界融合。通过会展这一平台，促进产业发展，这就是“会展+”，比如会展+旅游、会展+文化等。第三，会展业创新发展，不断创新会展的形式、理念、模式、组织方式。从目前来看，已由原来的我展你看、我展你买的形式，变成一种新的交互性、强调体验性的会展形式。“通过新一代的数字技术、互联网技术，提供一站式服务，并做到会展的精准服务、预订服务。”储祥银表示，会展服务是一个有市场前景、发展潜力的方向。

讨论题：

1. 为什么说会展服务是会展发展新路径？
2. 会展业服务和发展创新体现在哪些方面？

下　篇
会展营销实务篇

第六章

会议营销

【学习目标】

1. 了解会议的定义及分类；
2. 掌握会议产品的设计和生产；
3. 掌握会议的目标市场选择与定位；
4. 掌握会议营销的基本理论。

【导入案例】

国家会议中心[①]

气势宏伟的国家会议中心位于北京奥林匹克公园中心区，紧邻鸟巢、水立方和国家体育馆，总用地面积约 12.22 公顷，总建筑面积约为 53 万平方米。其中会议、展览面积 27 万平方米，主体建筑地下 2 层，地上 8 层，高 42 米，长 398 米，宽 148 米，是整个奥运建筑项目中单体建筑面积最大的；配套设施建筑面积约 26 万平方米，包括 2 座酒店、2 栋写字楼、商业等建筑。

国家会议中心在 2008 北京奥运会和残奥会期间为国际广播中心（IBC）、主新闻中心（MPC）、击剑馆及媒体酒店所在地。IBC、MPC 为 120 家电台、电视台的 12000 名转播商及 6512 名注册文字记者和摄影记者提供服务；击剑馆先后为击剑、轮椅击剑等项目的比赛提供场地。国家会议中心大酒店在奥运会、残奥会期间共接待了 87 家境内、外媒体的 1008 名注册媒体记者及奥委会代表。奥运会后，国家会议中心进行了局部改造。已于 2009 年年底盛大开幕。作为中国最大、最新、地理位置优越、周边配套完善

① 根据百度百科词条整理而得。

的会议中心，国家会议中心致力成为具有世界一流水平，能够满足大型会议、展览、多种公共活动和酒店客房需要的大型会展中心。

国家会议中心地处京城北四环，亚奥商圈的核心，距首都机场26千米，驱车仅需30分钟，交通极其便利。由国家会议中心到天安门、颐和园、长城、十三陵观光游览或到东三环商务区、北京站、中关村也非常快捷。连接市中心、火车站和机场的地铁8号线在国家会议中心设有车站，更有多条公交线路经过国家会议中心。国家会议中心有大小不等的会议室100多个，配备了最先进的会议视听设备，能最大限度地满足从20人到6000人，不同规模的会议、宴会、演出、新品发布、公司活动等多功能服务需求。其中最大的会议室6400平方米，可容纳6000人，宴会厅4860平方米，可接待3500人的宴会。展区总面积4万平方米，一层展厅2.2万平方米，净高10米，仅仅3根立柱，可灵活分割成四个独立的展厅。

"绿色奥运、科技奥运、人文奥运"是北京2008年奥运会的三大基本理念，奥运村工程集中体现了"三大理念"，而国家会议中心不但外观优美，而且作为奥运工程最大的单体建筑，为配合"绿色奥运"的理念和要求，在设计、建设方面取得了令人满意的效果。绝妙的绿色与环境设计、中央吸尘系统，北京第一例真空垃圾收集系统、自然通风设计、大量新型建筑材料的使用……都为中国绿色会展中心树立了典范。如6万平方米的屋顶巧妙地收集起雨水，再从处理系统流出时，直接灌溉室外下沉花园里的植物，继而帮助降低地面温度；独特的室外"下沉式花园"设计，可以为国家会议中心每年省电38万度。

国家会议中心作为国际大会及会议协会（ICCA）、国际会议中心协会（AIPC）、国际展览与活动协会（IAEE）会员，国家会议中心集智能化的设计、优秀的管理、专业的服务水准于一身，是中国第一个真正意义上的绿色会议中心，跻身亚洲一流、世界领先，开创中国会展业的新纪元。

思考：

1. 以国家会议中心为例，分析会议地点对于会议产品设计和营销的重要意义是什么？

2. 国家会议中心作为绿色会展中心的典范，其"绿色"理念主要体现在哪里？

第一节　会议产品设计

一、会议的定义及分类

会议是人们最常见的一种交往方式，会是指多人相聚，议是指协商事宜，会议就是人们聚集在一起通过一定的形式和程序，协商事宜、交流信息、沟通情感、达成共识的一种重要的行为过程，是人们在社会生活中处理有关问题的一项经常性的活动形式。孙中山先生在《民权初步》中对会议有一段精彩的论述：凡研究事理而为之解决，一人谓之独思，二人谓之对话，三人以上而循一定规则者，则谓之会议。

现实工作中，会议类型复杂多样，种类繁多，从不同的角度出发，同一个会议可以分为不同的种类，有其各自的特点和办会要求。对于会议的主办方也好，或者参会者也好，了解和掌握会议的类型，可以更好地认识和组织会议，做好会议营销工作，最大限度地发挥会议的作用。根据《国际会议业词典》的内容，会议可按照不同的标准划分不同的类型。

（一）按照会议的性质划分

（1）年会、例会（Convention）。即就某一特定的议题展开讨论的聚会，议题可涉及政治、经济、科学等众多领域。年会通常包括一次全体会议和几个小组会议。年会可单独召开，也可以带展示会。多数年会是周期性的，一般为一年一次。

（2）专门会议（Conference）。是各类组织为会面和交流看法、传递信息、进行讨论，或向公众公开某一观点，或就某具体问题而展开讨论的聚会，不要求联系性或指定的时间周期属性。专门会议多见于科技界和学术界，其议题通常涉及某类特殊的问题并需要展开讨论，会议内涵通常较深。

（3）代表大会（Congress）。几百个人乃至几千人定期的聚会，一般讨论某一特殊问题。通常持续几天时间，并同时召开几个分会。该会议名词通常被欧洲人和国际会议使用。大多数国际性代表大会多年召开一次，而国家性质的代表大会较为经常，甚至一年多次。

（4）峰会（Summit）。一般指高级官员、首脑间的会议。近些年，经济领域、互联网领域、物联网领域的专家或企业家间的会议为了表现规格，也开始使用“峰会”命名。

（5）座谈会、专题讨论会（Symposium）。指处理专门问题或特殊分配任务的一般性的小组会议。在学术和专业技术领域的专题讨论会被称为专题学术讨论会或研讨会。典型特点是由一些个人或专门小组作示范讲解，有一定数量的听众参与讨论，是以面对面商讨和参与性为其特征的。

（6）论坛（Forum）。就某些议题展开反复深入讨论的聚会。一般由小组组长或演讲者主持，可以有许多听众参与，并可由专门小组成员与听众就问题的各方面发表意见和看法，并展开充分的讨论。

（7）讲座（Lecture）。组织者就某个特定的主题邀请相关专业人士或专家进行现场阐述和讲解的会议形式。主讲者是主体，在讲座结束前主讲者需要解答来自听众的提问。讲座的形式多适用于主题内容相对专业，需要开展普及或者主讲者需要传递较为前沿的信息或观念的会议。

（二）按照会议活动特征划分

（1）商务型会议。公司、企业因其业务和管理工作发展的需要而召开的商务会议。出席这类会议的人员一般都是企业的管理人员和专业技术人员。他们对会议的现场设施、环境和服务都有较高的需求。召开商务会议一般选择与公司形象大体一致或更高层次的饭店。商务型会议在饭店召开常与宴会相结合，会议效率高、会期短。

（2）产品展销交流会议。参加商品交易会、展销会、展览会的各类与会者在与会期间来举办一些招待会、报告会、谈判会和签字仪式等活动，有时还会有娱乐性联谊会等举办。

（3）文化交流会议。由官方组织或各种民间社团组织组成的跨地区性的文化学习交流的会议。这类会议活动内容集中、形式丰富。常有主导倡议机构，并以东道主的角色开展考察、交流、座谈等形式活动。

（4）度假型会议。公司等组织利用周末或者假期组织成员边度假休闲、边召开会议的形式。度假型会议一般选择在风景名胜地区的酒店或宾馆举办。

（5）专业学术会议。这类会议是某一领域具有一定专业技术的专家学者参加的会议，如专题研讨会、学术报告会、专家评审会等。

（6）政治性会议。国际政治组织，国家和地方政府为某一政治议题而召开的各种会议。会议可根据其传递或讨论内容的深化、细化采用大会和分组讨论等形式。

（7）培训性会议。在一个会议期间对某类特定人群开展有关业务或课题知识等方面的技能训练。这类培训需要特定的场所，有些拓展性的培训还需要训练设施或者场地空间支撑，这类会议一般至少需要一天的时间。

（三）按照会议规模划分

根据会议的规模即参加会议的人数多少，可以将会议分为小型会议、中型会议、大型会议及特大型会议。

（1）小型会议：出席人数少则几人，多则几十人，但不超过 100 人。

（2）中型会议：出席人数在 100~1000 人。

（3）大型会议：人数在 1000~10000 人。

（4）特大型会议：人数在 10000 人以上。

（四）按照会议主办者的身份划分

会议的主办单位就是会议公司的客户对象。明确是谁在主办会议及其办会的目的，了解他们对会议承接方有什么要求，有利于会议公司准确选择目标市场，因此，以会议主办者身份为标准来划分会议类型更具现实意义。

（1）协会会议。协会是会议市场上最主要的客源，地方性协会、全国性协会乃至国际性协会每年都要举办各种会议。具体说来，协会会议的种类主要有年会、专门会议、研讨会和专题讨论会、董事会和委员会会议等。

（2）公司会议。公司会议常常以经营管理、培训和技术等为主题，主要类型有全国性和地区性销售会议、技术会议、新产品发布 / 分销商会议、管理层会议、培训会议、股东会议和奖励会议等。其中，销售会议是公司会议市场中最重要的部分，其规模可大可小，内容大多为新产品推介和新市场的开拓，一般由公司的营销部门或市场部门来安排。

（3）非营利组织会议。这些组织为了达到某种共同的目的而建立，包括政府机构、SMERF 团体、工会组织和医药团体等，结构类似协会，他们有会员，但不以营利为目的，也举办年会和其他会议。其中，SMERF 团体指社交、军人、教育、宗教和联谊团体的集合，是非营利组织会议市场中的一个重要细分市场。这些团体是典型的价格敏感型群体，所以多数在淡季举办会议。

①政府机构会议——对于会议公司来说，这是一个常被忽视但又有利可图的非营利性组织市场。政府举办的会议议题广泛，涉及面广，经费主要来自行政拨款。在发达国家，各国政府机构及联合国等组织经常在各地酒店召开会议。为争取政府机构会议，会议公司或酒店需要与组织的高层管理者建立良好的关系。

②社交团体会议——从会员的构成及兴趣来看，社交团体有很多种，如骑马俱乐部、高尔夫俱乐部、保龄球俱乐部等。其中，有些组织是地方性的，也有一些属于地区性甚至是国家级的。像园艺和手工艺之类的团体所举办的地方展示会或交易会，不仅为会议公司带来生意来源，还可能创造本地区外的业务机会。

③军人和其他团体——由家庭、校友（同学）和退伍军人等组成的聚会市场是一个迅速发展起来的细分会议市场，在美国还成立有一个专门为聚会策划者提供培训和网络资源的组织——国家聚会策划者协会（NARP）。班级和家庭聚会十分重视休闲设施，并有几次用餐和社交聚会，一般不需要专业会议设施；大多数军人聚会项目包括晚宴、纪念活动和短期会议，但由于退伍军人只有固定的收入来源，并且自己付费，因而对价格较敏感。

④教育会议——教育会议市场有巨大的发展潜力，也是会议市场淡季（特别是长达两个月的暑假）的重要补充。中小学及其他学术机构都是会议市场的主要业务来源，这些学校和机构每年要举办很多会议，涉及培训、研讨等诸多方面。此外，教师们往往利用暑假接受培训和教育，这促使教师们必须参加阶段性的研讨会或研讨班。

⑤宗教会议——宗教团体所组织的大型会议（区域和地区性会议和年会）和小型聚会（董事会会议、委员会会议、研讨会和专题讨论会）也是很好的会议业务来源。但很多大型宗教会议属于“家庭事务”——会议策划者总是寻找洁净、廉价的地点，因为宗教会议往往依靠资助或捐赠来筹集资金，且大多数与会代表需要自己负担费用，故而对价格较敏感。

⑥联谊会议——各种联谊组织经常召开会议和特别活动。尽管很多组织本身拥有会议设施，但筹款活动和年度庆祝等特别活动也可以成为不错的业务来源。与宗教会议类似，联谊和服务团体的全国性或地区性会议也是“家庭事务”，与会者自付费用，并怀有参加会议和休息等多种目的。因而，会议策划者不仅寻找合适的价格，还对休闲设施有较高要求。

⑦医药会议——大多数的医药会议规模较小，且一般在距离主要医药设施较近的地方举行。尽管大部分医药会议在会议高峰期（秋季和春季）举行，但也有一些医药团体为了降低费用而选择在传统的淡季（夏季和冬季）召开会议。

二、会议产品的设计和生产

（一）会议产品的设计

会议作为一种产品，是包括多种要素构成的一种综合性的行为方式，通常情况下，可根据会议九大要素，进行会议产品的设计。

1. 会议名称

会议名称要求能概括会议的内容、性质、参加对象、主办单位及会议时间、届次、地点、范围、规模等。会议名称必须确切、规范。大中型会议的名称常常做成横幅大标语，置于会场主席台的天幕上方，作为会议的标志，简称“会标”。

2. 会议议题

会议议题是根据会议目标来确定并付诸会议讨论或解决的具体问题，也是会议活动的必备要素。小型会议的议题往往只有一个，大型会议往往有多个议题需要讨论。

3. 会议主题

会议主题，是根据会议议题概括出来的主题性口号。一般来讲，大中型会议才确立主题口号，比如，2010 年上海世博会的主题是“城市，让生活更美好”，集中体现了此次世博会的办会理念。

4. 会议时间

会议时间指的是会议召开的时间和会期两方面。会议时间的选择要恰当，既要避开重要节日、重大事件和其他重要会议（一些紧急性、临时性会议除外），又要考虑到参会人员的相关情况，以便使参会人员能够集中注意力，专心开会，从而提高会议的效率和质量。

5. 会议地点

安静、舒适、优雅的会议环境，相应的会议设施，是提高会议效率和质量的重要保障。一定要根据会议的目的、主题和内容，选择合适的会议地点，如会议中心、会展中心、市内酒店、远郊宾馆、度假村及高校等。

6. 会议议程

会议议程是会议议事程序和整体安排，包括会议的内容、议题、时间、地点、与会者姓名等内容。一定要按照议题的轻重缓急来安排会议议程的先后顺序，预估和标识相应的时间。严格遵循会议议程，才能确保会议的高效有序。

7. 会议人员

会议人员是会议产品的利益相关各方，包括会议的主办单位、承办单位、协办单位、赞助商、参会人员（包括正式成员、列席成员、旁听成员、特邀嘉宾）、会议主持人等。

8. 会议形式

不同类型、不同规模的会议常采取不同的形式，现场办公、观摩会、座谈会、研讨会、论坛、辩论会等。随着科技进步，会议的形式也越来越多样化，视频会议、网络会议等逐渐成为一些会议的主要形式。

9. 会议结果

会议是以解决问题为目标的社会活动。因此，会议一定要尽可能达到预期的结果，所有的会务工作都必须围绕着会议的结果展开，以达到预期目标。

（二）会议产品的生产

根据上述会议的要素要求，会议产品被设计成前面所分类的各种类型的会议产品。

而作为会议产品的相关生产者，即服务会议的各类中介组织，在会议产品的设计和生产过程中，扮演着不同的角色，发挥着各自的作用。

1. 专业会议组织者

专业会议组织者（Professional Convention Organizer，PCO），有些地方也指活动管理公司。他们具有成功策划和举办会议的丰富知识，能够及时、详尽地指导会场方面的工作，准确传达自己的需要。它们对会议提供全方位的承包，在会议策划方面起着关键的作用。PCO 一般要向客户组织收取管理费用。

PCO 提供的典型服务项目有：①会议选址、预订和联系；②与会代表住宿的预订和管理；③活动的营销，包括会议程序和宣传材料的策划、公关和传媒的协调以及向管委会和董事会的讲述；④会议程序的策划、发言人员的选择和情况介绍；⑤提供会议的秘书，处理代表的登记事务、会议人员的招聘和情况的介绍、协调代表的旅游安排；⑥组织展览和展示；⑦咨询和协调视听服务和活动的生产，包括提供多语种的翻译服务；⑧策划会议的招待服务工作，联系参加会议和宴会的人员，以及独立的招待服务公司；⑨安排社会活动、旅游项目和技术性的参观访问；⑩安排安全事务和咨询健康和安全问题；⑪记录、抄录和编制拟出版的回忆录，制作宣传海报，加工文摘；⑫准备会议专款管理活动的收入和开支，编制举办会议展览会和卫星会议的收入，处理增值税和保险事务；⑬准备与会议地点和其他提供者的合同。

2. 目的地管理公司

目的地管理公司（Destination Management Company，DMC）是一种地方性服务组织，对举办地有详尽的了解，可以为会议组织者提供咨询、活动项目设计、预订客房、安排交通等服务。由于服务专业性较强，需要支付费用和委托费用。PCO 和 DMC 的工作之间有着明显的重叠。它们也可以推进会议产品的销售。

3. 商务旅游代理公司

针对商务旅游者，提供预订机票、车票及客房等服务，有时也负责为会议活动寻找地点，策划和组织活动或销售。

4. 会议设备供应商

这种公司专门为会议设计和配置设备，提供照明和音响系统、展示技术（如 VCD、DVD、背投、卫星会议、网络广播等）及特殊效果。它们专长于视听和通信技术，还需要有创意和舞台布置技巧，为与会者留下难忘的体验。

5. 展览公司

会中有展、展中有会是现在会议活动发展中的普遍现象。一些会议组织者自己组织展览会，一些会议组织者也会雇用专业的展览公司提供服务。会议组织者与展览公司之间通过合同的方式，可能形成程度不同的协议关系，如购买某种专业知识、处理展览方面的特殊事务，乃至承担会议中的全部展览组织工作。

6. 其他机构

还有其他一些机构部分地行使为客户组织会议的职能，只不过这通常不是它们的工作重心。这些机构包括公共关系和广告公司、管理咨询公司、培训公司等。

第二节　会议的目标市场选择与定位

一、会议产品的吸引力要素

会议公司在对目标市场进行选择时，首先需要明确的是该会议产品在哪些方面对目标市场具备吸引力，多大程度上可以引起会议产品买方的关注，进而产生出购买会议产品的意愿，也就是所谓的会议产品的“卖点”。通常情况下，会议产品的吸引力要素主要包括以下几方面。

第一是会议的主题、议程。这是体现会议目标的实质性要素，特别是对于营利性会议，会议的主题要能反映时代的特点和社会发展的趋势，鲜明、独特、富有吸引力。会议的议程则要紧凑高效，紧紧围绕会议的目标和主题开展活动，不同的会议在会议的内容、方式和期限方面也要有所区别。总的来说，议程要安排得妥当、丰富、衔接自然，紧扣主题。会议有时候还附带展览会、旅游等，可以通过这些社会活动轻松愉快地扩展会议的主题，促进与会者之间的交流。尤其是协会类会议，经常将商务内容与社会活动结合在一起。

第二是会议地点。会议地点包括会议举办地和会议召开的具体地点。会议举办地，即会议地点的所在地，也可以称为“目的地”。会议在哪个国家哪座城市举办？地理位置和交通状况如何？气候怎样？城市环境和基础设施如何？有什么著名景点？这些都是影响整个会议吸引力的重要因素。会议的具体举办地点，主要包括会议中心、会展中心、市内酒店、远郊宾馆、度假村以及高校等。不仅包括会议室条件、客房条件、视听设备等硬件要素，还包括服务质量、接待会议经验等软件要素，以及会议地点的位置条件等。

第三是会议演讲人和嘉宾。演讲人的专业水平和嘉宾的档次在很大程度上决定着会议信息交流的质量和会议的影响度大小。选择好演讲人和分组或讨论的主持人，是活动成功的重要因素。一般邀请政府相关要员、行业协会人员、行业杂志的编辑、大学教授等。此外，参会人员也关注会议演讲人和嘉宾在此次会议中发言的主题，希望获取最新的资讯。

第四是人际交流氛围。会议要给与会者留下难忘的记忆。与会者选择参会，不仅仅是因为在会议的正式议题之中能够享受和学习到东西，还因为会议能够为与会人员提供非正式的人际关系网络和寻找商机及社会交往的机会。

第五是会议提供的其他服务。参会人员之所以喜欢参加会议，不仅因为有机会更新知识和与成功人士建立关系，而且因为会议常常在旅游者感兴趣的城市召开，还会带来其他外围方面的乐趣，例如，参加休闲活动和文化活动等项目。会奖旅游市场的发展和壮大，就是一个最好的例子。

为了向会议购买者提供全方位的服务，会议组织者必须利用许多不同的资源，提供

"一站式"或"一揽子"的产品，如航空公司、公路和铁路公司、汽车租赁公司等提供的交通服务、翻译和口译服务、花饰承办服务，等等。

二、不同类型会议的特征

了解各种类型会议的特征（见表 6–1），不仅有利于会议公司选择目标市场，提供有针对性的产品和服务，而且还有利于会议公司了解会议市场的发展趋势和发展重点。

表 6–1 常见类型会议的特点比较

会议类型	代表	主要特征
协会会议	年会、地区性协会会议、研讨会、专门会议、理事会会议	①周期性明显（平均每年一次）；②要求举办地交通便利；③会议计划的时间长；④会议地点经常变化，且要求较高；⑤会员自愿参加会议；⑥持续时间一般为2~4天
公司会议	销售会议、技术研讨会、新产品发布会、培训会议、股东会议	①周期性明显；②计划时间短；③会议者人数可以预计；④会期一般较短；⑤常伴有小型展览活动；⑥需要安排大小不同的会议室
奖励旅游会议	奖励分销商、优秀员工奖励旅游	①对会议设施的要求不如正式会议高；②一般不超过一周；③必须认真安排食宿、会议及各种游乐活动；④精神奖励和物质奖励并重，旨在提供一次非常的体验

三、选择目标市场

在了解了会议产品的吸引力因素和不同类型会议的特征后，对目标市场的选择就显得尤为重要了，因为选择目标市场是会议公司制订市场营销计划的基础和前提。会议公司选择目标市场，主要有以下几个步骤。

（1）针对会议公司已经获得的市场。例如，如果公司的很多顾客来自于本市或者周边小城市，那就可以在这些地方开展广告促销。

（2）对现有市场进行详细的营销调研和科学的市场细分，进而选择占有竞争优势的市场。譬如，若公司在协会和宗教团体会议领域的业务比较多，那么就可以在这两个细分市场上花费更多的资金和精力。

（3）分析还可以为其他什么市场提供具有吸引力的服务。

一旦选定目标市场，会议公司就必须考虑如何针对各个市场的特定需要来确立自己的定位。在日益激烈的会议市场竞争中，恰当的定位可以使公司发现可能的竞争优势并挑选出恰当的竞争优势。目标市场和经营定位明确以后，会议公司还有一系列的工作要做。例如，必须制订出具体的市场营销目标和行动计划，以便检测和控制营销活动的预期效果。除了拥有比较好的营销计划并且按计划执行外，还需要定期对营销计划进行调整和修正。

第三节　会议营销的策略

会议产品策划出来后，就要针对目标市场开始进行会议营销工作。把会议作为一种产品进行营销时，仍然遵循传统的营销 4P 理论，即产品（Product）、价格（Price）、渠道（Place）、宣传（Promotion）。

一、会议产品的营销对象

前面已经分析了会议作为一种产品，它的设计、生产、吸引力因素的内容，这里还需要补充的是会议产品的营销对象。正如前文分析的那样，不同类型的会议产品有着不同的区别，因此，涉及的营销对象和营销重点也会有所不同。分析会议的利益相关者，可以看到会议产品的营销差异，从而影响到会议营销的价格、渠道及宣传，如表 6–2 所示。

表 6–2　会议产品不同营销对象的营销差异

营销对象	营销目的	主要营销内容	营销重点
与会者	吸引参会	举办地、会议地点的设施和服务、会议主题和议程安排、演讲、人际关系网络、会后旅游	学习和体验
赞助商	获得赞助	形象效应和新闻效应	回报方案
政府、协会及公众	求得支持和帮助	会议对举办地的经济、社会效益等	效应
媒体	扩大影响，帮助宣传	会议对举办地的效应，对媒体的价值	新闻价值
演讲人和嘉宾	吸引参会	举办地、会议地点的服务、会议主题、人际关系网络、会后旅游	服务、安全和报酬

从表 6–2 中可以看出，会议产品的营销对象不仅限于与会者，还应包括赞助商、政府、协会、公众、媒体、演讲人和嘉宾等多方利益相关者，要针对不同的营销对象，有针对性地开展营销活动。

二、会议产品定价

对会议产品进行定价，是会议营销中一项重要的内容。应了解会议产品定价时需要考虑的要素，以及会议产品定价的具体方式。在对会议产品定价时需要考虑的要素主要包括：一是要明确经营目标和预期收益；二是要了解不同类型会议的经费来源情况；三是要考虑会议产品的成本；四是其他需要考虑的要素。

（一）会议产品定价的考虑要素

1. 会议产品定价目标

会议产品定价过程中首先要明确经营目标和预期收益。比如，确认此次会议是盈利，还是保证收支平衡，或者是要最多参会人数，在此基础上制定定价策略。比如，如果要取得最大收入，那么就制定出目标市场所能接受的最高价格。

2. 会议经费的来源

（1）主办者承担。即谁办会谁出资，由主办者承担会议的费用，常见于公司内部会议、产品推广会、客户答谢会等。

（2）与会者承担。通过向与会者收取会务费、参会费等方式来筹集会务费，一般的学术会议、论坛、经验交流会等费用往往都是由与会者承担。

（3）社会赞助。由其他商家、厂家通过赞助的方式向会议提供费用或者各类物资和服务，尤其是技术服务。

（4）转让无形资产使用权。可以通过转让会议冠名权、协办权等无形资产来获得会议经费。

（5）上级划拨。由主办者的上级单位直接将费用划拨到主办方。

3. 会议产品的成本

（1）交通费用。包括出发地至会务地的交通费用、会议期间的交通费用、返程交通费用。

（2）会场费用。场地租金、会场设备的租赁费用（如投影仪、笔记本电脑、移动式同声传译系统、会场展示系统、多媒体系统、摄录设备）、会场布置费用、其他支持费用（包括广告、印刷、礼仪、秘书服务、运输、娱乐、媒体、公共关系等）。

（3）住宿费用。住宿费用在会议成本中占了很大部分，不同价格和档次的宾馆所产生的住宿费用差异比较大。在会议的邀请函中就要明确告知与会者，住宿费用是由哪方来支付的，可以是全部由与会者自行承担、会议主办单位承担一部分，或者是会议主办单位全部承担。

（4）餐饮费用。根据会议的档次、规模、目的不同，餐饮费用有很大的区别。主要包括早中晚三餐、酒水及服务费、会场茶歇三大部分。

（5）游览费用。会议结束后，通常会安排与会者到当地有特色的景点景区进行游玩，费用根据游览内容、人数、天数来定。可以联系当地的旅行社组织，提供专业服务。

（6）宣传交际费。包括与新闻部门联系，现场录音、录像、采访、宣传、召开新闻发布会，以及与有关协作方交际的费用。

（7）各种耗材费用。如胶卷、磁带、光盘、纸张、文具、电池、装饰品等。

（8）会议纪念品。一些会议会为与会者准备与会议主题相关或者具有当地特色的纪念品，费用一般不宜太高，但是一定要有纪念意义。

（9）人员劳务费。主要用于支付会议工作人员劳务费、特邀专家劳务费、演出人员劳务费、主持人劳务费等。

（10）各种临时费用。如卫生勤杂、临时采购、临时司乘、打印复印、临时运输、临时道具、传真通信、快递服务、临时翻译、礼仪司仪等。

4. 其他需要考虑的要素

（1）目标市场。

定价过程中要分析目标市场群体的价格敏感度，也就是分析会议产品价格对不同目标市场的弹性如何。

①在公司类会议中，与会人员的消费以及策划、宣传和举办会议时所发生的成本，一般都由公司支付，可以将成本打入公司的营销或培训预算里。有时甚至还可以获得其他机构或人员对特定项目的赞助费用，因此与会者的平均消费相对比较高，他们对价格不是太敏感。

②对于协会类会议，会议收入主要来源于与会人员的会务费及赞助和组织展览等收入，通常要考虑会议举办的收支平衡。盈利部分有时被作为启动资金，以供下次活动的最初宣传和策划工作使用。协会类会议的与会者一般是自愿参会的，常常要求由自己承担会议费用，对会议价格比较敏感。因此，协会类会议组织者要想增加与会人数，就必须尽量降低参加会议的费用。例外情况是，与会者若是作为某团体的代表或陪同前来时，会议费用往往可以报销，他们对价格便不是那么敏感。

③对于市场化操作的工商企业类会议来说，它们举办会议是完全自负盈亏的，通过销售会议产品来取得收入，对它们的生存尤为重要。因此，十分重视会议产品的定价问题。

（2）竞争对手的情况。

即市场竞争的激烈程度。如果供过于求，竞争激烈，则可能价格下调。反之则有可能上调。大的方面也可以上升到国家、城市的层面上，现在有一定会议接待设施和组织能力的城市，都积极参与到会展市场特别是会议市场的竞争中来，拼基础设施、拼接待能力，积极地把城市打造成“最受欢迎会议举办目的地”，力图发扬会展活动特别是会议活动，对城市建设和经济发展的极大的联动带动效应。

（二）会议产品定价的具体方式

根据上述影响会议产品定价的各种要素，会议产品定价选择的方法有：①成本法，即基于成本再加上个定价比例来制定价格；②竞争法，即根据市场价格进行定价；③供求法，即通过在需求水平低时降低价格，在需求水平高时提高价格来平衡供求。在实际操作过程中，会议产品定价的具体方式可以包括如下内容。

1. 与会者的会务费

（1）收费概况。

会务费，有时也称“注册费”，一般是与会者为参加会议所支付的各种项目的打包价格。最常见的收费项目主要有：交通、住宿、餐饮、参加大会费用、参加分会或专门论坛费用、论文集、会刊、礼品费、会议管理费等。

收费常按食宿安排情况分两类：一类是参会人员食宿自理；另一类是食宿由会议统一安排，会务费中包含招待会（宴会）、茶点、午餐等。

按是否有单项收费也分两类：一类是与会人员交纳了会务费就可以参加所有的大会、分会及论坛；另一类是一些项目会单独分开收费。

（2）差别定价。

定价视人而异，如 VIP 贵宾票为 3200 元 / 人；普通参会票为 2200 元 / 人。

（3）优惠项目。

①时间优惠。如“会务费 1800 元 / 人，3 月 10 日前报名并交费 1500 元 / 人”。

②特殊群体优惠。一般给予理事单位、主讲专家、友谊协作单位、特邀新闻媒体部分免除或折让会务费。

③团体优惠。如“会务费 1500 元 / 人，团体会员单位会务费 1200 元 / 人”；“集体报名，每组团超过 10 人免一位会务费”。

④参展优惠。如“参加展览的单位免 1 人会务费”。

（4）撤销注册政策。

如果与会者因为特殊情况需要撤销注册，一般会按照撤销时间来决定是否返部分注册费。如“取消注册的意向函原件必须寄至大会组委会秘书处；在 11 月 10 日之前若收到意向函原件，80% 的注册费可被退还，11 月 10 日之后将不予受理退款”。

（5）付款时间和方式。

包括是否可以延期付款，接受哪国货币，付现金还是用信用卡，汇款细节（开户名称、开户银行、账号）等内容。

2. 冠名权和赞助费

对于赞助商来说，赞助费可以看作他们所购买的“会议产品”的价格。因此，会议组织方应该根据会议的档次、与会者的层次、会议的新闻效应等“卖点”，制定出合理的赞助“价格”，为赞助商提供具有足够吸引力的回报方案。

3. 广告费

一般大会展示广告位、会场驻地门口充气拱形门、会刊、门票等都可以刊登广告，以取得收入，还可以出售邀请参会代表和嘉宾的晚宴赞助权。

4. 出售衍生产品收入

衍生产品包括各种大会出版物、纪念品等，还可以对整个会议过程进行录像、录音和采用文本格式翻译成各种语言，并存放到一张光盘上，出售给不能参加会议的人员，既可以扩大会议的受众，又可以给组织者带来一笔收入。

三、会议产品营销渠道

会议产品营销渠道是指向预期客户推销会议产品的途径。

（一）直接销售

通过邮寄名单、电话、人员或各种媒体直接向目标市场中的潜在消费者进行沟通。

（二）会议所涉及的行业协会

某一次会议活动中具体涉及的某个行业的协会，如汽车工业协会、中国包装协会等，它们通常是作为会议的主办方与会议公司开展合作的，是会议营销中需要充分利用的渠道。通过它们的组织体系和关系网络来拓展会议销售，针对性很强，通常具有很直接的效果。

（三）会议业行业协会

会议业行业协会可以帮助会议业的成员推介和宣传，提供统计信息、教育和培训服务。会议业重要的国际性协会有国际会议及大会协会（ICCA）、亚洲会议和观光局协会（AACVB）、欧洲会议乡镇联合会（EFCT）、国际会议专家联盟（MPI）、国际专业会议组织者协会 IAPCO、国际展览联盟 UFI。随着中国会展业的发展，中国也加快了同相关国际组织和机构的合作，成为一些国际会展业会议业行业协会成员。目前我国国内还没有成立具有权威性的会议业行业协会，只是在行业和地方成立了一些会展业、会议业的协会组织或联盟，如上海会展行业协会。

中国会展经济研究会，经国家民政部报国务院批准，于 2006 年 2 月 18 日正式宣布成立，其英文名为 China Convention / Exhibition / Event Society（CCEES），是由从事或热心会展经济研究和教学的专家、学者会展相关行业工作者和团体自愿组织的学术性、全国性的非营利性社团组织。它以会展的基础理论、应用理论和政策理论为研究方向，紧密联系中国会展经济的实际，聚集各方面的人才和力量，共同为促进中国会展经济的发展贡献力量。随着中国会展经济研究会工作的展开、作用的发挥和影响的扩大，研究会在中国会展经济和会展行业的发展中必能发挥越来越重要的作用。

（四）通过目的地营销组织

各国会展业的情况不同，但一般目的地营销组织（Destination Marketing Organization，DMO）都会在会议营销中起到很重要的作用，最主要的是它能够把特定的会议活动融入整体目的地中进行宣传，这一点在国际性会议的营销中显得尤为重要。

1. 会议和观光局

负责将举办地推向市场，宣传举办地优势，能够发挥宣传与营销的催化剂作用；创建和保护会议的“品牌形象”。

2. 会议办事处（会议处）

是在当地没有设立会议局的地方设立的，是当地政府的旅游市场营销活动的从属部门。其承担的市场营销活动与会议局相同，与会议局之间的主要区别表现在组织结构和资金来源上。必须向地方政府部门中的主管和委员会主席汇报情况。在英国，会议举办地如剑桥就设有会议办事处。

3. 国家旅游组织

国家旅游组织是由公共部门投资、负责向国际旅游界开展对外整体宣传工作的组织，主要负责市场营销活动。会展部门应该十分重视与旅游部门的合作。在具体实施广告宣传时，将某地区的会展与旅游项目结合起来同时进行，会展宣传附带介绍当地旅游资源的丰富和吸引力，而旅游项目宣传也应注重营造本地区适宜举办会展的氛围，这样也可以起到相辅相成的效果。

（五）代理和中介机构

代理和中介机构是各种既是提供者又是购买者的不同组织，代表他们的客户行使购买职能。他们又起着中介人的作用，通过协议来帮助策划和运作会议活动。如 PCO 和 DMC 等组织，都可以利用自己的关系网推进销售。

（六）其他

如咨询机构、教育机构和研究机构等，它们有可能参加一类“会议形象大使计划”活动——通过招揽和承办重大的全国性的或国际性的会议，帮助感兴趣的学术机构或专业人员提升自己的组织和家乡城市的形象。

四、会议产品的宣传策略

（一）会议宣传资料的设计与制作

实施会议产品宣传策略的第一步重要工作，就是会议宣传资料的设计与制作，宣传资料在会议宣传推广中的作用举足轻重，而且形式多样。

1. 会议宣传资料的功能

宣传资料在会议营销过程中起着非常关键的作用，它能提供会议的有关信息，激发人们对会议的兴趣。具体说来，其功能有：①强调参加会议的好处，吸引潜在与会者，推介会议的亮点；②提供有关会议策划和大致框架的信息，可以让预备参会的人员做好各方面的准备工作；③提供旅行和到达会议城市后的相关信息；④得到受众是否与会的确认信息，这是会议宣传资料最基本的功能，潜在顾客是否参加会议往往通过宣传资料中所附注的注册表回执来反馈。

2. 会议宣传资料的主要类型和内容

常见的会议宣传资料有宣传单、折页、小册子、VCD 及其他的印刷品。若按照一对一营销的原理，会议宣传资料的内容应该因对象而变化。但在实际运作时，为了降低设计和制作成本，会议主办者往往统一使用一种会议宣传材料。一般情况下，一份完整的会议宣传资料应包括五点基本内容：①会议的基本情况，如会议主题、举办时间、地点、演讲人及议程安排等；②高度概括会议能给与会者带来什么利益；③会议的创新之处；④会议的配套服务项目（含票务、客房等）；⑤注册信息，如会议主办单位的联系方式、提前报名的优惠措施等（一般不要印在反面）。

3. 会议宣传资料的设计与制作

首先弄清楚宣传材料的受众是谁，他们想了解会议的什么信息，然后再决定采用什么风格和突出什么内容。会议宣传资料的制作必须以潜在与会者的需求为导向，这对于会议营销战略至关重要。会议类型及目标受众的不同，甚至是会议主题的相异，都要求会议宣传资料不断变化和创新。另外，还有一些关键因素需要特别注意：①合适的长度；②恰当的用语，避免使用一些难懂的字眼；③用现在时和主动语气；④按照一定的次序进行组织，尊重阅读的连贯性原理；⑤传达出特定的气氛；⑥充分利用精心制作的图片来展示；⑦联系方式要放在醒目的地方。

（二）会议产品营销的主要手段

会议产品营销是向客户推介会议产品的方式，是说服客户购买会议产品，以及与客户相互沟通、建立关系的过程。会议主办者常用的营销手段主要有直接邮寄、电话营销、广告宣传、网络促销、公共关系和媒体策略等。

1. 直接邮寄

在树立会议形象、提升人们对会议的认知、激发目标社区对会议的关注等方面，密集的直接邮寄最有效。而且，如果客户名录准确无误，直接邮寄将成为成本最低的方法。会议公司的一项重要工作就是建立和维护客户数据库。其中，对于名录的维护（添加新名录或删除已经不存在的客户，以确保邮寄名录的准确性），既可以由企业自己来完成，也可以外包给从事名录维护的专业机构。

（1）名录的收集和整理。

从方法上看，对潜在与会者的名录管理涉及调查、分析和成员追踪等活动；从对象上看，又关系到协会组织成员、当选领导、赞助商、参展商和所有那些可能成为会议利益相关者的各方。这需要许多持续不断的调查和跟踪工作：

成员续签资格时提醒他地址是否发生了变化，在其他邮寄品中也要有类似提醒；回收附在协会期刊中的通知地址变更的明信片；密切注意相关行业出版物中关于人员流动的新闻；协会组织分会和组织联盟的成员流动表；给失去联系的成员发邮件，寻求可能的新成员的信息及其最新职位；确认利益相关者的最新职位，并及时更新信息；在协会组织的所有会议、展览会或其他大型活动的登记台上摆放相应的记录更新表格；与相关协会组织和协会成员通信录之间的交叉比较；在协会组织年度的成员通信录中附上关于姓名 / 地址 / 电话变更的回执信封；公布传真号码，要求成员及时更新自己的相关信息；利用协会 / 组织的网站和行业电子公告牌；检查分会的成员目录；对收到的支票上的地址进行检查；检查供应商的记录、广告和新闻发布稿；经常检查自己的地址簿。

（2）名录的细分。

名录管理要求会议公司根据不同的变量对客户进行细分。通过有效的分类，可以尽量减少邮寄给非目标市场的印刷品的成本和邮费，从而使支出效率最大化。根据在调查中收集信息量的多少，可以在电子版的名录中对信息进行编号，以便于添加、删除或选择任何变量，这些常用变量包括：所在地；职称；专业领域或业务领域；姓名；取得成员资格时间的长短；取得的领导职位；过去参加类似会议的数量及参加的年份；根据广告和赞助支持的排名；参加会议前后的游览活动和其他活动情况；以前参加协会研讨会的情况；当前成员、失去联系的成员和潜在成员的身份。

（3）名录的定期审核。

对名录管理进行定期审核是保证直接邮寄有效性的基础，可以查阅专业手册和行业目录，向供应商咨询关于他们客户名录的信息，以寻求那些可能参加会议（或会议中的展览会）的人；与相关行业出版物和专业杂志的代理人进行会谈，了解他们的订阅者中是否有可能参加某项会议（或可能成为会员）的人；还可以询问订阅者的名录及其管理成本。

电子邮件正在成为一种重要的直接邮寄工具，一般情况下电子邮件只能寄给那些列在名录上的人，如果把邮件寄给那些没有得到邀请或者对会议根本不感兴趣的人只会适得其反，被认为是“兜售信息”。

2. 电话营销

电话营销是一种完善的营销传播系统，由于其具有操作方便、反馈及时、功能多样等特点，它已迅速发展成为广受欢迎的直复营销工具之一。

（1）电话营销的优、劣势。

由于具有成本相对较低、反馈快等明显的优点，电话营销一直是会议公司的主要营销手段之一。首先，电话营销的成本比人员登门拜访低很多，而且每次联系所花的时间也较少。其次，电话用户的迅速增加和免费电话的开通使得与客户联系越来越容易，营销人员通过电话筛选潜在客户或与客户进行预约能有效降低会议公司的成本。最后，随着新通信技术的发展，会议营销人员很容易就能把客户的电话切换到相关部门（如技术部、售后服务部等），从而为客户提供更迅速、更专业的服务。

电话营销也具有许多突出的缺点：首先，电话营销不能给客户造成登门拜访那种视觉上的冲击，营销人员也不能通过观察客户的肢体语言尤其是面部表情来推测其购买心理；其次，人们在电话里更容易做出负面的反馈，尤其是对那些未经预约的电话很反感，因而电话营销的被拒绝率也比较高。此外，在每次联系成本方面，电话营销虽然比人员促销低，但与直接邮寄、媒介广告等相比还是要高一些，虽然自动语音应答系统技术（IVR）能缩减接听来电的成本，但劳动力成本仍然很高，而且许多时候效果不好。还有一点必须指出，互联网的迅速普及对电话营销的增长造成了明显的威胁。

（2）电话营销的功能。

对于会议公司而言，电话营销主要具备四种功能：

①呼入型电话系统可作为对直接邮寄或媒体广告等宣传的答复方式。

②在开展销售访问之前筛选潜在客户，从而使得个人访问更具针对性，并有效节约营销成本。

③利用电话安排与客户之间的约见，这是达到销售陈述目的的有效手段。

④无论是呼出型电话还是呼入型电话，都可作为会议公司建立和更新营销数据库的信息来源。

（3）电话营销的常用技巧。

由于电话营销不像与客户面对面交谈那样富有人情味和现场性，会议营销人员在打销售电话时必须掌握以下常用技巧。

①打电话之前应尽可能掌握相关信息，如受话人的身份及姓名、产品报价等，最好就所要涉及的问题列一个提纲。

②礼貌地问候对方，并尽快说明自己的身份和目的。

③如果不清楚潜在客户的姓名，应礼貌地请其拼写，因为没有人会介意拼写或重复自己的姓名。

④听筒离嘴巴稍远一点，而且讲话速度要适中。

⑤把纸笔放在手边，随时准备记录客户的联系方式及特殊需要等信息。

⑥在电话中要显示出个性和诚意，给客户留下落落大方的印象，并十分乐意听取他们的意见和建议。

3. 广告宣传

在会议营销的过程中，一般要提前6个月开始广告宣传，需要精心挑选各类媒体，并把它们整合到整体营销计划中。如果要选择广告代理商，则选择那些对特定产业、会议业及所要宣传的会议主题熟悉的代理商。

（1）投放广告的具体途径。

①通过自己主办的出版物，如会刊。

②通过行业刊物。会议业的行业媒体主要有月刊、双月刊和季刊等各种形式的杂志，它们刊登各种会议业热点问题的理论、操作技巧、信息统计报告等，对推动会议行业的发展起一定的指导作用，并且是会议提供者向潜在客户展开宣传的重要媒介。

③通过会展协会成员宣传册。会展业协会一般都编制协会成员宣传册，是在业内扩大会议影响力的途径之一。例如，ICCA在世界范围内发行《年度会员名录》，此外还出版季刊杂志《国际会议新闻》，面向6500个国际性协会和公司类会议策划者发行。

④通过会议所涉及的行业的刊物，以及在目标市场影响较大的刊物。如《中国旅游报》《新民晚报》《世界经理人》等。

⑤通过非相关活动的宣传册，如对于某位演讲人或筹款人的系列报道。

⑥其他联盟团体，如商会等机构的出版物。

⑦除印刷品广告外，还可以选择诸如电视、电话及包括互联网在内的电子媒体，另外还有户外广告（路牌、街头横幅）等。

为了成功地传递信息和完成任务，广告要有冲击力，强调能够给与会者带来独特利益，反映会议的主题和形象，便于受众反馈信息，提供优惠券和截止日期来吸引人们提前报名。

（2）制作广告的具体要求。

①标题要有冲击力，能够吸引人们的注意力。

②强调能够给与会者带来新的独特利益。

③广告内容应该能够反映会议的主题和形象。

④针对特定的细分市场，在广告信息中强调他们的需求，不管他们是总裁、经理人员、高尔夫球爱好者还是学校的老师。

⑤对各种奇闻轶事保持足够的敏感。

⑥通过行业领袖人物、专业权威或社会名流吸引人们参加。

⑦提供电话、传真、电子邮件和网址，便于受众反馈信息。

除广告之外，会议组织者还可以有效地使用其他激励手段。例如，可以在印刷广告中提供优惠券和截止日期来吸引人们提前报名，以便更精确地预计参观人数，保证能够满足会议对场地和空间的需要。

如果预算允许的话，可以考虑聘请广告代理商来帮助策划广告理念和广告设计，甚至制定广告投放战略。会议公司应该选择那些对某个特定产业、会议业及所要宣传的会议主题熟悉的代理商，并对其信誉和偏好进行核查。对会议公司的广告宣传来说，熟悉行业、版面购买能力强、拥有极富才华的设计师和艺术家的代理商是不可多得的财富。

4. 网络促销

在会议公司和会议型酒店的营销活动中，互联网成为越来越强大的工具。会议主办单位（或策划人）通过互联网可以直接得到有关会议组织和服务的各种信息。若以营销主体为标准，可以把会议业领域使用互联网的用途基本上分为两种。一种是会议公司或酒店自己建立网站，供会议主办单位（或策划人）和其他客户直接了解本公司的经营业务及酒店的会议设施；另一种是把会议公司或酒店的情况作为自身经营活动的一个方面，如各种酒店预订中心网站等。

互联网能使会议公司或会议中心通过网络来创立自己的高品质形象。利用互联网可以创造一个图解式的介绍，展示一个声像结合的彩色形象，强调互动性，这就是网络促销的好处。

会展网站是会展业自身具有的宣传工具，要注重会展网站的建设，充分发挥它的宣传作用。首先，要完善自身网站的宣传工作，可以为大会建立专门的网址，并且加大在相关网站（如特定的协会组织网址、举办地旅游信息网等）的宣传力度，或采取友情链接的方式。其次，在所有的 E–mail 促销中，设立与会议网站之间的链接。最后，可以开通在线注册来增加与会者人数。

5. 公共关系

对于会议组织者而言，公共关系的目的在于向受众传递信息，影响受众的观点并激发他们参加会议的兴趣。虽然公共关系和宣传资料、广告都是为了达到同一目的，但三者之间存在极大的差别。例如，广告或直接邮寄的效果测算起来比较简单，但是公共关系的效果却难以量化；广告是会议组织者在向人们宣传自己，而公共关系是要激起别人对组织和会议的某种态度或想法；广告的设计、投放时间、投放地点和相关信息受目标对象的影响很大，但在公共关系中，营销人员的主动性更强。

公共关系的作用范围既包括强化自身的优势，也涉及扭转失败的局面。它可以被设计成强调过去会议的成功，进而在竞争中胜出，也可以用来转变过去的失败对组织造成的负面影响，集中全力重新争取观众。这种努力可以是内部公关活动，或者是面向目标市场的外部公关活动。从这个意义上讲，公共关系是整个营销战略中不可或缺的关键部分。

综上所述，由于公共关系所传达的信息不是来自赞助机构而是来自第三方，而由第三方发布的正面言论要比赞助人自己说出来的更具有可信性（其原因是公众认为赞助者的最终目的也是从会议的成功中获得利益），因此成功的公共关系能够比广告和宣传册带来更多的投资收益。

6. 媒体策略

这里的媒体策略主要是针对营利性会议而言的，因为协会和社团会议往往不需要花费很多工夫来处理媒体事务，而媒体也往往对非营利性会议比较支持甚至配合。对于培训、销售等营利性会议来说，营销人员所面临的最大挑战就是如何使媒体认识到会议的“新闻价值”，这种价值可以是某一社会效益，也可以是本次会议对特定群体的重要性等。

（1）选择合适的媒体。

除了会议活动本身，公司知名度的提高甚至人际关系的建立等都可以借助合适的媒体来实现。但制定会议营销的媒体策略时，首先要求营销者对目标地区的各种媒体进行调查，因为每种媒体的市场定位和传播效果不同，对会议的宣传功能也存在明显差异。

①印刷出版物。主要包括商业出版物、行业与消费者杂志和期刊、内部和外部时事通信、商业周刊、报纸、国家/地区级的购物指南、接待处和客户服务中心的宣传单、联盟企业和相关行业的出版物、学校和高校出版物、旅行和航空出版物。

②电子媒体。主要有五种类型，即广播、电视、电报、传真和互联网。此外，对每种媒体的覆盖范围进行深入分析是非常必要的。大型国际会议一般将目标锁定为国家级的报纸、电视和广播，因为这些媒体的覆盖范围很广；小型会议则通常会选择地方性的报纸、广播、电视或当地购物指南。究竟选择哪种媒体方式，主要取决于会议自身的特点、目标细分市场的收益和促销预算。

（2）吸引媒体注意。

为了达到吸引媒体的目的，会议营销人员应当了解和识别那些在会议活动中能够给整个社区带来正面影响的因素，如举行一个独特的新产品推介会、开展一次社区服务活动，或由公司资助或投资一项能够引起当地新闻媒体关注的市政设施等。

（3）与媒体建立联系。

①界定信息，并使之成为媒体感兴趣的信息。会议营销人员应该先细分目标媒体，分析媒体对信息的喜好。然后将会议信息尽可能准确地传递给对本次会议最感兴趣的媒体单位或个人。写一封个人信件，并附上新闻稿，解释一下公司会议的任务和相关信息。同时让他们知道，如果需要的话还可以提供更多的附加信息并解答提出的问题。如果你的信息有足够的吸引力，就会接到来自编辑或记者要求继续联系的电话。

②寻找盟友，借助其与媒体更好地接触。媒体关系的建立并不一定首先与媒体直接接触，有时可以从联盟和支持者开始，因为重要的不在于你知道什么，而是你认识谁。因此，会议营销人员应该认真分析几个问题：本地哪一个特许经销商在目标市场中具有较大的影响力？哪一个分销商服务于政府机构并且认识那些可以改变和影响人们态度的人？谁能够在当地为营销部门提供内部消息，并为建立新的媒体关系铺平道路？为此，会议营销人员要与当地商人和代理商建立良好的关系，要让他们知道会议信息对于其公司的重要性。尽管他们不一定是未来会议营销的目标，但他们可能认识会议营销的潜在对象。他们可能成为你的新盟友，为你提供媒体的线索，并帮助你最大限度地与媒体建立新关系。

7. 综合法则

会议营销的内容十分庞杂，但仍然有规律可循。在采用传统营销组合策略的基础上，营销人员还应该综合考虑与会者的需求和会议自身的特点。综上分析，主办者要成功地营销一次会议，可以重点从五个方面去努力，具体内容如下。

（1）明确会议营销的主体方向。

营销人员首先应分析会议如何适应公司的组织结构。其次应明确会议的目的，以促进组织使命的完成，例如，会议的长远目标是什么？会议具有哪些竞争优势？在此基础上，会议主办者才能做出正确的决定，用恰当的营销媒介将信息传达出去，其中，常用的媒介有直接邮寄、网站、明信片、E-mail 等。

（2）尽量接近和了解潜在与会者。

①策划会议主题时，应该尽可能地与潜在顾客沟通，了解他们的意见和建议。这是开展其他工作的基础。

②辨别市场细分的依据，是会员 / 非会员、政府官员，还是公司总经理。一旦确定了营销对象，便知道了目标市场营销应该从哪里开始。

③利用数据库和调研资料，分析每个细分市场的需求，从而保证营销努力都用在最可能参加会议的群体上。

④在注册过程中，应尽量详细地掌握与会者的资料。

⑤选择一个方便的会议举办地和最吸引人的主题，如果想吸引更多的国际与会者，则更应该选取国际旅客容易到达的地方。

⑥追踪出席会议的人员，并利用这些信息建立一个个人资料库，将来若遇到类似的会议便可以有针对性地开展营销。

（3）合理利用网络策略。

①充分利用网络来宣传会议在内容、演讲者和举办地点等方面的特色。

②对所发的 E-mail 采取过滤策略，使得只有那些不介意收取电子促销广告的人或组织才能收到。

③在所有的 E-mail 促销中，设立与会议网站之间的链接。

④对会议听众进行细分，然后决定发送 E-mail 或寄发信函，并测定反馈情况。如果可能最好使用 E-mail，因为它更加迅速、廉价并便于追踪。

⑤开通在线注册来增加与会者人数。但必须指出的是，在刚开始使用“在线注册”时一般要和日常邮寄并用，如果效果明显的话，下次会议便可减少邮寄的数量。

（4）努力扩大促销范围。

①用精美的明信片代替大众化的宣传册子，将潜在与会者引导到会议的网站上来。

②在公司或会议的专门网站上发布需要密码访问权限的材料，以便与会者或其他相关团体下载、打印。

③与当地会议旅游局合作，促销举办地的旅游景点，以增强会议的吸引力。

④利用刊有相关文章（主要介绍会议特色或精彩部分）的出版物，在公众中引起轰动。

⑤突破现有的关系网，寻找新的演讲嘉宾、志愿者或项目开发委员会，以拓展新的与会者群体。

⑥与媒体建立良好的关系。

（5）确保所传达的信息备受关注。

①所传达的信息必须简洁明了，并陈述清楚投资回报，包括奖励、获得证书等。

②促销材料应强调会议能给与会者带来什么结果，而不是主办者希望能达到什么目的。

③列出每一次会议（包括分会）的目的。

④积极宣传参加本次会议的好处，确保所传达的信息具有感染力。

⑤为一部分与会者提供资助，帮助他们参加区域性或全国性的会议。

⑥采取住房折扣等一些奖励措施，促使人们尽快反馈信息。也可以运用电话、传真、网页、E-mail和寄发邮件等多种方式。

【复习和思考】

1. 会议有哪些主要的分类？

2. 怎么理解会议产品的设计和生产？

3. 如何进行会议的目标市场选择与定位？

4. 会议营销的基本理论包括哪些内容？

5. 会议营销的主要手段有哪些？

【案例分析】

青道观点：会议非常规化中的“变”与“不变”①

会议作为工作的一种延伸工具，作为群体面对面的一种方式，总是与时代发展的脉搏紧密联系在一起的。随着消费水平和认知能力的持续提升，高端与会群体正变得越来越难以“对付”。传统的会议举办模式就像过了季的时装一样，不再受人待见。再想让他们像小学生一样，乖乖地坐在台下，一边听着嘉宾的发言，一边认真地做着笔记，恐怕很难做到了。这就给新时期的会议策划人提出了严峻的挑战：会议究竟该怎样策划？会议的内容、形式及活动、体验的设计等，到底该做哪些调整？从常规会议到非常规会议，从常规化的办会模式到全新的办会思路，下列因素中的“变与不变”，值得我们思考。

1. 会议价值

不变。会议作为群体面对面交流的工具，其价值，包括学习、讨论、社交、分享观点、开展业务、群体激励等没有变。所以，会议是一定要开的，而且还要围绕着以上的“价值点”来召开。

变。会议价值的内核没有变，但其内容与方式都在发生深刻变化。比如“学习”——过去所说的“学习”与互联网时代高端与会群体所需要的“学习”已经不可同日而语，而且人们对于“学习”的环境、一起“学习”的人等都更加挑剔。

2. 会议内容

不变。会议都需要“内容”，这个不会变。即便是“非常规会议”，包括社交性很强的活动，也需要“内容”——主题。没有内容的会议及活动，就会变成无本之木。但也不必过分强调会议的“内容”，因为“内容”早已成为会议及活动的“基本配置”。

变。技术条件变了，常规“内容”的获取已变得十分简单，根本不需要通过会议这种复杂的方式来实现，再加上高端与会群体认知能力的不断提高，如果不是专业人员、

① 资料来源：http：//www.meetingschina.com/news13129.html.

专业手段精心加工的“内容”，将不再为会议所需要。随着会议“内容”灌输性特征的逐步退化，其可带走性特征将日趋增强。人们对于高质量“内容”的诉求，是引发会议变革的主要原因之一。

3. 会议形式

不变。会议的“内容”都需要一定的“方式”来呈现，这个很难改变。比如，“人”是会议及活动“内容”的主要呈现者，而且还要在一定的物理空间内以“一对多”的方式来呈现等。

变。与“内容”相比，会议的“形式”更富变化性。会议“形式”的“非常规化”，除了更有特点、更富互动性的场景设计之外，还应该包括更时尚、更科技、更富感染力的“内容”传递方式。所谓的“非常规会议”或者“会议的非常规化”，主要就体现在会议的“形式”上。

4. 活动安排

不变。会议的基本目标需要通过一些必要的活动安排来实现。比如说一个典型的行业年会，通常由全体会议或开幕会议、分组会议、宴会或酒会等组成的，每个活动都是会议的一个有机组成部分，共同为会议目标的达成做出贡献。这些构成会议基本构架的活动安排，总体上不会变。

变。我们发现，随着时间的推移，不仅规模增大了的会议需要更多活动来支撑，同样规模的会议其活动数量也有明显增多的趋势。这与高端人群对于会议诉求的不断细化有直接关系。更加细化的会议诉求，需要更多更细化的活动安排来实现。一直以来，我们主要通过大型活动来满足大部分参会者的框架需求，而这一特点正在发生重大改变。除了主要活动之外，增加的主要有：社交活动、餐饮活动、体验活动、娱乐活动及各种小型分享会、聚会等。今后，如果听说某个几百人或者一千多人的会议，其中安排了数十场甚至数百场分项活动的时候，不必再感到吃惊。

5. 体验设计

不变。会议就是一场体验活动，会议的所有安排和设计都与人们的体验有关，这一点过去、现在和将来都一样。

变。“非常规会议”或者“会议的非常规化”与传统会议的最大差异，主要体现在参会者体验方面，而参会者体验除了会议的形式、活动安排、流程设计之外，还有一系列专门为提升会议体验效果而展开的设计，这部分体验内容大多与新技术、新手段、新场景等创意设计有关。可以肯定的是，面向未来，争夺高端参会群体的市场竞争，将主要表现在体验设计方面。

当然，会议是一项十分复杂的人类活动形态，社会经济发展中的每一点变化，差不多都会以某种方式渗透到会议当中来。因此，无论是作为一种新的会议举办模式的“非常规会议”，还是作为一种新的办会思路的“会议的非常规化”，都有非常多的内容需要思考和讨论。我想，不管会议如何变化，只要我们抓住会议的核心价值，以人为本，把人在会议中的每一点感受都放在心里，那就不会偏离会议的进步基本方向。

讨论题：

面对会议发展的新趋势，会议产品应该如何设计？如何营销？

第七章

展览会营销

【学习目标】

1. 掌握展览会的目标市场定位；
2. 熟悉展览会的主体性营销策略；
3. 熟悉展览会的整体性营销策略；
4. 了解展览会的营销过程。

【导入案例】

2017 印度新德里“云南旅游推介会”①

2017 年 2 月 14 日下午，由云南省旅游发展委员会牵头组织的云南赴南亚国家旅游促销团一行，在印度新德里举办了一场独具云南民族风情的旅游专场推介会。国家旅游局驻印度新德里办公室负责人及印度出境旅游协会主席谷底浦·桑尼、印度多家旅行商和媒体记者共 50 余人参加活动。

国家旅游局驻印度新德里办公室负责人介绍，中印两国长期友好，两国毗邻便于发展旅游，两国同属世界人口大国，客源市场潜力巨大。云南已经开通了昆明与新德里、加尔各答两个城市的直航，两地的旅游合作更加便捷，相信滇印旅游合作将随着“一带一路”建设而大放异彩。

云南赴南亚国家旅游促销团团长介绍，云南是中国实施“一带一路”和孟中印缅经济走廊建设的重要省份。滇印两地同属旅游资源丰富、旅游产品成熟、备受海内外游客

① 资料来源：储东华 . 云南旅游推介会在印度举办［N］. 云南日报，2017-02-16.

喜爱的旅游目的地。2016 年是印度“中国旅游年”，去年以来，中印文化交流不断增加，特别是南博会、中国国际旅游交易会期间，印度旅游业界人士组织了大规模的代表团前来参会参展，共话友谊，共商合作。当天，促销团团长向参加推介会的嘉宾发出了共谋旅游合作、共促文化交流、共享旅游红利的邀请，同时也诚挚地邀请更多的印度新老朋友到昆明参加将于今年 6 月举办的南亚东南亚国家商品展暨投资贸易洽谈会（简称“商洽会”）、将于 10 月举办的中国国际旅游交易会。

印度出境旅游协会主席谷底浦·桑尼向云南朋友热情洋溢地推介了印度旅游资源。他说，中国是印度最重要的客源国之一，两国旅游方面的合作潜力巨大，旅游既有服务贸易的内涵，同时也是人文交流的重要渠道，将为中印两国关系的发展起到积极的促进作用。云南省旅游资源丰富，不仅自然风光秀美、民族风情浓郁，还有深厚的人文底蕴，希望加强印度与云南的旅游业合作及经贸合作。

据悉，2016 年，云南接待印度游客 52914 人次，以印度为主的南亚市场已成云南省旅游客源市场的重要组成部分。为让更多的印度民众了解云南，2016 年 11 月，云南省旅发委在印度投放了 11 万份《孤独星球——云南旅游别册》，这是云南针对单一客源市场最大规模的一次专业营销活动，较好地提升了云南旅游在印度的知名度和影响力。此次赴印度专题宣传推介，云南省旅发委、红河州旅发委及丽江玉龙旅游股份公司、云南青韵旅游有限公司、红河泸西阿庐古洞风景区、弥勒新城投资有限公司、红河州旅游投资有限责任公司等云南旅游企业负责人参团促销。

思考：

1. 如何做好展览会的定位和营销？
2. 展览会营销都有哪些形式？它的营销过程是什么？

第一节　展览会的目标市场定位

一、展览会目标市场的顺向和逆向定位

（一）以展览会为出发点的顺向定位

产品定位是指确定展览企业或产品在顾客或消费者心目中的形象和地位。顺向定位是指以产品为出发点进行定位，以潜在顾客的思想为归宿，即为产品在潜在顾客的大脑中确定一个合适的位置，使之与其他产品、特别是同类产品形成差异。对展览会的经营者或组织者来说，展览会就是自己的产品（属于服务产品）。所以，展览会的目标市场定位就是为特定的展览会在潜在顾客（包括参展商和采购商）的大脑中确定一个合适的位置。

（二）以参展产品为出发点的逆向定位

逆向定位作为差异化营销的一种，其成功的关键在于既找到了与众不同的切入点，

又迎合了消费者的观念。不论展览会的经营者或组织者如何对展览会进行定位，最终吸引参展商的只能是采购商。参展商之所以参加展览会，就是因为采购商构成了参展商品的目标市场。也就是说，展览会只有成功地为参展商品营造目标市场，才能吸引参展商来参展。对参展商来说，展览会只是一种新型的营销工具，或称为新型的分销渠道。

展览会的工具性带来了目标市场定位的新思考：展览会的存在以参展商的存在为前提，参展商的存在以采购商的存在为基础，采购商的存在以参展产品的存在为条件。而且，参展产品必须适应采购商的采购需求。所以，我们可以考虑以展览会的参展产品为出发点进行目标市场定位，以争夺采购商，吸引参展商，做大做强展览会。

二、展览会目标市场定位的重要作用

（一）创造差异性目标市场，促进消费

在科学技术不断发展、技术贸易日益扩大的今天，有形产品的均质化、类像化程度越来越高，差异越来越小。这无疑给营销工作增添了更多的困难。于是，塑造差异、强调差异、突现差异的定位理论应运而生。所谓定位，就是为产品在潜在顾客的大脑中确定一个合适的位置，使之与其他产品、特别是同类产品形成差异。

尤其是在展览会上雷同、重复的展品，往往使参展商和采购商眼花缭乱、疲于奔命。所以，展览会目标市场定位的第一个作用就是创造差异、吸引消费。对产品进行市场定位能创造差异，有利于塑造企业特有的形象；有利于适应细分市场消费者或顾客的特定要求，更好地满足消费者需求；有利于形成竞争优势，增强企业竞争力。

（二）形成品牌效应，拥有先入者优势，并可设置行业进入壁垒

定位可以在消费者的心里创造差异，但要特别注意把自己与他人区别开来之后，要及时为自己的市场修建篱笆、为他人的进入设置屏障。在展会中提供差异化和个性化的产品特征，容易使消费者印象深刻，并形成品牌认同。而品牌通过创造参展商和观众的“满意”来换取他们对展会的“忠诚”，展会通过品牌与参展商和观众建立起一种带有承诺的沟通，使得参展商和观众通过这个品牌了解到他们将可以获得怎样的利益和得到怎样的服务。

而参展企业依托自身优势不断创新定位策略，实施定位并不断传递定位信息的过程就是修建篱笆、设置屏障的过程。当然，使用差异化区隔出来的市场必须能够运用常规方法衡量；必须和其企业实力及产品的特色相吻合；必须拥有一定的市场规模和一定的购买力，且有一定的潜力和发展前景。

三、展览会目标市场定位的策略

（一）顺向定位的策略

顺向定位是以展览会为基础进行的定位。首先定位策略以展览会为基础，其次会以经营或组织展览会的单位为依托。

以展览会为基础的定位策略主要有：展览会的时间定位、地点定位、规模定位、水准定位、价格定位、位序定位、功能定位等。例如，广交会就可以凭借其办展历史、办展规模、经济效益、社会效益、中外影响、展馆条件等诸多方面的优势而用位序定位。

以经营或组织展览会的单位为基础的定位策略主要有：展览会经营或组织单位的实力定位、声誉定位、行业地位定位、经营方向定位、服务水准定位等。例如，某展览企业有一支综合素质高的服务人员队伍，其服务得到行业的公认，该企业就可以考虑像海底捞、希尔顿酒店等企业一样，用服务定位。

（二）逆向定位的策略

逆向定位是以参展产品为出发点进行的定位。首先定位策略以参展产品为基础，其次以制造参展产品的企业为依托。

以参展产品为基础的定位策略主要有：参展产品的品种定位、价格定位、用途定位、用户定位、规格定位、数量地位、质量定位、功能定位、体积定位、色彩定位、利益定位等。例如，著名的国际名家具（东莞）展览会就可以考虑用参展产品最突出的优势定位，美国著名的万宝路一开始只是针对女性定位，德国打造的奔驰豪华车针对高端消费等，都能有效区别于同类展览会。

以制造参展产品的企业为基础的定位策略主要有：参展企业的实力定位、数量定位、行业地位定位、经营理念定位等。同样，为了区别于同类展览会，有两个著名的家具展——中国广州国际家具博览会和深圳国际家具博览会，就可以考虑用参展企业最突出的优势定位。

四、展览会目标市场定位信息的传递

定位的理论和概念基于消费者的心智，定位信息的传递也必须符合消费者的心智。

（一）简洁清晰，受众明确

消费者心智的一个重要特点是喜简烦繁。由于人的大脑储存信息的容量非常有限，当消费者面临过多的产品信息时，就会自动化繁为简，因此会展企业在设计传递的信息时，应该尽可能地清晰、简洁，在印刷广告时应考虑文字大小、格式、颜色、背景等要素。并且展览信息的传递一般都有明确的目标受众——参展商和观众。受众可能是个人、团体或一般大众，因此信息传播时应考虑准备说什么、打算怎么说、在何时何地说等，并尽可能地突出所要表达的内容。

（二）贴近生活，观念先导

由于人们生活环境的不同，每个人的心智状态也不相同。而心智状态决定了人们对信息的接收方向、方法和对新事物的接受程度。因此定位信息的传递必须做到贴近生活。即尽量用生活当中大多数人能够接触到的、带有普遍性的事物、知识、事例作为传播的切入点。在传播的过程中，尽量避免曲高和寡，孤掌难鸣。同时消费者的心智又是可塑造的，即利用各种传播手段，在消费者的头脑中营造一种“观念区间”，培养消费者的“习惯”，引导消费者的消费行为，使之上升为购买欲望、购买动机、购买行为。

第二节　展览会主体性营销策略

在我国，办展主体是一个比较复杂的概念。通常涉及政府、协会、专业展览公司等。在本节所指的主体主要是负责组织制作、供给、销售展览会这个服务产品，并承担成功或失败的全部经营责任（包括财务）的单位或个人。

鉴于展览会服务产品、双向营销（招展和招商）、目标市场分布的特殊性等，展览会的经营主体无法像提供有形产品的工业企业一样，完整地运用产品营销策略。而是在实践之中大胆探索，逐渐形成了一些适应展览会营销的策略。展位营销是综合利用产品、价格、渠道和促销等因素，结合招展工作人员的努力和展会相关内容的有形展示，用适当的过程传播展会的服务承诺，将展会的展位销售出去的招展活动。本节择其重要，对目前运用最多的关系营销、直复营销进行介绍，其中直复营销又包括邮寄分销策略、电话推销策略、活动促销策略等。

一、关系营销

关系营销是指办展机构与顾客及展会服务中间商等建立并保持密切的联系，并通过彼此交换和履行共同的承诺，使有关各方都实现各自营销目的的各种营销行为。关系营销的目的是希望与顾客结成长期的相互依赖的关系，发展办展机构和顾客之间的连续性交往，通过提高顾客的品牌忠诚度以巩固市场，促进展位营销。关系营销通过与企业建立长期的稳定关系来赢得企业对展会的长期支持。关系营销在实际操作中通常分以下三个层次。

（一）财务性关系营销

该策略是指营销人员主要以价格为手段，通过价格因素来与企业建立起某种关系，并通过这种关系来刺激和鼓励各企业参与展会，如对老参展企业客户实行一定的价格优惠、对参展面积较大的客户给予一定的价格折扣等，但是主要依靠价格因素，有一定的局限性。

（二）社会性关系营销

该营销指那些以个性化的服务和财务关系为基础以寻求与客户建立起某种社会性联系的营销策略。主要依靠个性化服务和客户建立起社会性的联系来将潜在的客户和新客户变成关系客户，并通过这种方法将老客户留住。

（三）系统性关系营销

该营销是指通过将企业参展和展会服务设计成一个服务价值传递系统，办展机构通过这个系统而不仅仅是营销人员与个人客户建立起密切的关系。系统性关系营销的服务价值传递系统常常是以顾客价值为基础而设计的，往往能够给顾客带来更有吸引力的利益。系统性关系营销的抗干扰能力很强，如果这种营销措施实施得好，客户转向竞争者的机会成本将非常高，这使他们即使在价格差异较大、社会联系变得不稳固时，也不会轻易地考虑转向竞争对手。

二、直复营销

直复营销是一种互动的营销系统，它使用一种或多种广告媒体，以实现在任何地方产生可以度量的回应或达成交易的目的。直复营销的一大主要特征是办展机构与客户之间的“互动”，彼此之间可以以双向交流的方式传递信息。常见的直复营销包括直接邮寄营销、电话营销、展会现场活动促销等。

（一）直接邮寄营销

直接邮寄营销，指办展机构直接向目标参展商、目标采购商、特邀嘉宾等邮寄关于展览会的书面材料（如明信片、信函、招展书、招展商、免费入场券等）或电子材料（如录像带、光盘等），传递各种可以影响目标客户做出相关决策的营销信息，以实现或辅助实现展览会招展、招商和观众组织等营销目标的一种分销策略。直接邮寄营销是国际展览会最常用的营销策略之一，在我国展览会营销工作中也有着很好的开发前景。

直接邮寄营销的步骤一般包括：明确目标客户—研究邮件内容—确定预算标准—完成邮件制作—设定量化目标—发送邮件和分析反馈。采用直接邮寄的一些优点包括：分销费用较低；针对性较强（只寄给经过筛选的对象）；能承载详细全面的信息；能提供创意和设计的平台（如富有激励性的文稿、让人耳目一新的广告）；易于保存；阅读不受时空限制；有助于缩短经营者与消费者的心灵距离；有助于巩固经营者与老客户的关系；整体回应率逐渐提高。

直邮活动产生的直接效果很难及时显现，展览组织机构应通过过程管理和动态管理来提高直邮活动的整体效率与效益。直接邮寄营销的注意事项包括：

（1）严格管理。直邮动态管理中最重要的工作是加强对直邮活动的整体调控力度，区分直邮对不同展览主题的针对性；建立直邮活动的负责机制。此外，要注意目标客户的文化背景、社会习俗、宗教习惯和受众区域等。

（2）全程监控。直邮退件平均率为2%~4%，可以考虑采用挂号邮寄的方式，既避免邮件被当作垃圾邮件，又可保证退件的回收率。

（3）邮件再发。为确保直邮活动的效果，根据展览组织的特点与经验，至少发送三次邮件。

（4）其他策略配合。如广告促销、公关促销、电话推销等。

（二）电话营销

电话营销简称电销，指办展机构的营销人员通过电话直接向目标参展商推销展会的一种营销方式。从分销的角度来看，又是对传统渠道的改革和创新。

电话营销不仅仅是通过电话进行展位促销，还可以通过电话进行市场调查、目标客户的确定、市场定位、提供咨询和处理投诉等。目前，电话营销已深入到电信、IT、咨询、银行、保险、证券等行业。如广东中美大都会就同步采用个险、银保、团险和电销四大渠道，其中电销渠道业绩增长最快，公司业务 60% 由电话营销渠道完成。对新兴的展览业来说，随着市场竞争的日益激烈，加上垃圾邮件和广告的混乱，电话营销有望成为对目标参展商和采购商进行有效推广的强大工具。然而，新生事物总有它的不足和需要改进，如扰民、误导等方面就急需规范。

电话营销的一般步骤包括：对电话营销人员进行培训—搜集目标客户资料—使电销人员全面熟悉展会组织机构与展览会的基本情况—制定电话营销的分级目标—撰写电话营销的标准用语—执行电话营销—将每次电话营销的情况录入 CRM 系统及分析效果和问题。

与传统营销方式相比，电话营销的优点在于可以为不同地区，甚至不同国家的客户提供服务；成本低、覆盖面广；实用性强、针对性强、准确度高；使用便利、反馈及时等。

使用电话营销的一些注意事项包括以下几点：

（1）电话营销需要以 CRM 客户关系管理软件为管理工具和支持系统。合适的 CRM 客户关系管理软件在提高展览营销效率的同时，也为决策层管理和分析客户资料、制定合适的营销策略提供科学的决策依据。

（2）电话营销要求电话营销人员具备电话营销技能，同时还要具备电话营销人员专业素质，了解电话营销模式等。电话营销技术和艺术需要长期训练，包括语言技巧、推销技巧、谈判技巧、声音艺术、基本礼仪、心理素质、个人魅力等。

（3）树立科学管理理念，运用现代科技手段，是当前提高电话营销工作效率和核心竞争力的途径。电话营销人员应将与目标客户的每次通话结果随时输入 CRM 系统，并根据 CRM 的管理功能，以最近通话时间、电话区号、邮政编码、客户特性或其他标准圈选开展电话营销的分类客户群。从而有针对性地进行跟进或开展进一步的电话营销工作。

（4）电话营销需要广告、信件直邮等相关营销活动的支持。

（三）展会现场活动促销

展会现场活动促销，指在展览会期间，为创造现场气氛、丰富和提升展会功能而专门策划的各种活动，如会议、表演、联谊、开幕式、比赛、评奖颁奖、宴会、投资项目招商洽谈活动、项目招标等。这些活动和展览会融为一体，成为其重要组成部分。活动的信息往往单列一项，放在招展书里或招商函里，作为吸引消费、促进销售的手段。营销人员也可以在展会上租用专门的展位来推广自己的展会，也可以不租用展位而逐个拜访客户，征求他们对展会的意见，接受企业的参展申请。

进行展会现场活动促销的一般步骤：活动策划—相关人员邀请—设备、材料和相关物品的租赁、准备或制作—主持人选拔和训练—彩排或预演—场地选择和安排—活动实施—总结评价。

运用活动促销的主要优点有：能吸引更多的潜在参展企业和潜在客户；能丰富展会的信息功能。例如，在展会期间举办一些专业研讨会、技术研讨会和行业会议，与会专家、学者和行业专业人士能将大量的信息带给会场听众，信息传播作用非常明显；能扩大展会的展示功能；能强化展会的发布功能；能强化展会的贸易功能；能提升展会档次、扩大展会影响，例如，行业会议、高水平的专业研讨会和技术交流会等就能极大地提升展会的号召力；能活跃展会现场气氛，如一些富于观赏性的相关活动及一些大众参与性较强的相关活动能极大地调动现场观众的积极性，形成良好的展会氛围。

进行展会现场活动促销的注意事项包括以下几点：

（1）活动的主题性。活动的主题与形式要符合展会的需要。相关活动的策划不能天马行空，漫无边际，活动的主题不能与展会毫不相干，活动的形式不能脱离展会的实际，否则，活动不但会与展会脱节，还会扰乱展会秩序，甚至带来安全隐患。

（2）活动的功能性。活动必须有助于丰富和完善展会的基本功能。即使是在同一个展会里，不同的参展企业和观众对展会基本功能的需求也是各不相同的，有的可能更在意贸易成交，有的可能更注重收集市场信息，一个展会有时很难同时兼顾贸易、展示、信息和发布这四项基本功能。

（3）活动对潜在客户的吸引力。活动必须有助于展会吸引更多的潜在客户。展会不能没有一定数量的参展企业和观众，企业参展是展会存在的基础，观众参观是展会进一步发展的根本，展会相关活动的举办要对企业参展或观众参观形成一定的吸引力，用相关活动来促进展会进一步发展。

（4）活动的正面性。活动必须有助于活跃展会现场气氛而不产生负面影响。表演、比赛等相关活动常常能产生十分热闹的气氛，能吸引大量的人群围观和参与，这对活跃展会现场气氛有一定的帮助。但是，如果其气氛过于热烈，到会的无效观众太多，就会对企业的展会产生不利影响，对观众参观产生干扰，展会相关活动要努力避免产生这种现象。

（5）活动本身要能产生较好的效果。活动本身要策划得当，组织有力，秩序井然，为人们所喜闻乐见，并产生良好效果。

（6）活动的适量性。如果活动过量则可能会提高活动成本，导致执行不力。在一次策划中，如果加入了太多活动，不仅要投入更多的人力、物力和财力，直接导致活动成本的增加，而且还容易导致操作人员执行不力，最终导致案子的失败。

（7）活动的可执行性。一个合适的产品，一则良好的创意策划，再加上一支良好的执行队伍，才是成功的市场活动。而执行是否能成功，最直接和最根本地反映了策划案的可操作性。策划要做到具有良好的执行性，除了需要进行周密的思考外，详细的活动安排也是必不可少的。活动的时间和方式必须考虑执行地点和执行人员的情况进行仔细分析，在具体安排上应该尽量周全。另外，还应该考虑外部环境，如天气、民俗的影响。

第三节　展览会整体性营销策略

整体性营销策略以 1992 年菲利普·科特勒提出的整体市场营销观念为理论基础。该观念认为，从长远利益出发，公司的市场营销活动应包括构成其内部和外部环境的所有重要行为者，包括供应商、分销商、最终顾客、职员、财务公司、政府、同盟者、竞争者、传媒、一般大众。前四者构成微观环境，后六者体现宏观环境。

由于会展营销的特殊性，靠组织企业的力量很难独立完成，最需要将构成其内部和外部环境的所有重要行为者全部调动起来。整体营销强调的是营销活动不要局限于部分行为对象，强调营销活动要拓宽空间视野。

一、同业整体性营销策略

（一）基本概念

同业整体性营销指会展核心企业将产业链上的其他企业（如展馆经营企业、展台设计企业、展台搭建企业、展品运输企业等）联合起来，共同开展营销工作。

同业整体营销是会展业整体营销中最基本的模式，是一种积极的行业自救行为，有助于遏制恶性竞争，有助于促进联合，并把蛋糕做大。

（二）主要策略

借助会展产业链实施整体营销的策略很多。例如，以企业类型划分的横向整体或纵向整体，以结合程度划分的松散整体或紧密整体，以组织形式划分的公司式整体或项目式整体等。鉴于我国会展业的发展历程和行业现状，目前操作性比较强的有三种：集团式、公司式、项目式。

（1）集团式整体营销。指若干会展企业联合组建新的企业集团。为了承担 2010 年上海世博会的建设、经营和管理而成立的上海世博（集团）有限公司就是一个典型。公司由各具所长的上海东浩集团、上海文广集团、上海国资经营公司和中国贸促会上海分会组成。其中，贸促会的优势是拥有许多国际商业通道，这种通道将使世博集团的所有项目在市场推广方面受益。需要特别指出的是，不论是以打造航空母舰为目标的大企业之间的强强联合，还是以共抗风险为目标的小企业之间的扎木成排，走集团化的道路是当今世界会展业的三大趋势之首。

（2）公司式整体营销。指在产业内部成立一种专门为会议或展览做营销工作的有偿服务的企业。法国国际专业展促进会就是这样的典型。该会由商会和政府发起，主要展览公司参加。其运作经费的一小部分来源于理事单位的年度补贴，绝大部分由参加促进会的展览公司按所需推广的展会数目及宣传工作量而缴纳。原则是平等自愿、多投资多收益。这种有偿服务支撑了面向全球开展的营销工作。与集团式相比，公司式将有力促进会展产业的专业化分工与合作，促进会展产业链的形成和完善。

（3）项目式整体营销。指不同的组展企业因为某个项目在承办城市、举办时间、目标客户、目标市场、地理位置等方面有一定的联系，或者因为在某些方面可以形成一定的互补，从而在营销工作上进行的单项联合。与集团式和公司式相比，这种整体营销最为灵活，操作最为便利，还可以作为公司式和集团式的前期实验和必要过渡。

二、异业整体性营销策略

（一）基本概念

异业整体性营销指会展核心企业将其他行业的力量调动起来，巧妙地借助他们的力量，从某些角度推动自身营销工作的进展，收到事半功倍的效果。

异业整体性营销是会展业整体营销中具有创新意义的模式，既是基于行业特殊性的积极探索，也是对营销学基本理论的活用和补充。

（二）主要策略

（1）与旅游业的整体营销。在会展经济发达国家，会议业和展览业是两个独立的行业，会议业往往和旅游业归并在一起，统一管理、统一宣传促销。在我国，会议业则和展览业归并在一起。这样，会议业无形中就成为展览业和旅游业的一个中介，并以自身的整体营销实践为展览业和旅游业提供经验、做出示范。为此，可以尝试以会展营销带动旅游营销，也可以是旅游营销带动会展营销。如城市会展营销能带来显著的“晕轮效应”，从而达到“一荣俱荣”的整体效果，可以作为旅游的由头、项目、路线，可以部分满足游、购、娱三项旅游的基本需求，以致形成会展旅游；反过来，从产业共生的角度来看，有旅游价值的城市，旅游业同时可以作为会展业的基础，旅游资源也能增加商业会展的吸引力。

（2）与参展方和采购方的整体营销。指与目标参展方和采购方及其所在行业的有关组织联合营销，其本质是组展企业和采购企业之间的合作。有些参展企业希望自己的老客户来采购、有些采购企业希望在展会上看到特定的参展企业。对组展企业来说，这是非常宝贵的资源和信息，除了及时掌握并做好宣传之外，还应及时向参展方和采购方提供各种信息和宣传资料，并给予适当的经费支持。目标参展方和采购方及其所在行业的有关组织形式多样，如行业协会、行业学会、行业俱乐部、行业传媒等。

三、政企整体性营销策略

（一）基本概念

政企整体性营销指会展核心企业借助各级各类政府对会展业的总体宣传、推介和政策，带动本公司和具体目的市场发展。

在会展业发达国家，政企整体性营销是比较普遍的经验和许多政府机构的自觉行为。在我国，是尚在摸索中的创新模式，需要政府和企业共同努力。首先，政府主管机构要加强对各类会展的规划和引导，提出整体发展纲要和政策建议。其次，要充分发挥会展行业的协调作用。要注意的是，在探索政企整体性营销的过程中，会展核心企业的努力非常重要。因为会展核心企业以自身的努力赢得政府的信任为前提条件。

（二）主要策略

我国现阶段可以探讨的策略主要有政府整体营销、城市整体营销、城市群整体营销等。

（1）政府整体营销。指会展承办地或承办国的政府高官直接为某个会展项目做宣传促销。1851 年 5 月 1 日，在英国伦敦举行的第一个真正意义上的世界性博览会，就是维多利亚女王通过外交途径直接向 10 个国家发出邀请，才使为期 161 天、630 万观众参与的世博会得以成功举办，并获得“经济、科技与文化界的奥林匹克盛会”的誉称。由此开始一直延续到今天，在展览业发达国家，政府主管部门都无一例外地担负着会展的部分营销工作（主要是宣传和推广）。如法国的国际专业展促进会、意大利的工业展览会和展览促进会、新加坡旅游局的展览会议署等。

（2）城市整体营销。指政府把各种会展要素与承办城市的其他优势综合起来，以一个整体的概念向外宣传，以整个城市的形象和资源促进会展业。这比直接宣传或推广一个会展项目更加高明。因为，推广的内容更丰富、吸引力更大；推广的机会更多、受众面更宽；推广的时间更长、效果更好。之所以提出城市推广，是因为会展与城市本来就相依相生、不可分割。一方面，会展业需要能够提供全方位支撑的城市；另一方面，城市又从会展业的发展中收到连带经济效益和社会效益。可以说，没有城市，会展业无以立足；没有会展，城市将大为失色。所以，两者的合作大有所为。

（3）城市群整体营销。指政府将各种会展要素与承办地及周边若干城市的其他优势捆绑在一起宣传或促销，这显然比单个城市的推广更加有效。这个方法的提出受到战略联盟理论和制造业大量实践的启发。20 世纪中后期，随着全球企业由纵向分工逐渐改为横向分工，市场竞争也由单枪匹马演变为兵团挺进。对此，专门从事全球商业与伙伴研究的英国剑桥大学战略咨询公司董事长兼总裁詹姆斯·穆尔在《竞争的消灭》中指出：当今企业无论要扩大市场还是要开发市场，都必须与其他企业联手，形成以发展为导向的协作经济群体，共同分享市场，各得其所。这个道理同样适用于城市经济和城市建设。曾经引起和正在引起广泛重视的长三角、珠三角经济圈及华北、华中、华南会展经济带就是很好的佐证。联合周边城市，进行优势互补，才能更好更快发展。

四、全球整体性营销策略

（一）基本概念

全球整体性营销指我国会展核心企业把中国之外的、有助于会展营销的全部力量联结成一个整体。这种模式仅适用于有竞争力的品牌项目和准备开拓海外市场的会展企业。全球整体性营销是全球会展业日益受到重视的营销模式，是中国会展业走向国际化、品牌化不可或缺的营销技巧。

（二）主要方法

主要方法有与海外同业与异业、与海外相关企业、与海外中间商等进行整体营销。

（1）与海外同业与异业组织的整体营销。同业整体营销主要指借助全球会展业的行业学会、协会、联盟、研究会等组织开展营销活动。途径是会展核心企业积极主动靠拢这些组织。如国际大会和会议协会（ICCA）、国际博览联盟（UFI）、国际展览管理协会（IAEM）等。能够得到这些权威性组织的指导和推荐，无疑会有效提高国内会展企业的美誉度，增强会展项目的吸引力。异业整体营销包括与贸易促进部门、工商业组织、国际商业公司、专业媒体等联合开展营销活动。以国际商业公司为例，包括实力雄厚的管理咨询公司、公关公司、市场调查公司、营销咨询公司等。一般来说，这些公司都能以信息资源、客户资源、人力资源为新进入的会展项目提供强有力的营销支持。所以，欲走出国门的会展企业必须首先建立起全球范围内相关机构的支持团。

（2）与海外相关企业的整体营销。指我国会展核心企业与国外同行的某些企业联合，赢得营销支持。其联合方式多种多样，如资本合作和资源合作、全面合作和项目合作、短期合作和长期合作等。1975 年，慕尼黑国际博览集团为了抢先介入中国展览市场，首先与中方主展单位合作在北京举办德国技术展览会，后来又成立合资公司。等到政策放宽，再成立全资子公司。回首慕尼黑进入、开拓、抢占中国市场的历程，可以清楚地看到，合作是至关重要的一步棋。中国会展业走出国门，可以效法，也已经有了成功的案例。

（3）与海外中间商的整体营销。会展业中间商队伍的构成比较复杂。有产业中间商、行业中间商、销售代理商等。产业中间商包括组展方、采购方、服务方的各类兼有营销职能的组织，这是会展业跨国营销的重要力量。一般来说，国际上会展产业的中间商都是集某国会展产业的力量、并为之提供营销服务的组织。行业中间商指在会展项目所属行业内兼有功能的组织。销售代理商包括国家代理和地区代理等。这些组织或个人对我国会展业的全球营销将有很大的帮助。我国会展业市场推广的整合是一个全新课题，从理论研究到规范实践再到全面提升，需要一个过程，可以打出去的品牌展会无须等待，可按“靓女先嫁”的思路借力拓展，既赢得时间，也为国内的整合积累一些经验。

【案例拓展】

国药展览有限责任公司与海外企业的整体营销①

拥有自主品牌的国内会展企业，可以引进国外资本和管理，通过兼并和收购，形成新的会展品牌，或强化原有的品牌，实现强强联合，扩大品牌影响。国药展览有限责任公司自身拥有 6 个自主知识产权的品牌展会，都是由原来计划经济模式下的订货会转变过来的展览会，基本没有国际参观商和国际参展商的参与，在国际化程度很高的世界制药原料中国展和国际医疗仪器设备展览会的竞争压力下，于 2005 年 9 月与世界第一大会展集团英国励展集团签署协议，后者斥资 2500 万美元购买国药展览有限责任公司的 50% 股权，双方组成中外合资公司——国药励展展览有限责任公司。通过合并和重组后，国药励展成为国内最大最专业的医药展览公司，不仅能积极吸收国外先进的办展经验和优秀的经营模式，而且使展会的国际化程度迅速提高，不仅实现了国际参观商和参展商的突破，而且借助励展集团的海外优势，将国内 API 展览会品牌于 2007 年移植到了日本。

---

① 资料来源：会展之窗［EB/OL］.https://www.expowindow.com/news/guanzhu.asp?id=48207.

第四节　展览会的营销过程

按照20世纪50年代中期基本定型的市场营销观念，菲利普·科勒教授1986年提出来的市场营销战略组合和1994年提出来的“顾客让渡价值”新概念等先进的营销理论，首先必须确定，展览会的营销过程是一个首尾贯穿的过程，即全程营销。

会展活动由于主体的复杂性，要及早开展营销活动，而且每一个部门之间要协调好，做好各方面的应对工作，包括和政府、媒体、参展商、海关等的协调。会展营销活动由于所处的行业不同，呈现出一些自己的特点。按照传统经验和时间概念，习惯把展览会的全程营销划分为前期、当期和后期三个阶段。

一、展览会的前期营销

（一）规划论证与申请立项阶段

（1）市场调研与预测。运用各种定性与定量分析的方法，对展览市场进行调查研究。重点是目前国际国内该行业发展现状、预测目前和未来的需求及其前景、分析营销环境、研究购买行为、分析竞争对手、分析自身优势与不足，为决策提供详细、准确和新鲜的信息情报。

（2）目标市场选择与定位。无论是综合性还是专业性的会展活动都有其特定的目标受众，对于会议市场来说，进行市场定位很重要。会展公司的重点是市场细分、市场机会预测、目标市场选择、展会类型与主题确立、市场定位等。一般情况下主办者要根据本地或本区域的经济结构、产业结构、地理位置、交通状况和展览设施条件等特点，首先考虑本区域的优势产业和主导产业，其次考虑重点发展中的行业，再次考虑政府扶持的行业。

（3）可行性研究与立项申请。展会项目上马前，应该做市场调研，对其进行前期定位。首先，从地方产业环境、市场条件来看，这个项目是否具备举办的条件。其次，从该展会项目对当地产业的指导意义如何着手进行分析。有了市场分析以后，才能来做正确的招展和招商工作，才能把招展和招商工作做好。

（二）项目启动阶段

（1）制订营销计划。展览会的市场营销计划一般应包括以下内容：既定目标市场综述和营销现状分析，营销目标和目标客户，营销组合策略，行动方案及营销费用预算，营销计划的执行与控制。

（2）设计和建设营销网络。①寻求支持单位。寻求对口的主管部门和单位是展览会成功的关键环节，其目标包括行业的政府主管部门、行业的权威协会、具有广泛影响力的行业媒体等。②寻求合作单位。寻求的目标包括专业性、大众性、权威性的媒体支持单位，当地行业协会、主办单位的分支机构、行业权威机构、办展机构（公司）等合作招展（组团）单位。这样能提高展览会的影响力，加快信息的有效传递。借助这些资源，可以实现优势互补，加快资源整合，最大限度挖掘新客户，壮大参展队伍，最大限度地降低招展成本。

（三）项目运作阶段

（1）设计与制作宣传资料。宣传资料是客户了解展览会的第一步。需要根据展览会类别、传播对象类别进行展览会资料的设计制作。在设计过程中要考虑展览会各个阶段和不同任务的需求，制作相应宣传资料，如展会参观指南、观众登记表、展会证件、门票、展会会刊等，这也是展览会过程中最大的消耗品。

（2）实施前期营销计划。如开展推介活动、发布广告、举办新闻发布会、海外推广、网络推广、项目招展、项目招商、专业观众组织、贵宾邀请、赠票计划、配套服务等。

二、展览会的当期营销

（一）实施当期营销计划

（1）门票销售。大型综合性展览会因为包含对公众开放消费性质的展览，门票销售是重要的收入来源。门票的销售也是其营销环节的关键一环。一般来说，为吸引更多的参观者，经营者往往需要在大众媒体进行一定的宣传。同时还可围绕门票本身进行一定形式的营销，如做成纪念封形式、配合专门的纪念邮戳作为可收藏的纪念品、门票编号进行抽奖、在特定展位获得礼品等形式。

（2）现场接待和服务。现场是展览会营销的重要窗口。经营者要精心组织和安排办卡、报到、入场、引导、金融、邮政、翻译、安保、快餐、茶点等现场接待工作，让参展商和采购商满意，并产生口碑营销的效果。对首要公众和重要嘉宾则应提供相应的特殊服务。

（3）促进洽谈。展览会开始之后，商务配对工作必须继续，需要借助各种现代化的报到系统和入场统计系统，对到场的采购商进行动态管理。如及时发现已有安排而没有如约到场的采购商、及时发现预先没有登记预约的采购商，并马上协调参观路线和洽谈时间，尽力把商务配对工作做得更好。

（4）资料分送。这也是一项非常重要的工作，方便快捷无差错地分送到客户手中是基本要求。注意要把下一届展览会的宣传资料同时送出。还要控制一般参观者凑热闹似地领取和随意丢弃，以维护展会形象并提高宣传资料的利用率。

（二）修正和完善营销计划

（1）调整和修正实施方案。一项市场营销计划，无论制订得多么周密，总免不了与实际情况存在着差异。同时，随着市场环境的变化，实施过程中总会遇到一些新情况，这就要求营销人员随时调整实施方案、程序方法和策略等，这就是营销计划实施的动态性。

（2）创新和完善实施方案。营销计划实施过程中具体条件难以预料和控制，因此，实施过程不是简单地照章办事的过程。实施人员应根据整个方案的目标和原则，充分发挥自己的积极性、主动性和创造性，不断地对原计划进行艺术的丰富和再创造，不断发现和创造新的营销机会并有所作为，使之更加完善。

三、展览会的后期营销

（一）总结评价

（1）评估内容。展览会营销质量评估，如营销工作目标评估、展览宣传工作评估、营销人员评估、营销财务评估等。展览会营销效率评估，如展位类型评估、营销组团评估、营销代理评估、营销策略评估等。展览会营销成本评估，如营销成本效益比较评估、营销成本利润评估、营销成本项目评估、营销成本风险评估等。

（2）评估步骤和方法。步骤为：收集相关的评估信息、成立营销评估工作小组、评估工作执行、评估工作总结。方法为：定量评估与定性评估相结合。注意评估过程中能使用数字表达的营销工作及效果的项目，应尽量用定量的方法进行评估。

（3）撰写营销评估报告。报告包括评估结果、结论和建议。一般来说，评估结果中应包括展览会营销效果、展览会筹备及管理工作、宣传推广费用、成本效益比等。要用简洁明晰的语言做出结论。针对结论，提出如何处理已存在的问题、可以采取哪些措施以获得更好的效果。

（二）展后宣传

（1）展后宣传的重要性。与展前宣传相比，很多经营者不重视展后宣传。其实，展览之后的宣传不仅仅是回顾性和跟踪性的报道，更是展览会整体宣传和全程营销的重要组成部分，把展会总的情况进行一次总结提供给新闻媒体，让展会“有始有终”，给社会和客户留下好的印象。展览之后的宣传可以获得比较突出的宣传效果，强化客户的印象。

（2）宣传方法。正常情况下，展览会上的全部新闻稿要提供给合作媒体。如果展出效果较好，则可以举行记者招待会或发布新闻，将各种统计数据（如参观人数、专业含量、平均参观时间、展位布局、成交额、展商和观众的反馈意见等）提供给展览会和新闻界。同时应发布下届展会的主要信息。

（三）信息反馈与收集

（1）资料收集整理。在展会结束后，要安排专人对所有收集到的专业观众资料、论坛资料、参展商资料进行整理，及时准确地更新客户数据库，并根据客户信息的变化，及时调整客户工作的方式和方向。

（2）资料制作分送。可以将所有的资料刻盘整理，分别寄给参展单位和采购单位。

也可以编辑成文字资料，通过电邮、直邮等方式发送。这项工作比较烦琐，但是对于下一届展会将有很大的帮助。对于主办方来说，也是日后筹办类似活动的重要资料和经验数据。

（3）收集客户意见。分送资料的同时，给参展商和采购商附上展后意见调查表或征询表等，了解他们的满意程度，并根据反馈意见进行改进。对有建设性意见的客户进行回馈，并维持良好的关系。

（四）展后关系维系和发展

（1）致谢。向客户邮寄展会总结并致谢。展览会结束后，由经营者向参展商、采购商以及提供了帮助的单位和人员致谢。常用的方式有信函致谢、电话致谢、登门致谢、宴请致谢、礼物致谢等。

（2）拜访与面谈。展览会闭幕之后和离开展出地之前，应抓紧时间访问关键新客户或安排一些重要的面谈。这就是所谓展会期间做数量、展会之后做质量。

（3）发展客户关系。发展客户关系是不可间断的工作，包括巩固现有客户的关系和发展潜在客户的关系。展览会期间办展机构应该尽可能地和客户面对面交流，不断加深与客户的相互了解，建立相互信任关系。但囿于双方时间的有限性，展会后，应保持和客户之间的联系，将认识关系发展成为伙伴关系和业务关系。

（五）对展会客户关系管理措施进行总结

客户是展览会生存发展的生命线。所以，展览会结束以后，要马上更新客户名单，对展会客户关系进行管理总结。并根据名单的变化，分析、发现和调整对客户工作的方向和投入，调整宣传、广告、公关等营销工作的重点和投入。经过一段时间的积累，形成相对完整的客户信息库，这将是公司宝贵的财富。

（六）宣传推广新展会

以上工作完成之后，就可以乘着东风，转入下一届展览会的宣传推广。这样，展览会的营销工作就能够形成良性循环，不同的是下届的展会策划、营销和筹备有了更多的创新和改进。

【复习和思考】

1. 为什么说展览会的目标市场定位具有特殊性？
2. 如何理解展览会的主体性营销策略？
3. 如何理解展览会的整体性营销策略？
4. 试概括展览会全程营销中三个阶段各有哪些主要的营销工作？

【案例分析】

2016 中国义乌国际小商品博览会的市场营销策划与实施①

展会概况：创办于 1995 年的义博会已连续举办了二十二届，每年 10 月 21~25 日在浙江义乌举行，2002 年升格为国际小商品博览会。义博会办展特色鲜明，国际化水平突出，信息功能强劲，服务体系完善，安全卫生保障到位，参展成果显著，已成为目前国内最具规模、最有影响、最富成效的日用消费品展会，是商务部举办的三大出口商品展之一，先后获得 2002 年度中国会展业十大新闻事件、2003 年度中国十大新星展会、2004 年度政府主导型中国最佳展会、2005 年度中国管理水平最佳展览会、2006 年度中国十大最具影响力品牌展会、2007 年度中国（参展效果）展览会奖等荣誉和奖励。第十八届义乌小商品博览会顺利通过 BPA Worldwide 2012 年度的展会认证。义博会既是 BPA Worldwide 认证会员，也是 UFI 的受认可展会。

展会特色：①集结“浙江制造”，将“浙”品牌推向全球；②“一带一路”进口商品首次亮相义博会，实现双互动；③“设计 + 文化”，点亮小商品创意之花；④跨境电商热，“网红经济”火；⑤专业买家云集，采洽会精准配对；⑥万国窗口竞相设立，凸显“国际范儿”；⑦植入供应链金融，创新信用增值服务；⑧零售大咖组团参会，聚焦行业变革。

组委会提供的 2016 义博会总体方案表明，2016 年义博会将以“面向世界、服务全国”为宗旨，对扩大商品出口，提升小商品制造业，促进区域经济发展发挥积极作用。“义博会”办展特色鲜明，国际化水平突出，信息功能强劲，服务体系完善，安全卫生保障到位，确立了品牌展会的地位。

展会营销：2016 年义博会筹备工作从上届闭幕后开始启动，5 月初文博会结束后全面展开。义博会展览招商部拟定了详细的营销计划。本届展会力争在扩大采购商数量、优化参展商结构方面有所突破。

展会亮点：一是实现了精准招商，多渠道邀请境内外高质量采购商；二是展会格局更加切合市场热点，在传统服务贸易基础上，重点培育市场效应集聚和需求较高的新兴行业，如宠物用品、时尚帽业、汽车配用品等；三是进口商品第一次走入义博会，实现进出口互动；四是“互联网 +”特色鲜明，线上线下进一步融合，专设“互联网 + 展区”，集中展示网货，吸引从事微商群体参会，还将举办一系列“互联网 + 论坛”和营销活动等。

义博会的市场推广工作赢得了义乌市委市政府的大力支持。义乌市委市政府先后派人赴福建、江西、江苏、广东、湖南等国内重点地区和重要生产基地，印度等境外地区开展招展招商。并先后参加北京国际五金工具展、春季广交会、哈洽会、亚洲户外用品展等 20 多个境内外展会招商。

---

① 资料来源：根据组委会 . 第 22 届中国义乌国际小商品博览会［DB/OL］.http：//m.yiwufair.com/xmzx/jcybh/t40213.html，2017-05-31；百度百科 . 义博会［DB/OL］.https：//wapbaike.baidu.com/item/%E4%B9%89%E5%8D%9A%4%BC%9A/6283131？ fr=aladdin.2017-10. 整理而得。

义博会的市场推广工作还赢得了中央各部委的大力支持。商务部200多个驻外机构，正在各自的驻在国帮忙宣传义博会、组织客商参展参会。外交部专门给义博会开通了“绿色通道”，外商凭义博会邀请函，可以顺利获得签证。向100多个大使发函，邀请他们参加义博会。共发放宣传资料23.2万份；向146个驻外大使馆、217个驻外经商处、60个驻外国际商会、50个香港相关行业工商组织发送宣传资料32157份，商务请柬4557份；向商务部各驻外经商机构寄送邀请协助招商的函810份；通过客商数据库发送电子邀请函6万份。

讨论题：

1. 该展览会策划使用到的主体性营销策略有哪些？
2. 举例说明该展览会策划使用的整体性营销策略有哪些？
3. 针对展会情况，你还能提出哪些营销策略方面的建议？

第八章

会议中心营销

【学习目标】

1. 了解会议中心特点及其影响因素；
2. 学会制订和实施营销计划；
3. 掌握会议中心的定价策略；
4. 掌握会议中心的市场推广和销售策略。

【导入案例】

昆明会展（北京）促进中心设立一个月，拜访京津冀企业 40 余家[①]

2017 年 3 月 8 日，昆明市博览事务局、昆明云安会都在北京设立昆明会展（北京）促进中心。中心设立一个月，通过参加业内外活动，中心的工作人员拜访了 40 余家企业、98 位客户，向京津冀地区企业、社团推荐昆明会展，通过积极“走出去”、努力“引进来”的招展引会，有力推动昆明会展业的发展。

中心相关人士介绍，中心的工作人员先后拜访中华医学会，积极引入学会每年两个万人以上的大型学术会议；拜访中国国际贸促会商业行业分会，积极引进“2017 年全国高校商业精英挑战赛项目”“酒店管理创新实践赛”及“商务会奖旅游策划赛”；拜访中国生物物理学会，计划将学会年会落地昆明；拜访大新华会展控股有限公司，签订 2017 年全年奖励协议，并与大新华在相关项目展开深度合作等。

在北京设立会展促进中心，旨在充分利用北京作为政治、经济、文化中心的突出优势和在全国会展行业的引领作用，加强与京津冀地区的合作交流，向国内外优秀会展机

---

① 资料来源：李思凡. 昆明会展（北京）促进中心设立一个月拜访京津冀企业 40 余家［N］. 昆明日报，2017-04-09.

构展示昆明独特及丰富的会展资源，吸引更多国内外具有较大影响力的展览和会议项目落地昆明，搭建昆明会展业面向全国会展业走出去和引进来的平台和通道。

昆明是面向南亚东南亚国家的辐射中心、亚洲的地理中心、物流交通的辐射中心及面向南亚东南亚的交通枢纽，又具备得天独厚的气候条件和日益完善的会展业软硬件条件。近年来，市委、市政府将会展业列为重点发展的新兴产业，尤其是去年首次把会展业列入全市“十三五”重点发展产业，列入昆明大力发展“188”重点产业之一，使得昆明会展业迎来新的发展机遇。

根据《昆明市会展业发展规划（2016—2020年）》，到2020年，力争实现昆明市会展业的产值从“十二五”末的18亿元增长至41亿元，年均增长率达到18%，展览面积增长到500万平方米，会展业对全市相关产业的拉动效应从“十二五”末的160亿元增长至400亿元，使昆明市会展业的影响力和辐射力扩展到全国乃至南亚东南亚地区。

思考：

结合案例，试分析昆明云安会都是如何制订和实施营销计划的？

第一节　会议中心的特点和影响因素

一、会议中心的定义

按照《会议分类与术语》（GB/T 30520—2014）国家标准的定义，会议中心是集中举办各种规模和形式的会议活动的建筑设施，通常包括多个不同规模的会议室及宴会厅、报告厅、停车场、商务中心等设施，还应有会议附带展览需要的展览区域。

二、会议中心特点及影响因素

（一）会议中心的产品特点

1. 有形产品和无形服务的结合

在会议中心中，会议室、多功能厅、各种设备都是有形产品，但客户在会议场所的各种活动都离不开工作人员提供的服务。从这个意义上来讲，无形服务比有形服务更重要，且无形产品的不稳定性和质量标准的非量化性都加大了质量控制的难度，也对会议中心的员工素质提出了更高的要求。

2. 不可储存性

会议中心产品不能像工业产品那样储存起来，日后再卖，而是一天不租出去，就不能创造价值。因此，销售人员应尽力去推销会议设施和服务，以提高会议中心的利用率。

3. 不可专利性

会议中心不可能为自己设计的会议场地、服务方式、会议设备申请专利，这种不可专利性所带来的直接后果便是某一新产品如果能创造良好的经济效益，其他会议中心会很快模仿。

4. 产品忠诚度低

由于产品的不可专利性，会议中心的竞相模仿、产品雷同现象比较严重，因而对于一般会议策划人而言，不大可能只认定某个会议中心。并且人们开会时普遍存在一种求异的心里，毕竟换一个地方、换一个新的环境常能给人以愉快的满足，这就决定了会议中心的品牌忠诚度相对较低。

5. 对信息的依赖性强

会议中心的主要客户大部分来自本地，还有相当一部分来源于外地甚至外国，他们往往人生地疏，需要通过大众媒体了解会议中心的具体情况和市场口碑。因此，会议中心营销人员必须做好信息的传递工作，同时，力争为每位参会者留下美好的回忆，以塑造和推广良好的企业形象。

（二）会议中心的影响因素

1. 会议设施的硬件

在实际工作中，大多数会议策划人都从外观来获得对会议场所的第一印象，因此，外观经常在会议中心促销中起到很大作用。显而易见，具有外表优美、功能合理的会议室比平庸无华的会议设施具有优势。估量会议中心硬件设施的方法有以下几种。

①对人口、周围区域及外部施工质量进行严格的评价，找出需要改进的地方。分析会议中心的整体外观怎样，与周边环境是否和谐，外围的照明和安全如何。

②对会议室和设施逐一进行考察，如室内是否洁净，设备是否保养完好，公共区域的条件如何，是否洁净宜人、照明良好？

③会议中心假定自己是会议策划人，分析能为客户提供哪些条件，是独具吸引力的地理位置、便捷的交通、训练有素的员工，是空间充足、结构合理的会议室及现代化的视听设备，还是使与会人员感觉舒适的照明及安全的环境？

④会议中心应当对自己的会议设施及本地供货商进行评估。常用的做法是准备一套现有的会议设备清单，列出设备的种类、数量及各类设备的具体位置，这类明细表既可以作为向会议策划人销售时的工具，又可以被用作企业的存货单。

2. 地理位置

会议中心的位置是否靠近主要公路或机场？附近有没有历史文化遗迹、著名景观或大型游乐场？有没有每年一度的旅游节庆活动？如果会议中心离机场比较远，而且不在高速公路旁，再加上天气状况不好，可能会严重影响会议策划人对会议地点的选择结果。

3. 声誉和服务质量

除了要估量硬件设施以外，还包括对诸多无形因素的考虑，如会议中心的声誉、专业化服务水平等。其中，声誉与服务质量是相辅相成的，前者是结果，后者是基础。良好的企业声誉和良好的服务质量能有效增强会议中心的吸引力，这是由会议业的服务性质所决定的。

第二节 会议中心的营销计划制订

会议业务是个利润丰厚的市场，几乎任何类型的酒店和会议中心都可以为这个市场提供服务。这并不是说任何一家酒店就可以一头扎进会议市场内捕捉自己能承接的所有会议业务。如果不清楚自己的产品特征、盲目地寻找会议业务可能会造成代价极高的错误，包括方向错误的广告，完全无效的销售拜访，甚至是最糟糕的服务。因此，制订营销计划非常重要。无论用何种方式，营销计划都应该包含以下四个基本步骤。为了更好地理解这些步骤，本节使用虚构的某绿色度假酒店进行案例分析。

一、进行市场调研

在销售任何产品之前，必须对产品的优缺点了如指掌，以便确定最佳的促销方式。因此，市场营销计划的第一步——进行市场调研便成为十分重要的环节。在销售酒店产品时，仅仅知道本酒店可提供的产品是不够的，还必须了解所要面对的竞争对手及可能影响未来销售的市场营销工作的市场趋势。酒店员工通过以下三种类型的调研获取此类信息：酒店分析、竞争分析、市场地分析。这三种类型的调研结果是企业做出最为有效的市场营销策略的基础，使企业得以选择不同的细分市场并制定出针对各个细分市场的产品营销策略。

（一）酒店分析

酒店分析指针对酒店所提供的产品进行诚实的评估。这种分析事实上为每一个市场营销和广告决策提供了信息基础。在这个阶段，任何一个判断错误几乎都会造成市场营销和广告策略的失误。为了最客观地评价一个酒店，可以从不同渠道获取信息，包括员工和客人在内。也可以以初次到访者的眼光描述酒店，从客人的角度去体验酒店。在随后对其他功能进行评判的时候，可以试着以一个初次光临酒店的会议承办人的角度去观察它。

对酒店优势及劣势的分析。虽然表面看显得多余，但这种分析还是应当以书面形式完成，并且应当针对酒店所有的经营中心。分析还应当对酒店需要改进的部分提出意见（见表 8–1）。

表 8–1 某绿色度假酒店分析

维度	优势	劣势	建议
外观	美观、吸引人、新设计改造的酒店入口。洁净、保养良好、重新粉刷一新	入口附近的休息区缺少座席；从西楼可以看见垃圾堆放区	摆放更多舒适座椅的厅廊会显得更加吸引人；修建栏杆以遮挡垃圾区

续表

维度	优势	劣势	建议
会议室	大会议厅可以容纳600人，大会议厅面对河流	大堂层的空间未被利用起来	将库房改造成会议室
停车场	有通道便于进入客房区；停车场四周有护栏，周围景色宜人	车道需要修补；停车场护栏太低，不利于安全；酒店入口处的车道太窄；由于交通条件的限制，不便进入车道	对道路上的沥青裂纹进行修补；就拓宽入口进行可行性调研
客房	舒适、装潢现代，易于清洁，提供有线电视，进入方便，每间客房备有冰箱，空调效果好	安全尚有缺陷；房门钥匙系统时有差错；卫生间面积较小	安装高质量的窗和门闩装置；最后出租不太理想的房间
声誉	好客、洁净的酒店；现代、宜人；员工彬彬有礼；房价适中	定位尚在一般水准；散客生意多于团队；未达到闻名遐迩	利用口号或者市场营销策略更多地参与和支持社区活动
位置	邻近河流；靠近高速路；知名的度假区	距离市中心和机场较远；距离主路有3千米	为团队客人开辟定期班车；在公路上竖立广告

（二）竞争分析

除了分析酒店本身，了解酒店的竞争对手和它们的相对优劣势也很重要。不仅要做到顾客导向，也要做到竞争导向。

一般来说，竞争对手指在同一个区域内本酒店设施条件相当的酒店，即针对同样的市场提供类似的服务并且价格接近。对于大型会议酒店来说，最近的竞争对手也可以相距几百千米。竞争范围可能包括 4~6 家最主要的竞争酒店。主要的两个竞争分析表是竞争对手房价分析表和竞争分析表。除基准房价外，酒店还在其他方面对竞争对手进行评估：入住率、团队预订、客户关系、促销计划、广告利用、销售方式、市场渗透及市场细分组合。

竞争分析至少一季度做一次，而且信息要多渠道收集，最有效的信息来源就是观察竞争对手，到竞争对手酒店内去实地观察。要更详细地了解竞争对手酒店的情况，甚至在对手的酒店住一次，跟他们的客人和员工聊天，拿他们的宣传材料，研究他们的广告，看看他们的留言板和活动提示板（有些酒店会在外面立欢迎牌，也有些酒店会在大堂或会议区入口列出当天所有的会议名称）。跟踪竞争对手的会议，这样就可以制订一个博弈计划，争取这些会议团体未来在你的酒店里举办会议。

还可以从当地会议局或商务部获得资料。通过查阅电话黄页、酒店目录和旅游指南，你可以了解其他酒店面向什么人在宣传自己的什么特点。互联网搜索也能找到大量的信息，大部分会议酒店都有自己的网站，从中可以快速地获得大量的竞争对手信息。

对竞争环境的分析也有助于酒店找到自己尚未涉及的细分市场，提供有价值的线索，使酒店调整市场营销策略，以获得更多的生意。

（三）市场地分析

市场地分析是指对酒店所处的经营环境及酒店在环境中所处的位置。市场地分析所针对的是影响酒店生意的因素，如旅行费用及政策规定，还有对酒店周围环境的调研。后者包括人口、当地的发展规划、受当地产业影响的经济趋势、附近公路和机场的交通量、本地的娱乐设施及景点，还有当地独特的节庆活动，如交易会、节日、竞技表演等，可以吸引成群结队的人前来。所有的这些优势都可以纳入酒店的宣传促销中。

尽管市场营销计划的调研阶段非常重要，然而动作的重点绝不仅仅是收集信息数据，而是要筛选出有关企业、竞争及市场方面的情报。关键在于"浓缩"所收集的统计信息以便选择合适的细分市场，并且制定出获取客源的策略（见表 8–2）。

表 8–2　某酒店的市场地分析

机会	对企业的影响
①圣路易斯机场正在扩建，有两家新的区域性航空公司进入市场；②本地学院已经与几家公司做出安排，计划在今年春秋两季召开几期学术研讨会；③考古挖掘者在峡谷发现了古印第安人墓地；④科学家和历史学家涌入该地区展开大规模调研	①进出该市更加方便，这些航空公司在本酒店的几个客源地都有航线；②学生和教师可能带来客房收入，会议、课程及研讨会要使用会议室；③那些不想睡在现场的人可以带来酒店的客房收入；④白天可以出租钟点房供挖掘人员事后淋浴和洗刷；⑤更多的餐饮生意
问题	**对企业的影响**
①此处距圣路易斯之间的公路计划在5月整修；②一家新的喜来登酒店已经立项，工程将于明年晚些时候动工	①会影响5月的客流量，不过工程结束后，修整一新的道路和新增的车道将会使交通更加方便和快捷，修路期间酒店的餐饮生意将因修路工而红火；②新酒店在本酒店和圣路易斯之间，建成之后将加剧竞争，而且喜来登酒店在公司市场上有优势并享有盛誉

二、选择目标市场和产品定位

首先要做的当然是针对酒店已经获得的市场。如果从客房预订卡上获得的信息可以显示出顾客中大多数来自都市圣路易斯，那么就在那里展开广告。

其次，将酒店现有细分市场所累计的信息统计出来。例如，假定你在协会或者体育团体生意中拿到很高的出租率，就在这两个细分市场上花费更多的精力。

你当然会把目标锁定在给酒店带来最大利润的市场，这种利润来源不仅是客房，还有会场租金、餐饮和其他利润中心。通过分析以往客人的消费模式，可以分析出每个细分市场的盈利能力。举个例子，你的酒店可能已经以体育团组为目标市场了，但如果锁定消费能力极高的高管团组（包括入境的和国内的）是否更有盈利潜力？在选择目标市场时，一定要记住客人结构的均衡是很重要的。对于一个服务设施齐备的酒店来说，通常需要同时锁定几个目标市场：周一到周五面向会议团组，周末面向本地客人，酒店餐厅的午餐主要针对一些企业客户，晚餐则主要针对住店客人。

要设定营销目标，要训练酒店销售人员针对潜在业务和利润较高的业务进行销售。例如，你的酒店可能无法从协会会议团上获取足够的利益，因为他们对价格更敏感，那么你应该转而针对那些可能在餐厅、娱乐设施和纪念品店花费更多的商务旅行者。

要定期对酒店的客人结构进行分析，因为挑选目标市场是为了让业务结构保证最大限度地创造收入和利润最大化，一年的不同时间这种业务结构是需要定期调整的。不断定义目标市场是一个持续不断的过程，不断调整营销计划以适应市场环境的变化也是必要的。

一旦选择了目标市场，你要确定如何让你的酒店能更有效地针对这些目标市场进行定位。这种定位指酒店在这些目标市场客人心中的位置和形象、酒店的声誉如何，以及酒店在客人心中与其他竞争对手之间的优势比较和区别。简单来说，就是酒店的形象和独特之处，这就是你能向客人展示的卖点。要有效地销售你的酒店，你对酒店的看法必须与顾客对酒店的看法相吻合。

三、确定目标执行计划

（一）市场营销目标

每年年初都要利用调研数据为各个细分市场制定具体的目标。这些目标必须以书面形式清晰地表达出来，这样每个与此相关的人员便能够得到同样的信息。除此之外，目标必须切实可行并且具有挑战性，比如一家酒店最近的平均入住率是65%，对于销售人员而言，要确定100%的目标就不切实际，把目标定在80%，某些月份既切合实际，同时又具有挑战性。

（二）制订行动计划

目标一经确定，必须有相应的行动方案来保证目标的实现。这是市场营销计划的实质内容。每个细分市场和经营中心都应当有具体的行动计划，应当包含以下六方面的内容。

（1）既定目标细分市场或业务类型的综述。计划所瞄准的是商务旅行者、本地协会、还是其他类型?

（2）目标顾客的详细描述。如果目标细分市场是本地协会，行动计划对这部分内容应该包括姓名、地址、本地联系人、电话号码。

（3）房价、特别活动或即将举办的促销活动。它应当包括针对协会群体的所有折扣房价、旅游批发商可能享有的免费房及团队特别包价房（含住宿、餐食和娱乐）。

（4）具体目标。行动方案中的目标要明确具体，不仅将“增加房价入住率”作为目标，还应当列明一年当中每个月要达到的间夜数和营业额指标。销售部因此能够制订出达到目标的策略方案。

（5）行动步骤。这个部分指实现目标所应采取的具体行动步骤。可能要起草一些促销宣传稿，为了吸引本地会议承办人前来，酒店可能需要举办“公众日”活动，酒店可以策划一个广告攻势。

（6）预算。仅确定目标是不够的。达成目标还需要足够的资金作为基础。应当逐项审查策略和行动步骤以确定所需的成本。

由此可见，行动计划很具体并且需要个性化的关注。建议每个经营中心的行动方案都由专人实施，这个人可以负责自己的局部营销工作，同时兼顾整个部门的达标进程。

四、对市场营销计划的监控与总结

虽然计划周期，外部影响（如能源危机、自然灾害等）或市场营销计划自身的缺陷（如不切实际的目标，人员流动导致后备匮乏等）使得企业必须对营销计划进行定期的调整。这种评估应该按照固定的时间周期——每个月、每个季度或在一个广告计划结束时来进行——以确保没有偏离市场目标，并且所用资金也没有因为策略失败而造成浪费。

然而，在对市场计划进行细分之前，必须适时评估，确保有足够的时间实施这些策略，还要搞清是否会有其他原因导致市场反应冷淡。某些时候，只要定期评估，对策略采取调整性措施，便可增加商业机会。例如，在某个细分市场更有可能预订的月份进行针对性工作。

监控、评估和校正的过程是整个市场营销循环中的最后环节。之后，整个循环又再次回到调研阶段，如此，才能与发展趋势保持一致，发现获取市场和保持市场份额的新办法。

第三节　会议中心的定价策略

一、常见的定价方法

会议中心设定的价格应适中。价格偏低，就无法赚取利润；价格偏高，需求就被压抑，甚至不能产生需求。常规的定价常常是根据成本、客户的看法及竞争对手的价格三种因素或其中一个来进行。①以成本为基础的定价方法：加成定价法、盈亏平衡定价法（即目标利润定价法）；②以购买者为基础的定价方法，即以价值为基础的定价方法；③以竞争为基础的定价方法，形式之一是现行费率定价法。在实际工作中，会议中心的价格制定常见形式有以下几种。

（一）参考同行法

即参考最直接的竞争对手（可以是一个，也可以是多个竞争对手）的价格，根据自身的硬件设施、服务水准、制定高于或低于最直接竞争对手的价格。这就是现行费率定价法，属于以竞争为基础的定价方法。以竞争对手的价格作为定价基础，而较少注意自己的成本或需求。在某种程度上，会议场馆的定价是互相参考的。

（二）成本 + 百分比法

算出自己的成本，加上一个自己认可的百分比，就可以成为一个报价体系。这就是加成定价法，属于以成本为基础的定价方法。这是最容易的定价方法，但忽略了需求和竞争对手，也是不合理的。

（三）投资回报率法

也称“盈亏平衡定价法”或“目标利润定价法”，这种盈亏平衡分析或取得投资利润率，实际也是以成本为基础的定价方法。

（四）品牌价值法

一方面，用户注重价格，或者说对价格敏感；另一方面，用户也十分注重价值，他们希望展馆、会议中心的商号、品牌、地理位置、挑不出毛病的服务能为他们的会展项目增值、加分，能让他们的客户满意。会议客户和展览客户越来越看重会展中心的价值，要求会展中心以合理的价格提供恰到好处的、高质量的、良好的组合服务，这实际上是在衡量会展中心的品牌价值。

品牌价值法从分析用户开始，根据目标用户（不是所有用户）对会议中心价值的看法设定价格，然后根据目标价值和价格做出会议中心的产品设计决策和成本决策。因此，品牌价值法与成本＋百分比法的定价过程正好相反。目前，国内会议中心采用品牌价值法定价的案例不算多，在酒店业倒是比较流行。会议中心一杯咖啡卖 25 元，消费者就觉得很贵，但同样的一杯咖啡在万豪酒店卖 50 元，消费者可能会轻易接受，这就是品牌价值不同的缘故。

二、公布价

公布价可以公布在会议中心网站、宣传册上，也可以不在网站宣传册上登出，而在销售部内部由销售经理向客户发出。跟酒店不同的是，会议中心的公布价一般是至少一年调整一次，因为展览会提前 1 年或 2 年预订，国际会议更是往往会索取 3 年、4 年后的价格，价格频繁调整对展览主办方和国际会议主办方来说都是灾难，酒店的公布价可以随时在网站、前台更改。正因为如此，会议中心的会场和展厅的公布价格通常都偏高，在报价时由销售经理给予折扣。

面对激烈竞争，大多数会议中心想要生存并取得一定的市场份额，采取的办法无外乎是低价策略，但低价格或许可以帮助会议中心在短期内获取一定的业务，占据一定的市场份额，却不能让会议中心可持续地、健康地发展。会议中心作为一个企业，总需要利润，需要装修改造、扩大再生产、雇用优秀员工以提供合乎客户期望的服务，长期低价造成的长期亏损对企业的损害无须赘言。而且，会议中心想要从低价格走向高价格，成功的概率极小，因为在用户心目中“这个会议中心就应该是这个低价格”的印象难以改变。

三、促销折扣

长期低价有百害而无一利，但并不是说不能在某个时间执行一个低价格策略。相反，会议中心在淡季、假期可以通过优惠促销来抢夺生意。会议中心还应根据客户和形势的变化调整基础价格，以奖励客户做出某些反应，比如提前全额付款、提前保证最低用餐人数、使用会议中心的灯光及其音响设备、淡季购买、批量购买等。

折扣分为短期折扣和长期折扣两种。短期折扣跟短期促销有相似性，是在规定的时间内给予的价格减让。比如"十一"国庆期间，展厅会议室普遍闲置，则可规定预订国庆期间的展厅、会议室、自助餐，享受多少百分比的折扣。长期折扣可被视为长期执行的公开的折扣政策，比如北京九华山庄的报价就执行牌价（公布价格）的50%减让（公开折扣），对一些大客户则给予更多的折扣（非公开，一对一的洽谈）。

折扣还包括数量折扣和季节性折扣。数量折扣是指对重复办会、办展的客户，因其大批量购买而给予折扣。会议中心可以给其中一个或多个展览、会议的价格优惠，也可以在年底算总账。季节性折扣是指在淡季，展览、会议生意都不理想的前提下，对客户给予折扣的比例可以高一些。但在五一、十一等法定节假日，要注意政府规定的用人单位要支付三倍工资这一成本。

折扣可以是馆租、会议室租金的折扣，也可以是加班费、茶歇、音响设备、鲜花、停车费的折扣。只要是会议中心明码标价的，基本上都可以谈，奖励顾客购买更多，会议中心的收入就越多。

折扣后的价格大多数情况下不应低于成本价，但在某些特殊条件下也是可以的，比如一批酒水保质期即将到期，或夜间使用会议室开会，就可以以低于成本价的价格进行销售。

四、对直接会议用户和中间商的报价

没有中介代理机构而直接跟最终用户接洽、谈判，少了中间环节，因此在价格上可以略微高一点，但实际情况并非如此简单。客户如果直接拨打电话来咨询会场价格时，如果给予的价格太高就会把客户吓跑了。如果是经常来办会的最终用户，会议中心为了留住这种直接客户，一般会给予比较优惠的价格。

这里的中间商指的是会议中介机构，展览几乎没有中介机构。包括专业会议公司、目的地管理公司、公关公司、广告公司、咨询公司、会奖公司、旅行社，这些中间商对会议室价格比较挑剔，总希望从会议中心拿到最低价格，这样好从客户那儿挣到价格差。

绝大部分的中介机构都要求从会议中心得到佣金。对于同一个会议或活动，会议中心给予中介机构的报价会略低于给予最终用户的报价，这样中介机构从会议中心的报价中赚取了一部分利润。即使中介机构把这部分利润返还给其客户，帮助其客户节约费用，中介机构也会觉得非常有面子，因为能获得客户对其拿价格的能力的肯定。

有的最终用户很有想法，会一方面委托其中介机构来会议中心询价，一方面自己来跟会议中心要价格。尤其是有价值（会议规模大、会议数量多）的用户，一般都会通过指定的中介机构来采购差旅和会议场地，而很少会直接采购（但仍可能会直接向会议中心询价）。也就是说，中介机构带给会议中心的生意要远多于最终用户带来的生意，中介机构抛弃会议中心是噩梦的开始。

对中介机构除了每一个会议活动直接给予优惠价格外，还可以不给予直接优惠，而是鼓励中介机构来会议中心多办会和活动，建立一个账户，根据其消费额在年底或每季度末一次性给予返佣，返佣比例是双方事先设定好的，且为阶梯式累进计算，目的就是刺激中介机构把所有可能的生意都拉到会议中心来举办。

总的来说，会议中心一方面要对最终用户进行销售，一方面应该避免与旅行社、会奖公司等中介机构构成直接的竞争关系，要注意维系和公关公司、会奖公司的关系，与中介机构、最终用户都建立起和谐的关系。

五、对大型会议的报价

会议中心的管理者，需要保持清醒。会议中心要考虑的是综合收入，给予大型会议的价格并不是因为规模大就一定给予更多折扣，相反，在某些情况下，价格也应坚挺。

（1）规模大，只有本会议中心能接待，其他酒店 / 会议中心因为场地太小而无法接待。

（2）会议旺季，如 9~12 月期间，高消费的公司会议数量多，对于旺季的大型会议的价格要考虑会议前后的损失和同期接待公司会议的总收入。

（3）对于最好卖的大宴会厅、大会堂、600~1000 平方米的会议室，折扣不应很高。综合消费低的大型会议，价格应该高一些。

六、对国际会议的报价

政府和业主除了期盼大型会议以外，还对国际会议情有独钟，认为国际会议规模大、境外参会者多、外国人消费水平高，在会议中心的消费肯定少不了，会议中心的收入肯定高。政府如此看重会议中心，大部分是缘于国际化情节。对于会议中心的管理者来说，国际会议和国内会议并无两样，就是一个活动，需要报价——报价报高了，有可能丧失此次举办会议的机会；报价报低了，会议中心有可能亏损。因此，国际会议如何报价确实大有学问。

（一）国际会议没那么多，而且酒店是接待国际会议的主力

2001—2016 年，北京平均每年举办国际会议 94 场，平均增长 16.4%。值得注意的是，北京自 2012 年开始已经连续四年呈现下降的态势，2016 年举办的国际会议数量涨幅明显，较 2015 年增加了 18 场国际会议，增长率为 18.9%。2001—2016 年，上海平均每年举办 56 场国际社团会议，平均增长率为 23.1%。总的来说，来华的国际会议并不算多，2016 年举办国际会议最多的国家仍为美国，举办国际会议 934 场，比 2015 年增加 9 个会议，紧随其后的国家分别是德国、英国、法国、西班牙，举办的国际会议数量分别为 689 场、582 场、545 场、533 场。

（二）国际会议的价格承受能力并不都是很高

这一点可能会出乎很多人的意料。除了 IT、电信、金融等少数行业的企业会议外，大部分国际会议对价格十分敏感。特别是社团会议，经常抱怨国内的会议中心的价格。相比之下，国外会议中心的场租确实低廉——这是由国外会议中心的属性决定的，外国政府投资建设会议中心的目的是为了吸引更多境外参会者，为酒店输送更多客源。

（三）对远期国际会议的报价

1. 人民币汇率因素

对于操作时间相对较短的政府会议和企业会议而言，影响不大。但对于国际协会会议来说，就是一个不容忽视的问题了。国际协会会议一般会提前2~5年选择会议举办地，在确定会议举办地之前，都会先做会议预算，而人民币汇率的不确定性可能会导致远期会议预算的不准确——如果会议预算是负数，主办方很可能会把中国从候选名单中剔除出去。还有一种情况，就是在做远期会议预算时，如果对人民币汇率的变动考虑得比较保守，则可能导致会议成本的增大，这样注册费就不得不上涨，而这会削弱参会者的报名注册愿望。

国内会议中心对境外主办机构的报价都是以人民币报价，中国外汇储备过大的副作用之一就是人民币汇率升值，这样 3~5 年后即使人民币报价不变。但换算成美元或欧元就可能多出很多，这样境外主办方就要承受很大的风险，它们如果不能成功逼迫中国的会议中心自行消化这种额外成本的话，就可能缩减会议规模，甚至取消预订。

2. 居民消费价格指数

CPI 指数同比上涨的趋势意味着会议中心的远期报价具有一定的风险，会议中心若不能承担这部分风险，那么就得由国际会议主办方来承担。比如，今年茶歇报价 40 元 / 人，到了后年可能同样的食品、水果和饮料就需要 50 元 / 人了。

七、价格歧视

在经济学上，价格歧视的依据是需求强度不同或购买量不同或需求价格弹性不同等。作为消费者，自然痛恨价格歧视，但换个角度，我们现在是会展场馆的经营管理者，为获取最大收益，就必须实行价格歧视策略。因为价格歧视能使会议中心尽可能多地获益，按照经济学家的分析，价格歧视在经济上是有效率的。

会议中心执行价格歧视，需要对客户的不同特征进行有效的区分和分割。比如大型会议因为场地原因，没办法安排在其他酒店，只能来会议中心（没有替代品），对会议中心的需求强度就高，会议中心对这类买者就可以执行价格歧视。最旺的 11 月、12 月是公司年会最多的时间段，预算较高的企业年会在 9 月、10 月着急寻找举办场地，需求富有弹性，会议中心当然可以将价格定得偏高一些。

第四节　会议中心的营销推广策略

一、会议中心的市场推广

（一）市场推广的展开越早越好

会议中心开业筹备小组成立后，除了寻找合适的工程、人力资源和财务经理以外，还需要立即寻找合适的市场销售经理。要在会议中心开业筹备期把一个处于建设之中、客户仅仅能看到建筑轮廓的会议中心销售出去，让尽可能多的客户都知道这个会议中心什么时候开业、开业后都有哪些产品和服务，继而相信产品和服务的价格是合理的，质量是可靠的，难度可想而知。会议中心不像酒店，客户知道豪华商务五星酒店如威斯汀、四星酒店如假日酒店，而会议中心几乎没有参考标准，客人想象不出建好后的会议中心将是什么样子、会议中心提供的餐饮将是何种水准。一句话，客户对将要投入使用的会议中心几乎没有任何概念，连想象的空间都没有。因此，会议中心的市场推广工作之难就可以想见了。正因为如此，才需要尽早开始市场推广工作。

（二）市场推广应服从于品牌建设

会议中心的品牌建设也要求尽可能早地确立品牌内涵和企业目标、价值观，这样才能指导包括市场推广在内的会议中心的日常工作。市场推广要配合品牌建设，维护企业品牌，因为其是品牌建设的重要组成部分。外界，无论是政府主管机构、客户还是媒体、公众，它们知道、了解、喜爱一个会议中心，首先是从接触该会议中心的市场推广人员开始的。市场推广反过来还会影响到潜在求职者对会议中心的兴趣、向往，吸引到优秀供应商，对现有员工产生一种压力——自觉地表现出热情、积极、主动的态度，杜绝损坏企业形象的行为。从这一点来说，会议中心的市场推广同品牌建设密不可分、相辅相成。

（三）市场推广需要专业技巧

市场推广需要专业知识和专业技巧，因此市场推广人员需要具备的特征和条件包括：①从业经验；②现成的渠道；③向总经理争取合理的预算；④制定预算在境外和国内的分配比例；⑤制定预算在媒体选择及广告购买、差旅、行业展览、行业会议、邀请媒体现场考察、邀请客户现场考察、应酬娱乐、宣传材料的印制、礼品、市场推广咨询公司等方面的分配；⑥制订市场营销方案；⑦亲和力、表达能力、现场演讲技巧；⑧会议展览的专业知识；⑨对展览客户和会议客户偏好的准确把握；⑩明确目标市场；⑪一些与众不同的市场推广创意；⑫跟潜在客户建立亲密联系；⑬媒体喜欢，同行不排斥；⑭文字写作能力（中英文）；⑮具备直销人员那股绝不放弃的韧劲。

（四）市场推广可以外包

如果会议中心自己无法招聘到满足上述条件的市场经理，不妨聘请外面的专业公司来执行市场推广。市场推广可以整体外包，也可以部分外包，如仅把境外的市场推广外包给一家公司，也可以仅仅把媒体关系外包。国内会展场馆有一个现象，似乎不太相信专业市场推广公司，愿意一切都自己干。殊不知，派一个对这个行业了解不多、不善谈吐的员工去接触客户和同行，将带来十分负面的影响。

（五）市场推广人员最好是一张“老面孔”

这里的“老面孔”指“同一张面孔”，意思是尽量安排同一个员工跟固定的客户群打交道。派遣同一个员工参加每年举办的专业展览或论坛，比如接触媒体的市场经理最好不要换来换去，接触境外会议客户的市场经理最好始终是同一个人。原因包括以下几方面。

首先，会议中心的市场推广需要从筹备期就开始进行，时间长，一个市场经理要熟悉这个行业也需要时间来积淀感觉和经验。

其次，客户从听说过一个会议中心，到关注会议中心、有兴趣了解会议中心的会议室设施和展厅设施，再到打听价格和档期，是一个漫长的过程。在这个过程中间如果是同一个市场经理与其接触，他就对这个市场经理有了印象和好感，进而对会议中心也有了好感和印象。客户想到会议中心举办会议和展览，就说明有了消费欲望，市场推广就有效果了。

最后，会议中心要与别的场馆和酒店进行竞争，靠的是关系营销和感情营销。尤其是会议，除非是客户实在找不到场地了，否则他就有好几个会议场地的选择，这时候会议中心的优势不明显。如果市场经理拿出直销人员那股决不放弃的韧劲，靠多年维系的交往和感情，就有可能帮助会议中心拿到这一单生意。

市场推广和销售一样，都是“销售你的脸”（Sell your face），再“销售你的交情”（Sell your friendship），最后才是“销售你的会议中心”（Sell your facility）。依靠多年培养的友谊和交情，把会议中心的会议室场地、展厅销售出去。

（六）国内市场、本地市场永远最重要

大部分会议中心都叫“国际会议中心”，之所以如此，是出于对提升本市的国际知名度的诉求，但是在很大程度上只是对会议市场的不理解造成的。美国、加拿大、澳大利亚等国家的会议中心极少用“International”（国际）这个英文单词，而用“×××会议中心”，没有出现“国际”两个字，这是因为他们知道国际会议和展览的比例不会很高，绝大部分生意都是国内生意和本地生意。中国亦然，到中国来的国际会议和展览不像我们想象中的那么多，国际会议的审批、签证、汇率、远离欧美主要客源市场等因素都影响了来华的国际会议和展览的数量。会议中心的会议、展览生意主要来自国内、来自本地，所以，市场推广的重点应放在国内、放在本地。

（七）首先要推广的是城市，然后才是会议中心

首先喜欢一个会展目的地城市，选定了一个城市，主办方才开始选择会议中心或酒店，我们很少看到一个客户是因为喜欢某个城市的酒店 / 会议中心然后才去这个城市办会办展的。比如，承接世界知名的日内瓦车展的日内瓦 Palexpo 展览中心在公司介绍中一针见血地指出，没人向往 Palexpo 展览中心，客人向往的是日内瓦。

明白这个因果关系，会议中心的宣传推广就应该始终绑住所在城市的会议促进局。国内还没有真正意义上的会议促进局，会展办 / 旅游局（委）就是会议中心应该争取的合作伙伴。事实上，国外的国家级会议促进局和每个城市的会议促进局每次对外促销时，都把航空公司、会议中心、酒店、目的地管理公司等集合在一起，目的就是为了把整体实力展示给外界。

（八）市场推广的对象

很多人认为，市场推广的对象非客户莫属，这是一种不全面的理解。市场推广的对象首先是客户，这句话没错。客户分潜在客户和现有客户，所以市场推广要同时针对这两种客户进行。对现有客户的市场推广可以换为“客户关系管理”。潜在客户对会议中心可能一无所知，也可能听说过但没来过，购买会议中心的使用权属于“待定”，如果市场推广做得好，就刺激、加强了他的购买欲望。现有客户有的很喜欢这个会议中心，也有心有不满准备离开的，客户管理能增强这个客户对会议中心的忠诚度，也可能留住这个客户，让他再试着在会议中心举办一次活动。至少，对潜在客户和现有客户的市场推广应采用不同的策略。

市场推广不但要让外界了解会议中心，使外界产生在会议中心举办活动、参加活动的兴趣和愿望，从而推销会议中心的场地，更要通过合理的途径和方法帮助企业树立团队合作意识，建立企业文化，改善服务质量，提高员工对企业文化建设的认识和理解，自觉执行企业服务标准，提供超出客户期望值的服务。因为，归根结底，基层员工才是决定会议中心的最终服务质量的关键因素，如果员工服务质量无法达到市场推广对客户的承诺，客户终究会放弃对会议中心的选择。所以，市场推广绝对不仅仅针对外部，也要着眼于内部，是一种全方位、全角度的市场营销。

（九）整合营销是正道

整合营销传播是指公司认真地整合并协调它的多种宣传渠道以便传递公司及其产品的清晰一致且有说服力的广告信息。一个会议中心的营销有多种多样的方法，包括：①广告（报纸、杂志、电视、广播广告及户外广告、网络广告、行业会议的会刊等）；②网站；③新闻发布；④邀请媒体参观会议中心；⑤邀请客户参观会议中心；⑥拜访客户；⑦邮件；⑧邮寄印刷品；⑨传真；⑩电话直销；⑪手机短信；⑫参加行业展览或行业论坛；⑬事件营销；⑭赞助；⑮微博微信等新媒体。采取整合营销传播不但可以节省大量无法命中客户的广告的费用，而且可以直达目标客户，反复地与客户发生交互接触并加强情感联系。

除此之外，还要注意跟同行甚至是竞争对手（酒店）搞好关系。如果是举行大型会议或展览，会议中心特别需要周边酒店的配合，虽然有时候酒店和会议中心构成直接竞争关系。

（十）关注客户会展周期，取得最佳市场推广效果

一个客户的活跃程度、购买意向也不是一年下来呈平均分布的，也具有周期性：可能是8月开始筹划年底的年会，也可能是今年3月的展览结束后开始寻觅明年3月展览的展馆。对于会议中心来说，要注意分析展览客户和会议客户的不同周期，事实上这两类客户的周期有比较明显的差异。比如，在12月至次年2月是展览休息期，因此投放针对展览客户的广告效用不大，而这个时间却是公司年会最忙的时段；3月是展览小旺季，而企业会议却要到3月下旬才开始多起来。中国会展文化节每年都安排在7月下旬，

就是考虑到了7月、8月是展览小淡季的特点，所以，中国会展文化节也是一个向展览客户作推介的好机会。

境外的专业媒体杂志，都会依照知名的行业会议和展览，如国际大会与会议协会年会（一般在10月底~11月初）、国际会议及奖励旅游展览会（一般在5月）、国际会议中心协会年会（6月底~7月初）、欧洲商务及会议奖励旅游展览会（11月底至12月初）发表专题报告、特写，并在这些行业会议和展览上发放杂志，会议中心投放广告时可以根据自己的市场定位来选择这些杂志。

总之，市场推广不要均匀用力，应该有节奏，跟着客户的有关周期和节奏走。

二、如何打造成功的会议中心网站

（一）开业筹备期就要建立企业网站

开业筹备期，外界对于待投入使用的会议中心一无所知，由于市场推广人手和经费预算的不足，要把尚未见到全貌的会议中心推销给客户，确实有难度，除了人员推广外，网站就成了一个必需的项目。会议中心网站越早开通，客户、媒体、公众对会议中心了解越多，也就越感兴趣。

（二）筹备期的网站就要体现高水准

会议中心要跟现有的场馆、高星级的商务酒店竞争，绝不能在气势上先输给它们。筹备期的网站即使素材不够，但仍然要想办法把会议中心的网站做到一流水准。

品牌建设从开业筹备期就开始着手进行了，市场推广更是依赖网站，所以筹备期网站的建设绝不可存有“先做一个简单的，待开业后再做一个完善的”这种想法，因为客户是挑剔的，他们不会给会议中心第二次机会，所以，第一次就要做到最好。

（三）网站首先要服务好三类人

会议中心的网站主要为三种人服务，根据这一思路，在主页上就要针对这三种人提供全方位的信息和服务。这三种人包括：会议展览主办方（客户）（Organizer）、参展商（Exhibitor）、访客（Visitor）。其中访客是指前来参加会议的参会者、展览观众、来参加宴会的用餐者、来参加颁奖典礼和新品发布等特殊活动的观众。这是会议中心最需要细心呵护、盼望其到会议中心来消费（最好是反复来消费）的群体，所以国外会议中心的网站都在首页的醒目位置为这三种人设置了快捷路径。

综上所述，会议展览主办方（客户）和参展商、访客（客户的客户）是会议中心网站最需要给予特别礼遇的，应放置在主页上的最明显位置，让这三种人群一打开网站就能立即找到他们所需要的信息，让他们感到自己被重视了。

（四）推荐城市

一方面，会议中心被外界寄予厚望，普遍被认为是一个城市的名片和代表，因此会议中心有必要大力对外介绍自己的城市，这是由会议中心的功能所决定的。另一方面，只有先推介城市，才能把更多的会议、展览吸引到会议中心，原因是客户之所以选择这个会议中心，首先是因为喜欢会议中心所在的城市。

（五）场馆介绍越详细越好

“场馆介绍”是指介绍会议中心可能被用到的场地、设施、服务，包括会议室、大宴会厅、大会堂、展厅、卸货区、餐厅、咖啡厅、快餐区、商务中心、上网区、停车场和交通、货梯和货门、配套酒店及现场服务等。这不但是会议、展览主办机构最为需要的信息，也是参展商、会议赞助商及他们的主场搭建商、施工承建商所需要的，所以，场馆信息越详细越好。

比较好的一种办法是先给出一个列表，把所有展厅、会议室、宴会厅和大会堂的面积、长宽高尺寸及（会议室）可容纳人数（分剧院式、酒会式、课桌式、10人一桌宴会式）全部列出来，客户查看这个列表时一目了然。

下一步，就是给出每个会议室、展厅的具体细节，即“会议室详细条件表”。把该楼层平面图、该会议室平面图、实景照片、基础照明、地毯、投影幕布、投影仪的使用、电源插座方位及多少安培等细节一一列出，主办方得到这些详细的数据后就知道如何使用该会议室了。对于小型会议，有了这个表后，主办方可能就不必去现场察看场地了。另一个好处就是负责给会议做搭建、会务服务的公司拿到这个“会议室信息条件表”，就可以立即开始准备会务方案了。实际上，方便客户使用，就是减少会议中心销售经理或项目协调人员的工作量。

（六）重视下载的便利性

可以下载不仅极大方便了会议展览主办机构以及他们的供应商、参展商，还为媒体的编辑记者提供了便利，也增加了客户及媒体对会议中心的好感好评。方便客户随时随地下载使用的同时，也大大节省了会议中心销售和项目协调人员的时间，把他们从简单重复的劳动中解放出来。

用于下载的文件，一定要注明格式、文件大小，视频文件还需要另外注明文件长度是多少分钟，是中文还是英文。为提高浏览和下载速度，供下载的图片最好是PDF格式或小于300K的JPEG格式。如果用户需要高清晰度的照片，可以邮件形式直接发送到会议中心客户手中。把能下载的文件全部放在网站上，让客户、媒体、同行和公众随意下载。下载的越多，说明阅读的人越多，使用的人越多，知道会议中心的人越多，对会议中心的市场推广就越有提升作用。

（七）销售你的会议中心，销售你的服务

网站所做的一切除了方便用户快速了解并获得会议中心的介绍、数据等信息外，更重要的功能是销售——销售场馆、销售配套服务、销售酒店。网站是一个非常好的销售平台，把能销售的东西全部列出来，因为客户的需求多种多样。可以在网站上销售的有：①会议中心的名声、知名度（所以会议中心的网站必须做到一流）；②会议中心的大宴会厅、会议室、展厅；③会议中心的大堂、序厅、室外广场、停车

场；④会议中心现有的餐厅、咖啡店；⑤会议中心的各种餐饮服务；⑥会议中心的广告位置；⑦会议中心的现场服务，如水电接驳、设备租赁、鲜花等；⑧会议中心的人员服务（如抽调部分员工临时担任礼仪小姐、展台值台）；⑨会议中心的制作和商务中心；⑩会议中心的配套酒店；⑪业主（集团公司）的其他产品和服务（如旅行社、餐厅等）。

（八）真正为客户着想

要做到设身处地地为客户着想需要花费很多心思，比较好的方法之一就是在设计网站时征求一些主办机构、参展商和访客的意见，了解他们的真实需求，要始终记住网站首先要服务好这三类人。比如，墨尔本会议中心和洛杉矶会议中心的网站都有中文内容。

第一，中英文内容不一定非要对应。比如，国外使用英语的浏览者的偏好就有很大的不同，他们可能不需要了解业主是谁、不想知道公司大事记，但对时差、气候、签证、酒店、当地旅游资源这些信息却十分看重，所以一个会议中心的网站不一定非要中英文严格对应，有些中文信息不需要展现给客户，而应展现给客户想要的信息。

第二，照顾客户的浏览和阅读习惯。要注意境外客人对温度的华氏、摄氏，路程的公里、英里及面积单位是有不同的使用偏好的，最好可以用两种计量单位表示。

第三，英文一定要地道。

第四，要可以立即打开网站，不要期望用户有耐心在电脑前等两分钟才看到首页。

第五，很多外国人对中国并不了解，可以多介绍一些中国的实用信息。比如，签证、气候、货币；比如，从机场打出租车到会议中心一般是多少钱；比如，会议中心是否接受信用卡，是否有 ATM 机等。针对境外客人对中国的节假日毫不知情的特点，国家会议中心的网站创造性地增加了“中国公众假期”项目。

第六，关注手机、智能终端阅读者的特殊需求。很多网站如果用手机浏览，显示的页面是不全的，即用户用手机访问网页时很多信息可能看不到。而现在手机应用越来越广泛，在设计网站时应考虑到这种需求。

（九）善待媒体

媒体记者是一个极为特殊的群体，报纸杂志和网站刊登的文章或信息将透露出记者对一个会议中心的评价，字里行间就会有意识地把他们对会议中心的好恶表现出来。记者，尤其是未曾谋面的或非会展行业的记者若想寻找素材，做的第一件事就是上网浏览会议中心的网站，网站给予的信息是否充分，是否有价值，是否有可以下载的照片、报告，是否有专供媒体联系的电话和邮箱，这些都在一定程度上决定了记者对会议中心的印象。

国家会议中心极为重视建设媒体关系，2008 年 1 月网站正式开通时就设置了专门的直线电话和邮箱方便媒体联系，在“下载中心”栏目里也提供大量图片供媒体下载。

（十）其他小技巧

第一，别让用户四处胡乱点击。要给用户准确的指引，引导用户采取行动的指示要清晰。

第二，一次点击。网站应该让用户可以在最短的时间内完成他们的任务。当设计网站时，就应审记：现在做的每一步设计都是为了让用户可以更容易地实现他们的目的。

第三，保持文章法。发布内容时，需要谨记：用户不是阅读内容而是浏览内容，且在网站上看一篇文章的时间不会超过 3 分钟，因此网站内容应尽量简洁。

三、新型社交媒体的运用

社交媒体也称“社会化媒体”，是一种给予用户极大参与空间的新型在线媒体，实时、互动是其显著特点。社交媒体包括博客、微博、维基、播客、论坛、内容社区等，允许人们撰写、分享、评价、讨论。社交媒体之所以日益受到欢迎，与互联网的广泛普及和运用有着密切的关系。全球网民人数已经达到了 21 亿，而 2012 年中国移动互联网用户数已经超过互联网用户数，企业的电子商务、市场推广、客户服务等均需要适应这一潮流。会议中心有必要配置适当的人力和投入，尽早、有选择性地使用部分社会化媒体以吸引中外客户，向主办机构、广大参会者、参展商和观众传递真实信息，提高影响力。

（一）会议中心使用社交媒体的好处

1. 社交媒体能提升会议中心品牌的认知度

建立品牌，提高认知度，需要多种整合营销手段并用，并且需要较长的时间。在以前，品牌的建立大多是借助高质量的产品品质、广告（电视、报纸杂志、名人代言等）、事件营销和公关技巧。如今，高端用户对传统媒体的喜好在降低，对传统的电视、报纸、杂志的观看和阅读依存度在减少，很多人转向形式多样、丰富多彩的社交媒体，因此企业必须及时改变品牌传达方向，将最新的理念和企业内在的传统价值及时、完整地通过最新的渠道传达给用户。以前，一个会议中心没有网站是不可想象的；现在，一个会议中心仅有一个网站与外界单向沟通也是难以想象的。

2. 社交媒体能维护并提高会议中心用户忠诚度

时代在改变，会议中心用户原来倚重的元素发生了变化，会议中心用户的喜好在变化，他们希望随时随地看到、购买到他们喜欢的会议中心产品和服务，希望原来喜欢的会议中心产品和服务能更新潮。用户享受这种寻找购买的过程，乐意甚至是迫不及待地将自己的感受、评价、所拍摄的照片和视频拿来与好友分享，更愿意自己的感受和喜好能让更多人接受，途径之一就是被分享，即被转载和被评论、反馈。几乎是人人都愿意当潮人，而潮人只喜欢新潮产品，社交媒体恰恰是新潮产品的一个有机组成部分。

3. 社交媒体能提升会议中心产品的质量

社交媒体使得所有客户都可以针对会议中心发表评论并提出批评，因此会议中心的产品和服务必须有过硬的质量。产品质量不过关的会议中心将会被曝光并逐渐被客户抛弃。这也是为什么好的会议中心往往在传统营销上投入的资金更少的原因所在。社交媒体的存在使得优秀的会议中心能够快速获得自己用户和粉丝的追捧，而且，用户和粉丝会自主、乐意将好会议中心推荐给他人，这时候会议中心并不需要付出任何营销成本而能获得潜在客户的好感。粉丝可能并不是实际使用过该会议中心产品的人，但他们关注会议中心，可能并不是由于会议中心产品本身，而是由于会议中心的其他方面，如节能、员工培训、某次公益活动等。因为有了这些粉丝的推荐，会议中心的形象变得更丰满了。

4. 社交媒体推动会议中心信息透明化

在未利用社交媒体之前，会议中心很难与用户进行互动，也就无法获取反馈。而现在，用户可以通过社交媒体直达会议中心高层。除此之外，所有的会议中心面对环境、产品标准及消费者和员工权益等问题时，也不得不更加慎重。

5. 社交媒体帮助会议中心用户获得真实信息

社交媒体一方面推动会议中心信息透明化，另一方面，会议中心也可以借助社交媒体向用户传递真实信息。很多社交媒体的信息由个人创造，其中有不少片面、虚假甚至是故意编造的内容，这样的内容很多情况下是用户误解、不了解真相而引起的，如果会议中心没有通过社交媒体迅速响应并校正，虚假内容将很快被转载、被分享，波及面同样很宽。因此，会议中心必须随时观察社交媒体上用户对会议中心的评价、反馈是否真实，如果确实是会议中心的产品有瑕疵或失误，就坦然承认并弥补，这种态度大多也能得到用户的理解。如果是用户故意诬陷或因为不了解实情而导致的，会议中心就可以名正言顺地解释，快速获得用户的理解。所以，以正视听是会议中心运用社交媒体的一个重要功能。

当然，社交媒体对于会议中心来说，也有一些难以控制的方面。比如，作为纯开放的平台，不确定性因素很多，会议中心的瑕疵很可能被无限放大；用户随意不负责任的网络泄愤也偶有发生；竞争对手可能会通过社交媒体进行恶意骚扰和诽谤等。但即便如此，对于大多数机构而言，不是应该不应该选择使用社交媒体的问题，而是如何使用的问题。

（二）国内会议中心使用社交媒体的方法

1. 适应变化，尽早选择使用部分社交媒体

移动互联网时代已经到来，社交媒体可以创造很多商业价值，会议中心应该选择使用企业微博、微信公众号、论坛等社交媒体，这不但是外界客户的要求，也是提升内部管理水平、扩大市场份额、提升品牌认知度的要求。鉴于社交媒体的特性，如公开但部分资讯无序甚至失真，会议中心没有必要使用全部社交媒体，而应该选择可靠、广泛被接受的微博、微信等部分社交媒体。

2. 中外有别，针对国际市场和国内市场分别使用不同的社交媒体

国际客户对会议中心的需求与国内客户有着很大的区别，体现在语言、使用习惯、信息需求等方面，尤其是对中国国情的了解方面，更是存在差异性。因此，对国际客户要选择满足他们需求的社交媒体，而对于国内客户，则要选择适合国情、满足国内客户需求的社交媒体。

3. 单独配置人员和预算

社交媒体的功能、工具和应用程序变化很快，用户需求、心理也不是一成不变的，会议中心应满足这些需求，考虑到用户心理，创造性地管理社交媒体，利用社交媒体为自身服务。所以，会议中心需要为社交媒体单独配置人员，同时配备相应的预算。

4. 以一个声音向外传递信息

要传递正确、积极的信息，就需要加强内部管理，劝诫员工不得开设带有“××会议中心”商号的微博、微信公众号、论坛注册名。应有一个管道，以唯一的一个声音同外界保持沟通互动，以维系企业的尊严，确保信息发布的准确性。

四、如何发布新闻通稿

发布新闻稿是一种较为常见的公共关系手段，目的是为了推介会议中心，或为了推广会议中心的特定产品和服务，向外公布会议中心的想法和做法（如扩建停业）、准备接待（或已经成功接待了）的会展活动、重要管理层人员的变动、获得的荣誉和奖项、销售财务数据等。

会议中心发布新闻稿应有即时性，只要有重大新闻、事件或活动，就应该立即撰写，立即发送。发布新闻稿有以下技巧。

（一）题目

题目要吸引人，能显示会议中心的名称和事件。比如，国家会议中心在2011年1月17日发布的新闻通稿的题目是“CCTV体坛风云人物颁奖盛典在国家会议中心成功举办”。

（二）第一段要抓人眼球

请记住：编辑记者和广大网页浏览者没有时间仔细阅读新闻稿，如果第一段话抓不住人的眼球，那么这个通稿可能被立即删除。所以力求用一两句话把事件的5W（Who，What，When，Where，Why）交代清楚。第二段第三段是对第一段话的丰富、补充和完善，属于支持性材料。

（三）方便编辑记者使用

方便是指文句通顺，文字凝练，编辑和记者经过少量的文字编辑甚至不经修改润色就可直接刊登。

（四）用事实数据说话

干巴巴的文字不太讨喜，用事实、用数据说话可以增强可读性和可信度。比如，国家会议中心“CCTV体坛风云人物颁奖盛典在国家会议中心成功举办”的新闻稿里，就有两个数字十分抓人：这是央视体育频道第一次聘请美国知名的典礼设计公司为其提供舞台创意，运到国家会议中心的各类物资超过了60吨，其中吊挂的LED屏、灯光、音响、幕布就达到了 25 吨。

（五）不啰唆，不用行话

简明扼要，说清楚事件及其背后的意义、作用即可，不要用夸张手法，更不要陈词滥调。不要用行话，你的读者可并不都是会展业资深人士。

（六）要征得客户的同意

新闻稿不可避免地会提到客户或合作伙伴，如果涉及对方公司的名称和照片，请务必事先取得对方的书面同意。很多公司的内部会议不愿意让社会知晓。

（七）别忘了加上会议中心介绍

新闻通稿的最后一般都应加上会议中心的简单介绍，不要想当然地以为所有的编辑、记者、读者都知道会议中心是哪年开业的、哪年扩建的、现在展厅面积多少、有多少个会议室。

五、参加行业展览

虽然现在有多种市场营销手段，如微博、微信、电子杂志、邮寄宣传资料、网站推广等，但线下的人员交流仍相当重要。客户不体验就无法感知会议中心的产品和服务，因此客户不可能在不认识会议中心的市场销售人员的前提下就贸然购买。这就要求市场销售经理要主动与潜在客户接触，让他们记住市场销售经理的模样及名字。所以，市场销售确实是应该先“销售你的脸”（Sell your face），再“销售你的交情”（Sell your friendship），最后才是“销售你的会议中心”（Sell your facility）。

通信网络日渐发达，人们使用通信网络进行交流也越来越频繁，但正是较多的网上交流使得人们更期望线下的面对面交流，换句话说，网络并不能替代人与人之间面对面的交流，反而催生了人们想见面的欲望和见面会相互之间印象更好的效果。

会展业内人士虽然平时都很忙，但都会抽出时间来参加业界比较重要的活动，展览和行业会议就成了大家难得见面的场合。参加行业展览需要慎重对待，也需要一些技巧才能获得最佳效果。

（一）每次派专职的市场销售经理参加展览

不要派无关人员参展，不但是因为他们对业务不熟悉，更糟的是客户会比较反感。要让一个陌生客户对一个会议中心从第一次听说到有兴趣了解展厅的层高和配套酒店，首先就要让客户对市场销售经理从不熟悉到熟悉。

（二）每年参加固定的几个专业展览

客户并不是每次都有时间参观展览，会议中心要想抓住尽可能多的潜在客户，就需要选择客户集中且质量好的展览。质量低下的行业论坛和展览跟会议中心的品牌定位不符，事实上，那些口碑不佳的行业会议和展览业逐渐被客户抛弃了。每年参加固定的专业展览也有利于制定市场推广预算，还可以跟主办方协商一个较为优惠的展位价格，比如连续参展五届，就可能获得一个折扣价。

（三）展览前邀约客户

考虑到很多客户都是走马观花地逛展厅，要让客户知道你有展位，展台是多少号，就需要你在展前通过电子邮件、自己的企业网站和展览网站向你数据库里的客户名单发送有关信息，邀请其参观展台。质量高的专业展览，主办方会事先将特邀买家名单发给参展商，会议中心要做的就是先行选择部分客户，由准备盯展台的市场销售经理本人向过滤过的客户名单亲自发电子邮件邀请，不要让别人代劳，一定要由去展览现场的市场销售经理本人发。

对于已经见过一次两次的客户，更要再次邀请——感情是慢慢培养的，而且即使这个客户暂时没有生意给你，如果他对你和你的会议中心有好感，他很可能向他的朋友推荐你的会议中心。同时，不要把互为竞争对手的客户安排在一起见面，也不要让你与这两个客户的见面衔接在一起，因为客户更喜欢被单独尊重。

（四）值台要讲究职业化，体现会议中心的水准

值台人员的衣着、打扮、行头基本上决定了一个陌生客户对会议中心的评价。国内有一些展览，第一天还有人值台，等到第二天就没人了，这是对客户和展览主办方的不尊重，即使展台是免费的，也要自始至终有专人值台。

（五）充分利用展览的酒会、讲座、论坛等

展览一般都有酒会、晚宴和讲座 / 论坛 / 研讨会，都提供了交际的机会和学习的机会，应充分利用这些接触更多客户、学习行业知识的机会。参展除了宣传推介会议中心、接触客户、达成意向外，更是一个认识同行、获取行业知识、掌握行业发展趋势的机会。

【复习与思考】

1. 简述会议中心的特点和影响因素。
2. 会议中心如何进行市场调研的？
3. 会议中心常见的定价策略有哪些？
4. 会议中心是如何进行营销推广的？
5. 如何打造一个成功的会议中心网站？
6. 为什么说参加行业展览需要慎重对待？

【案例分析】

会议中心品牌再造

1981年，Andy Dolce创建了Dolce国际集团，现在它已经是一家在美国、加拿大和欧洲拥有26家特色酒店的酒店连锁集团了。酒店非常关注环境，并关注客户对环境的要求，希望获得一个能激发灵感的学习环境，Dolce发展出了一种独特的会议服务模式，提供那些常规会议中心不能提供的豪华服务，并创立了全面会议包价（CMP），即为会议承办人提供一种包含所有细节的全包式会议包价。

集团下的每一家酒店都主要针对商务客，会议室、公共区域和客房内均有无线网络，有7/24（7天24小时）的技术服务台，有设施齐全的商务中心，在房内有商务套装用品。与此同时，酒店也配备了常规酒店的必备设施，包括豪华的床垫与睡枕、优雅的餐厅、健身中心和水疗及高尔夫场地，还有可以供团队建设的方案。

尽管酒店有上述特色服务，会议承办人还是觉得“会议中心”这个名字太易令人混淆了，他们觉得会议中心好像只提供会议场地。为了更好地解决会议承办人的这种疑虑，Dolce国际集团于2008年更名为Dolce酒店集团。这个新名称能更准确地反映企业给客人所提供的服务内容，而且可以兼顾会议商务市场和休闲市场。

会议中心只能占到会议市场的10%左右的份额，而酒店能占到差不多90%的份额。Dolce指出：我们在过去的20年中一直在为争取这90%的份额而努力，我们觉得最好的办法是加入他们，改变我们的形象，把我们的名字改为酒店集团。我们的口号是“灵感会聚”。会议仍是公司的主要业务来源（公司3.5亿美元的收入中80%来自会议相关收益），不过公司的目标是把商务客与休闲客的比例达到7:3，同时提高总体入住率。

讨论题：

1. 为什么Dolce集团要更名为Dolce酒店集团？

2. 会议中心和会议型酒店的本质区别是什么？它们各自的营销侧重点是什么？

第九章

节事营销

【学习目标】

1. 了解节事活动的定义、分类及节事活动的综合效应；
2. 掌握节事活动营销的主体构成和营销内容；
3. 理解节事活动营销的原则和营销观念；
4. 掌握节事活动的 5P 营销组合理论。

【导入案例】

凸显山海品质释放啤酒激情 崂山啤酒节魅力增值[①]

最美八月里，海内外宾朋齐聚岛城。笔者从青岛市啤酒节办公室获悉，短短 17 天里，第 27 届青岛国际啤酒节崂山会场共吸引了 105 万人游玩，啤酒消费 680 吨。

1. 品质传承永无止境

“1994 年，青岛国际啤酒节迁到崂山区举办，也正是在这一年的 4 月，新的崂山区设立。可以说，青岛国际啤酒节的发展壮大，是与崂山区的发展壮大同步的。青岛国际啤酒节见证了崂山区的发展，崂山区见证了青岛国际啤酒节的发展，这是一种让所有崂山人都引以为傲的情怀，每一位崂山人、每一位青岛人都有一种啤酒节情结，办好青岛国际啤酒节责任重大，我们义不容辞。”昨天，第 27 届青岛国际啤酒节崂山会场总指挥、崂山区副区长郭振栋介绍。

2017 年是青岛国际啤酒节在崂山举办的第 24 个年头。郭振栋介绍，今年为了办好

① 新华网，http：//www.sd.xinhuanet.com/cj/2017-08/30/c_1121556567.htm.

青岛国际啤酒节，崂山会场精挑细选的都是参节多年以上的资深厂商，他们的办节经验丰富，对啤酒节有感情，珍重啤酒节的品牌，他们的大篷建设、氛围营造、环境维护、亮化美化甚至演艺节目都是精心策划。

“啤酒节是一种文化，也是一种产业，每年的啤酒节对崂山区乃至全市相关产业的拉动效应非常明显。在打造有品质的啤酒节的追求下，啤酒节也在提升着崂山区的知名度和美誉度。”郭振栋说。

2. 我给本届啤酒节打 90 分

“全国各地城市大大小小的啤酒节有 70 多个，为什么青岛国际啤酒节能办了 27 届，为什么长盛不衰，因为它深厚的啤酒文化在市民和游客心中根深蒂固。”郭振栋说。

“岁月传承，品质提升。啤酒节参节人数从最初的 30 多万人增到近 400 万人，从地方节会升格为国家级节会，再到国际性节会。”郭振栋说，城市节庆要办好，既要坚守文化底色，还要勇于创新，形成品牌特色，打造最适合青岛的啤酒节。今年崂山会场采取了很多项创新，首次设立“安静啤酒吧”，一边是喧嚣热闹的啤酒大篷，一边是安静优雅的啤酒酒吧；一边是大杯狂欢，一边是浅酌怡情；一边是“一杯在手，天下我有”的狂热激情，一边是“从前慢”似的安静从容；动静相宜，让不同的消费群体都能从不同的角度体验、享受啤酒文化。首次把青岛景色、崂山风光与虚拟现实融合在一起，让今年崂山会场的科技范儿十足，9 个 VR 游戏吸引了众多游客参与。天天晚上都有焰火秀，设立的德国风情十足的啤酒花园，让参节游客品尝着啤酒美味的同时，在海风中、在星空下欣赏着精彩演出，可谓是情调十足。

“要是按照百分制给崂山会场本届啤酒节打分，你会打多少分呢？”当笔者抛出这个话题后，郭振栋告诉笔者，他要打 90 分，“今年崂山会场的大篷运营、食品安全、安全管理、节日保障、绿色环保都有很多创新，特别是邀请了众多市民和群体来免费参节，满意度也是创造历届最高。”对于怎样进一步做好啤酒节，郭振栋说，可以在立足引进更多相关业态、精选品牌厂商、丰富活动内容等方面下功夫，做好品质提升的文章，还要在环境亮化、美化上升级，应该设立一些适合儿童、青少年活动版块，吸引更多的市民和游客参与啤酒节、体验啤酒节、乐享啤酒节。

3. 105 万人逛崂山会场

短短 17 天里，第 27 届青岛国际啤酒节崂山会场共吸引了 105 万人游玩，啤酒消费 680 吨。青岛市啤酒节办公室主任刘洪涛介绍，崂山会场借鉴德国慕尼黑啤酒节的办节理念，更好地体现“青岛与世界干杯”的节日永恒主题，在热情好客的青岛人的感召下，越来越多的游客前来游玩。

刘洪涛介绍，现在崂山区已经进入了全域旅游时代，崂山区将统筹崂山区旅游资源，编制《崂山区全域旅游发展规划》，将全域旅游发展规划与城市发展、风景区发展、产业发展、土地利用、生态保护等规划实现“多规合一”，实现全区空间规划“一张蓝图”。按计划，到 2017 年年末，崂山旅游业对 GDP 的综合贡献率达到 15% 以上。

笔者了解到，下一步，崂山区还将实施“旅游 +”产业融合工程，依托崂山区得天独厚的旅游资源，还有国际啤酒节、北宅樱桃采摘节、中韩枯桃花会、沙子口鲅鱼节、王哥庄茶文化节等节会活动，深度挖掘崂山道教文化、民俗文化等传统文化，丰富崂山节庆活动的文化内涵，进一步做大崂山区的节庆产业链。明年，啤酒城地铁二号线将通车，青岛国际啤酒节将会迎来更大更好的发展机遇。

思考：

1. 为什么青岛啤酒节能从一个地方节会升格为国家级节会，再到国际性节会？
2. 你认为青岛国际啤酒节成功举办的因素是什么？

第一节　节事活动概述

一、节事活动的定义

目前，学术界对于“节事活动”还没有明确统一的定义。西方普遍认可的有两种说法。一是美国乔治·华盛顿大学节事活动管理展业创始人乔·戈德布拉特博士在 *The Best Practice of Modern Event Management* 一书中的提法，他将节事活动定义为：为满足特殊需要，用仪式和典礼进行欢庆的特殊时刻。另一定义来自盖茨教授，节事活动是指短时间内发生的、一系列活动项目的总和。

同样，由于研究角度的不同，我国学者对“节事活动”的定义也各不相同，较有代表性的有三种：第一，节事活动专指以各种节日和盛事的庆祝和举办为核心吸引力的一种特殊旅游形式（邹统钎，2001）。第二，节事活动是指城市举办的一系列事件或活动，包括节日、庆典、地方特色产品展览会、交易会、博览会、会议，以及各种文化、体育等具有特色的活动或非日常发生的特殊事件（吴必虎，2001）。第三，从字面上看，节庆是“节日庆典”的简称，其形式包括各种传统节日及经过策划创新而人为“制造”出来的各种节日（戴光全，2005）。

综观各国学者对节事的研究，虽然各自对节事活动的定义还存在不同的认识，但存在着一些共同点：第一，节事活动有着广泛的内涵。它不仅指的是各种周期性举办的（通常一年一次）节日和庆典活动，也包括了其他各种丰富多彩的项目，包括地方特色风物展览营销活动、文艺演出、体育比赛、文化仪式等活动或非日常性发生的一次性或经常举办的特殊活动。第二，节事活动与旅游业的关系密不可分。当前，节事活动和旅游相结合形成的节事旅游已成为一种新型的旅游产品，各国各地都将节事活动作为发展旅游业的重要推手。节事旅游可以成为旅游目的地的重要营销手段，同时也是保护当地传统文化和提高国家、城市形象及知名度的有力手段。因而相较于传统旅游产品，节事旅游具有更强大的社会经济效益和更持久的生命力。

综上所述，本书所说的节事活动，主要是指在短时间内发生的、经过精心策划的、能对公众产生吸引的，一系列的融合旅游、娱乐、休闲、文化等参与性消费形式的各类庆典和活动的总和。因此，大到举世瞩目的奥运会，小到社区的文娱活动，都属于节事活动的范畴。

二、节事活动的分类

节事活动的分类方法很多，这是因为不同规模、不同主题、不同内容的节事活动数不胜数，导致分类标准的多样性。

（一）按影响力划分

1. 超大型节事活动

超大型节事活动指的是那些规模宏大、参与国家和人数众多、媒体传播效果巨大、经济和社会效益明显的节事活动。超大型活动可以影响整个世界，并对参与者和媒体尤其是国际媒体有着巨大的吸引力，最终能引起强烈反响。奥运会、世博会、世界杯无疑是当之无愧的超大型活动。

2. 标志型节事活动

标志型节事活动是一种在一地有规律地反复举办的（通常是每年一次），具有传统性、吸引力、形象声誉佳的，与主办地特质相符并能提高主办地作为旅游目的地的吸引力和综合竞争力的活动，成为该主办地的名片甚至是代名词的活动，如戛纳电影节、达沃斯夏季论坛、博鳌亚洲论坛、青岛啤酒节等。

3. 重要型节事活动

重要型节事活动是能吸引大量观众和媒体，产生重大经济效益的活动。通常包括两类：第一类是那些能够极大引起举办地居民兴趣和参与的，并且能够带来旅游收入的活动。比如，我国的农历新年的庆祝活动。第二类是那些在某一领域具有重要意义的活动，比如，国际气候大会和网球公开赛，尤其是各种重要赛事越来越受到追捧。

4. 一般型节事活动

虽然一般型的节事活动通常是中小规模的活动，但这类型的活动却占了所有节事活动中的大部分。各种规模不大的会议、典礼、庆祝活动、仪式、演出、体育赛事和其他经贸社交活动都属于这一范畴。

（二）按主办方划分

1. 政府型节事活动

由政府为主导组织的节事活动，其中大多为公益性质的，如国庆联欢活动、大型纪念活动等。但另外也有很大一部分是大型商贸、文化类的，如南博会、世博会等。

2. 企业型节事活动

由企业组织的商业类的节事活动，如企业周年庆活动、产品发布会、各种与客户相关的互动活动等。

3. 民间型节事活动

民间社团和协会是活动的举办主体。他们自发地组织各种各样的节事活动，艺术节、摄影节等，政府也多少会给予一定的支持。

（三）按节事活动的主导功能分类

1. 旅游观光型节事活动

这种节事活动是以各种优美的自然风光、人造景观为吸引物而举行的节事活动，一般情况下，节事活动以自然、人文观光为主，同时也有一定的游乐项目。如桂林国际山水旅游节、哈尔滨国际冰雪节、中国长江三峡国际旅游节等。

2. 商业贸易型节事活动

此类节事活动以提供各种地方土特产、商业经贸往来机会为主要卖点，前往的游客同时是商业活动的直接或潜在参与者，节事活动举办的主要目的是以节事为载体，促进区域间的商贸往来。如中国山西面食节、中国宁夏枸杞节、菏泽国际牡丹花会等。

3. 民俗文化型节事活动

这类节事活动是利用具有区域特色的民俗风情举办节事活动，以展示当地民俗文化的精髓并发扬光大，为举办地带来经济、文化收益。这类民俗可以是物质的，也可以是精神的。例如，潍坊国际风筝节、中国吴桥国际杂技艺术节、宁波中国梁祝婚俗节等。

4. 功能综合型节事活动

这类节事在主题和内容上都表现出明显的综合型，节事活动期间既有观光型，又有商业贸易会展，还有民俗文化旅游等。目前，我国大多的节事活动都有综合性发展的趋势。

三、节事活动的综合效应

（一）节事活动的经济效应

节事活动可以短期内吸引大量的游客，产生直接的经济收益，并且带动举办地酒店、交通、餐饮等相关产业的发展。通过举办节事活动，可以对举办地的市政建设、基础设施建设、旅游设施和环境建设起到重要作用。此外，节事活动往往伴随着贸易活动和招商引资活动，节事活动成为商贸活动的平台，促进举办地经济贸易的发展。

（二）节事活动的文化效应

节事活动的举办，有利于促进主办城市的文化传播和地区间的文化交流，增强主办地城市文化的影响力。节事活动的举办，加大了城市基础设施建设、市容环境改造升级，修建一大批新颖的活动场馆，极大地丰富了城市视觉形象，直接促进了城市形象的提升，提高了节事活动举办城市的知名度。

（三）节事活动的旅游效应

通过对本地旅游资源、风俗民情、特殊事件等要素的优化组合，举办丰富多彩的节事活动，一方面可以吸引游客，另一方面可以调整旅游资源结构，为当地旅游业的发展提供新的机会，延长旅游旺季，较好地解决旅游淡季市场需求不足的问题。节事活动包罗万象，涉及服饰、建筑、宗教、礼仪、歌舞、戏曲、饮食等多种内容，可以满足游客多层次的需求。

第二节 节事活动营销的主体和内容

一、节事活动营销的含义

节事活动营销的定义，目前没有统一的解释，不同的专家学者从各自研究的领域对节事营销进行了解释。综合起来，目前对节事活动营销的含义主要有两种见解：

一是指节事活动营销是主办单位通过举办节事活动，吸引客商和大众的关注和参与，提升举办地、旅游景区或企业产品和服务的知名度和美誉度。这个含义把节事活动用作营销企业产品、文化、景区、城市乃至国家的工具，是实现其目标的手段。

二是指节事的举办单位利用其拥有的资源，针对节事的目标受众需求打造，并向其传递符合参与者期望的节事产品和服务，从而实现节事活动目标的过程。在这里，节事活动是被营销的对象，重点考虑的是如何吸引目标受众参与节事活动。

本书的节事活动营销含义是指第二种含义。但不管是哪种含义，都必须首先“营销节事”，使节事活动符合参与者的需求和期望，在公众中具有较高的知名度和美誉度，把节事活动推向市场，把节事本身作为产品销售出去。

节事产品具有无形性和综合性的特点，节事活动在举办期间聚集大量的人流、物流、资金流和信息流，运作流程复杂，涉及的主体众多。节事活动营销是一个综合利用资源的过程，具有主体的综合性、内容的系统性、对象的参与性、手段的综合性等特点。例如，节事活动涉及当地社会经济生活的方方面面，需要政府、众多的企事业单位和当地民众的共同协作，忽视任何一方都将直接影响到节事活动产品的整体功效。

二、节事活动营销的主体

节事活动营销的主体，主要包括节事活动组织者和节事活动顾客。其中，节事活动组织者是整个活动的执行者及事后事务的处理者，其也可能是一个节事活动的发起者，当然也可能不是。节事活动组织者在节事活动中处于主导地位。节事活动顾客主要指直接参与节事活动的组织（参节商）、个人（游客）和为节事活动提供资金或实物赞助的赞助商。

（一）节事活动组织者

节事活动组织者通常包括主办方和承办方，承担着市场营销的职能。从我国节事活动的实际运作来看，节事活动的主办者包括各级政府及相关部门、各类社会团体及部分规模较大的企业等。国内有相当一批节事活动是由政府主导的，此时需要从整体上来考虑经济发展规划、产业政策等方面的问题，即在社会经济发展的基础上全盘考虑节事活动的运作。如果是商会和行业协会组织的节事活动，就会主要考虑行业发展的相关政策和对策。

但无论是哪种类型的节事活动，由于牵涉面广，工作关联度大，涵盖文化、旅游、宣传、交通、卫生、城市管理、安全保障等诸多方面，所以许多工作必须依靠相关政府部门的主导和支持。

（二）节事活动顾客

节事是一种特殊产品，具有多种不同的构成物，也因此具有不同的目标顾客。一般而言，节事营销的目标顾客主要包括五类：参与者、赞助商、公众、媒体和政府，他们有不同的需求，也能提供不同的价值与营销者进行交换。其中，参与者和赞助商是大多数节事的资金来源，也是节事举办者最为重要的目标客户，因此一般节事对目标顾客的狭义定义就是指参与者和赞助商。参与者指直接参与节事活动的参节企业和游客等。根据参节商距离节庆活动举办地的远近，可以将其分为区内参节商、国内参节商、国际参节商。参节商的主要目的是借助节事活动平台，宣传企业或组织品牌，扩大产品销售，发掘潜在客户。同样，游客也可以分为区内游客、国内游客和国际游客，他们参节的目的往往是为了商务交流、休闲娱乐、获得异域风情体验、增长知识等。

三、节事活动营销的内容

和其他行业一样，市场营销理论，特别是服务营销理论都可以用在节事营销中，因此对节事活动进行营销的时候，我们首先要掌握以下几方面的内容。

（一）为什么要营销

即开展节事市场营销的原因是什么？要回答这个问题，就必须明确节事举办的宗旨，节事宗旨一旦被界定，就必须以醒目和吸引人的方式被强调出来，恰当地传递给目标受众。市场营销能够使办展组织者了解受众的需求，并以此为依据设计节事产品，最终满足目标客户的期望。

（二）营销对象是谁

我们在对谁进行节事营销？目标受众由于节事活动的不同而不同。首先，我们要根据活动类型和规模确定目标受众，让营销的范围和可能参与的顾客范围一致。是国际型节事，就应该在世界范围内营销，全国性的就应在本国范围内，地方性的就应该在本地范围内。其次，要根据受众的不同需求分别进行营销，不同的受众对不同的活动内容感兴趣，不同的潜在赞助商有意支持的项目也不同，因此要分别制订计划。最后，我们要依据受众群体对节事活动的了解程度来进行差异化营销。如果是第一次参加，则需要对他们详细地介绍节事活动、特色和基本内容并提供更为细致的服务。对已参加过并熟知活动的观众，则应强调本次节事活动与众不同的地方。

（三）什么时候举行节事活动

对节事活动的举办时间需要进行仔细的分析，因为时间定得是否科学准确，将影响到参加者的数量及节事活动本身的质量。当然，一些宗教性质的节日和传统性的节事，因为其本身的特性则不需要对举办的时间进行分析。

节事的举办时间可以根据节事本身的性质及它的目标市场消费群体的性质不同进行分析。2008 年的北京奥运会，NBC（美国全国广播公司）买下了北美地区的独家电视转播权，之后他们向国际奥委会提出要求，希望将跳水、游泳、田径、体操等项目的决赛改到北京时间上午举行。因为这些项目深受美国观众的喜爱，加上美国队在这些项目上实力较雄厚，因此收视率高居全球榜首。如果按照惯例，这些项目的决赛都是在晚上进行的，那么就是美国的上午，势必大大影响收视率，而北京时间的上午正好是美国晚上的黄金时间。虽然这一提议遭到许多国家的反对，但为了北美地区的广泛市场，国际奥委会最终决定将游泳和体操的大部分项目决赛放到北京时间上午和中午举行。可见，决定节事举行时间一定要充分考虑到主要目标观众的空闲时间。

（四）节事活动在哪里举行

节事举办地点也是节事营销成败的关键因素之一，一个节事活动，大到举办的国家、城市，小到城区、道路，必须根据节事的特点周密考虑，仔细权衡。一般而言，必须考虑会场的独特性、方便性、旅行的可到达性、地方政府支持的可获得性等。地点一旦确定下来，营销者就要挖掘地点的独特优势并很好利用，使地点也可以成为促销利益的要素。例如，在城区，公共交通、泊车的方便性、旅行的方便性和效率就是其利益点；在郊区，则可以宣传其可以观赏城市全景或田园风光；在度假地，湖泊、高尔夫、高档消费、海滩和美味晚餐则会令很多人向往。

（五）营销什么

参与者参与节事活动的目的很多，可能是可以获得学习和培训的机会、可以结交新朋友、建立有利的商业关系或者是可以欣赏到精彩的表演，节事营销应该根据特定的目标和对象来确定内容。针对赞助商，应大力宣传本节事活动能提供给他们的各项优惠或超值政策，让他们感觉到自己的赞助会得到期望的回报；针对节事活动观众，则应强调节事的特色、亮点及极强的参与性，吸引更多的观众参与。每个节事都是独特的，节事的营销者应该做到这点。无论最终确定的内容是什么，每个节事都应该体现出所能带来的新鲜刺激感。对营销者而言，节事的目的应该被描述为参加者可以获得的利益。

（六）怎样营销

节事活动营销的主体、对象和内容等确定以后，就要选择合适的营销策略，决定采取什么样的方式进行营销。

四、节事活动营销的原则

（一）创新原则

与节事策划一样，营销也需要创新。无论是营销方案的创意、营销推广的策略，还是营销的理念，如果因循守旧、毫无新意，是不可能在竞争中占据有利位置的。因此，创新应该贯穿节事营销的所有环节，不仅观念要独到，方法和手段也要独创，这样才能脱颖而出。

（二）重情原则

情感往往在人类日常生活和实践活动中发挥着潜移默化的作用。人的任何一次购买活动都是在一定的情感推动下完成的，购买决定也都是在情感驱使下做出的。因此，节事营销时必须关注受众的情感需求，并通过营销的各种策略，如广告、产品、促销等，与受众进行反复的情感沟通，最终使受众决定参与节事的行为。

（三）人文原则

节事营销要遵循人文原则就是要在整个过程中把握人文精神。营销时应充分考虑营销对象群体的数量、质量水平、年龄结构、家庭婚姻等反映社会情况的人口意识，也不能忽略了人们在特定社会中形成的习惯、风俗、宗教信仰等反映社会思想的文化意识。只有对营销对象有全面了解、分析，才能把文化因素渗透到营销中，才能开展有个性的营销。

（四）灵活原则

灵活就是要在营销时懂得随机应变。节事活动是一个动态变化的复杂过程，营销策划应及时准确掌握变化发展的信息和目标，准确预测节事可能发展的方向和轨迹，并相应地调整营销目标，修正营销方案。而营销的具体实施人员也要在营销过程中依据客观情况的改变和客户反应的变化随时调整自己的策略，但要注意的是营销人员在调整自己策略的同时必须确保其符合最终的营销目标。

（五）系统原则

节事营销具有系统性。在节事营销策划中尤其强调此原则，要把营销策划作为一个整体来考虑，系统综合地分析，选择最佳方案。在营销策划时，不能只注重零星的创意，而要依据有可行性的想法进行配套措施的策划。另外，系统原则也要求节事活动的整体理念被体现在节事营销中，要在营销中兼顾整体活动的全局性和效益性。

（六）可行性原则

可行性原则是节事营销的基本原则，它能衡量节事营销策划方案是否符合切实可行的目标，能否达到预期效果。节事营销策划要遵循可行性原则，要在策划中体现科学性和可操作性；在营销实施中也要体现可行性，实施过程中应合理有效地利用各种资源，包括人力、物力、财力和时间，争取以最小的代价取得预期的效果甚至超过营销目标。

第三节 节事活动营销宣传组合

一、节事活动项目的利益相关者

所谓项目利益相关者，是指能够影响项目，并与项目有特定关联的组织或个人。事实上，在节事活动项目运营过程中，特别是节事活动营销的进行中，利益相关者的意见及影响力是节事活动策划者需要重点考虑的因素之一。

从项目的内外角度来看，利益相关者主要可以分为内部利益相关者和外部利益相关者，内部主要有项目的所有者、股东、管理层及普通员工；外部则包括客户、供应商、分销商、政府部门、媒体及行业协会等。

如果从管理的角度来看，利益相关者可以分成核心和边缘相关者两大类。其中，核心相关者主要包括客户、股东、员工、供应商等；边缘相关者主要包括政府部门、社区、媒体及行业协会等。利益相关者是环环紧扣的统一体，既相对独立又互相关联，在节事活动的策划与运营管理中，必须懂得如何平衡各方利益的技巧。否则，项目将会受到那些被忽略的利益相关者的抵制。

（一）举办机构

举办机构是指负责节事活动策划、组织、运作管理和营销等事宜的有关单位。举办机构可以是企业、行业协会、政府部门和新闻媒体等。根据各单位在举办活动中的不同作用，一个节事活动的举办机构一般有以下几种：主办单位、承办单位、协办单位、支持单位等。在策划举办一个节事活动时，必须确定这些机构是哪些具体单位。

主办单位是指拥有节事活动项目，并对项目承担主要法律责任的组织单位。主办单位在法律上拥有节事活动项目的所有权。在实际操作中，常见的主办单位有三种形式：一是不仅拥有节事项目并对项目承担主要法律责任，并负责项目的实际策划、组织、运作管理、营销的全过程；二是拥有项目的举办权并对项目承担主要法律责任，但不参与项目的实际策划、组织、运作管理；三是名义主办单位，既不参与项目的实际策划、组织、运作管理和营销，也不对项目承担法律责任。究竟需要哪种形式的主办单位，在策划节事活动项目时，可根据实际需要做出安排。常见的主办单位有政府部门、行业协会、专业学会与商会、大型企业等。

承办单位，是指直接负责项目的策划、组织、运作管理和营销，并对项目承担主要财务责任的组织单位。承办单位对举办项目的各个方面都会产生重大影响，是举办机构系统中较为核心的单位。政府部门、行业协会、专业学会与商会、大型企业既可以作为主办单位，也可以作为承办单位，还可以作为主办单位的同时，作为协办单位。在实际操作中，根据各承办单位的优势和劣势及活动的需要，来做出合适的安排。

协办单位，除主办和承办单位外，有的节事活动项目还有协办单位和支持单位。所谓协办单位，是指协助主办或承办单位对节事活动项目进行策划、组织、操作、运作管理和营销，部分地承担节事活动的招商、宣传和推广工作的单位，对节事活动项目一般不承担财务责任。

支持单位是对活动主办或承办单位的节事活动策划、组织、运作管理和营销，或对其招商、宣传和推广等工作起支持作用的组织机构。支持单位基本上不对活动承担任何责任，包括法律责任和财务责任。

主办单位和承办单位对一个活动的运作来说，是最为核心和最重要的组织机构，也是必不可少的。协办单位和支持单位的作用也很重要，往往根据主办单位和承办单位的实际能力和活动的实际需要，来决定是否需要。选择好主办单位、承办单位、协办单位和支持单位及处理好它们之间的关系对活动的成功举办和长远发展有着十分重要的意义。这不仅可以提高活动的档次、规格和权威性，而且可以吸引广大媒体的关注，广泛进行新闻宣传，扩大活动的影响力，有效地形成活动的品牌效应。

（二）主办地

主办地包括当地政府和社区，他们为节事活动提供场地设施和人员。节事活动的举办一方面能促进主办地社区区域形象的提升；促进地方相关产业的发展、加快当地基础设施的建设、增进当地居民的就业。同时，节事活动的举办也往往能使举办地的文化传统和文化特色得以传承和发扬，增进社区的凝聚力。但另外一方面，节事活动的举办也可能给当地带来交通阻塞、设施遭到破坏、噪声、垃圾等环境污染等负面的影响。

（三）赞助商

赞助商为节事活动提供财政和实物方面的支持，但同时也希望通过赞助，借助节事活动的影响力提升公司的知名度或获得市场机会。许多大公司把赞助看成一种博得社会好感的公关手段，把赞助视为营销战略的一部分，尤其是赞助大型活动，被视为提高品牌知名度、推动销售额增长的法宝。有时候赞助商任由节事活动组委会去操办一切，但更多的是赞助商会参与到节事的组织管理中，并具有很大的发言权，比如赞助商希望参与活动计划的制订、为活动提供产品和服务、参与营销管理和公共宣传等。在这种情况下每一个步骤、每一个阶段都需要与赞助商进行频繁的接触和谈判。

赞助商已经成为节事活动的合作伙伴，营销人员要认真调查潜在赞助商的需求，准确地把握赞助商想从活动中得到什么，以及活动可以为他们提供什么。对于赞助商来说，活动的出席人数可能没有媒体有关报道的覆盖面重要，他们寻求的是推动销售额的提高，或者通过举办机构的活动加强与客户的关系；而对于节事活动管理者来说，通过赞助可以减少资金周转的压力，给活动带来额外的收益。

（四）媒体

媒体在节事活动营销传播中起着举足轻重的作用，是节事活动与顾客、观众沟通的有效桥梁之一。有不少媒体凭借自身的影响力作为主办单位举办节事活动，也有不少节事活动为了加强节事活动的宣传而与有影响力的媒体联合举办节事活动。一方面，节事活动可以通过媒体进行新闻宣传或在有关媒体上刊登节事广告。另一方面，媒体通过对节事活动的报道形成新闻热点，则可以增加阅读率和收视率（收听率），从而提升媒体的社会影响。当然，也有举办地的媒体往往受到当地政府的影响或任务分派而对节事活动进行宣传报道。

现在已经有很多传统媒体开始与新媒体在传播方式、制作模式和独特的受众群体上进行深层次的互动。主要特点就是多媒体互动，从网络到纸质传媒，从电视到手机，从演播室到街头活动，新媒体、传统媒体互相推进。节事营销人员要把握媒体的特点，制定好媒体组合策略，让节事活动以最经济的方式达到最佳的效果。

（五）参与者 / 观光者

参与者或观光者是节事活动项目另一个重要利益相关者，他们是节事活动的顾客。节事活动由于其具体的类型不一样，参与活动的角色众多，因而“顾客”的具体表现形式也多种多样，如对展览会而言，其顾客是参展商和专业观众；对一场音乐会而言，其顾客就是“观众”；而对一个民族节庆而言，其顾客则是“游客”；对一场论坛或会议，其顾客是“参会者”。就目前节事活动而言，其活动项目非常丰富，展、演、会、赛等无一不具备，其顾客就包括了上述的各种类型。因而，在这里就用比较笼统的词汇“顾客”来表示这些角色。他们是节事活动服务的对象，他们通过行动来对节事活动表示支持，节事活动则对他们提供娱乐等回报。现在，节事活动越来越重视观众、游客的参与程度，它甚至对节事活动的成功与否起着举足轻重的作用。

（六）合作者

节事活动需要很多的资源投入，需要众多的合作者相互配合才能顺利举办。无论主办单位规模多大，都无法独自完成节事活动的全过程。节事活动的合作者主要是供应商 / 服务商、代理商、相关政府部门等，合作者选择得当，有利于缩短筹备时间、提高运作质量。

服务商，包括餐饮商、酒店、旅行社、物流企业、运输公司、礼仪接待公司、清洁公司、活动现场照明、音响及舞美设计公司、通信商、门票销售商、旅游纪念品销售商等。这些服务商作为节事活动正常运营的重要组成部分，为节事活动的成功举办提供服务，包括现场服务、设施设备服务、后勤服务等。随着节事行业的成长、竞争的加剧、顾客理念的转变及企业自身发展的需要，优质服务在节事活动经营管理中越显重要。

政府有关部门如公安、公交、城管、工商、税务、物价、环保、卫生、电业、技术监督等部门，根据需要召开联席会议，按照统一部署，各负其责，团结协作，制定相关保障措施，做好各项保障工作。公安机关做好主要活动场所的安全保卫工作，维护治安秩序；加强道路巡查，搞好交通疏导，确保各项活动举办期间道路通畅；加强消防等安全检查，采取严密的防范措施，杜绝各类事故发生。公交部门要根据节日期间的大型活动安排，调整路线、增加车辆和适当延长营运时间，方便市民和游客乘车。城管、工商、税务、物价、环保、卫生、电业、技术监督、环卫等部门要认真履行职责和积极支持节事活动，保障各项活动顺利举行和维护良好的节事环境。

二、节事营销观念

除了树立以顾客需求为中心的市场营销观念外，节事活动的组织者还要根据不同的节事活动及其特点，树立下面的节事营销观念。

（一）生态营销观念

节事活动营销要以顾客需求为中心，按顾客的需求设计节事活动，然而只考虑市场需求是不全面的，同时应当考虑到本地节事资源的优势和本地的经济、交通、住宿、场馆等方面的能力。

生态营销观念，是强调市场需求与满足需求的资源相一致的哲学思想。其借鉴了生态学中“适者生存”的原理，自然界中的各种生物如果能根据自身的生存能力，各取所需地寻找到所适应的生存环境和生存方式，就能生存下来，并得到持续发展；而那些无法寻找到所适宜的生存环境和生存方式，又不能调整自己的生存能力的生物，则最终会被淘汰。

生态营销观念告诉我们，节事举办者的任务就是要合理地组织本地的资源去满足相适应的市场需求。这里的“相适应”包含两方面的意思，一是有能力去满足相应的市场需求；二是在这一市场中占据竞争优势。

（二）社会营销观念

所谓社会营销观念，就是在节事活动举办中必须承担起相应的社会责任，保证节事举办者、节事利益相关者和社会利益的一致性。

节事作为一种大型的活动项目，没有任何一个单位能够以其自身资源独自完成，需要多方的合作才有可能。因而，举办者不仅要有“合作营销”的意识，更要有“多方共赢”的理念，不能只考虑举办者自身的利益，更重要的是考虑利益相关者的利益，特别是消费者的长远利益。

一方面，节事活动的影响力一般都比较大，如果在举办节事活动中不顾社会利益，造成社会利益的损害，就必然会受到社会公众和舆论的压力而影响节事的进一步发展。另一方面，近年来社会对于环境保护、健康消费、财政滥用的重视，也使得政府的政策对于有损社会利益的约束越来越严厉，从而迫使节事举办者不得不通过树立良好的社会形象，主动协调各方面的关系来改善自己的环境。

（三）绿色营销观念

绿色观念在现代社会中已深入人心，极大地影响着人们的生产、生活和消费。同样在节事活动举办的过程中举办者也需要树立绿色营销观念，按照可持续发展的要求，注重地球生态保护，促进生态、经济和社会的协调发展。

节事活动的举办，在为举办单位和节事利益相关者带来收益的同时，往往也会带来一系列不良的影响和对自然环境产生压力，如大量游客涌入造成的拥挤、交通堵塞、噪声、垃圾及社会设施紧缺或损坏的局面，同时在节事举办过程中造成资源浪费，经济效益和社会效益低下等。这都要求在进行节事活动策划和营销时，关注节事活动的开展给目的地带来的各种积极和消极影响，权衡利弊，适当设法避免这些问题的产生，让节事活动与环境相协调而取得可持续发展。

（四）体验营销观念

体验营销，是企业以商品为载体，以服务为舞台，以满足消费者的体验需求为目的而开展的一系列营销活动。体验营销自始至终都把为顾客营造难忘的、值得回忆的体验作为其工作重点，通过满足消费者的体验需求来实现其利润目标，节事活动参与性强的特点决定了体验营销观念在节事旅游营销中的适用性。

（五）整合营销观念

20 世纪 90 年代后半期，“整合营销”开始成为一种新的营销观念。节事活动要成功举办就必须调动其所有的资源，并有效地协调各利益相关者的努力来提高对顾客的服务水平和满意程度。当满足顾客的需要成为共识的时候，各利益相关者内部资源的协调配置就成为提高节事活动效益的重要问题。各利益相关者、各部门必须确立为顾客利益考虑的思想观念，同时围绕节事活动的营销目标加强彼此的协调，实现各项营销活动的综合效果的最大化。

作为节事营销者，其任务就是设计营销活动和全面整合营销计划，以便为消费者创造、传播和交付价值，使整体总是大于部分之和。比如，要对节事传播活动进行整合，就意味着所选择的各种传播方式都需要相互强化、相互补充。营销者可以有选择地使用电视、广播、印刷广告、公共关系和事件营销、公共关系和网络传播等方式，但每一种传播方式都是既可以发挥自己的优势，又可以对其他传播方式的效果产生提升作用。而且，对于每一种传播方式而言，还必须要在每个顾客接触点上都传递一致的节事活动信息。

（六）关系营销观念

关系市场营销观念是较之交易市场营销观念而形成的，是市场竞争激化的结果。关系营销观念强调节事活动营销活动不仅是为了实现与顾客之间的某种交易，而且是为了建立起对双方都有利的长期稳定的关系，把竞争制胜的焦点着眼于忠诚顾客的培养和关系资产的积累。

在节事活动关系营销中，主要包括四个利益相关者，分别是顾客、股东、员工、营销合作伙伴（服务商、分销商、经销商和代理商）。此外，节事活动作为一种特殊的产品，政府部门、社区、媒体及行业协会等的支持与配合也非常重要。

营销者应该尊重利益相关者的需求，使各个利益相关者可以各取所需，并制定出可以平衡关键利益相关者收益的政策和战略。为了与这些利益相关者形成密切的关系，有必要了解他们的能力、资源、需要、目标等。关系营销的最终结果，就是要建立起独特的资产——营销网络。一般而言，营销网络包括节事及为其提供支持的利益相关者——顾客、雇员、供应商、分销商、经销商、代理商和研究人员等。作为节事举办者，要跟这些利益相关者建立起互惠互利的商业关系。在营销网络中，其运行规则非常简单，即与关键的利益相关者建立起高效的关系网络，利润会随之而来，遵循这一规则，节事活动可望拥有品牌资产和关系资产。随着分工越来越专业化，节事举办者可以把一些业务外包给那些更高效、更廉价地从事外包业务的节事活动服务商，而自己则专注于核心业务。

（七）人文营销观念

文化是节事的灵魂，成功的节事活动文化渗透于其始终。历经百年甚至千年的节事活动能够传承到今天，并不是由于它能带来多少经济价值而是它浓浓的人文气息。在经济利益至上的今天，要想让节事活动能够成为名牌节事并永久举办下去，节事活动深厚的文化底蕴变得不可或缺。

人文营销观念是强调在节事营销中要认真把握社会人文精神，并把它贯穿到营销的每一个环节中去。人文精神包括人口及文化的意识：人口意识是指人口的数量和质量水平、年龄结构、家庭婚姻等表现出的社会思想；文化意识包括人们在特定社会中形成的特定习惯、观念、风俗及宗教信仰等表现出的社会思想。把文化因素渗透到节事活动的各个方面，才能迅速赢得市场，建立节事的地方特色和民族特色，促进节事品牌的形成。

三、节事活动的市场营销组合

节事营销包含了 5 个主要因素，即定位（Positioning）、产品（Product）、价格（Price）、分销（Place）和促销（Promotion），简称 5P。节事营销就是要通过分析、研究、设计和实施 5P 组合，最终通过把节事提供给目标受众来交换主办方所期望的目标。因此，5P 是思考节事营销的出发点。

（一）定位

任何一个节事活动都难以满足所有客户和消费者的多样化需求，所以节事主办方要对市场进行细分，然后在这个基础上，依据自身的活动特点和拥有的资源条件和资金，选择一个或多个目标市场。而在这个过程当中，把握自身节事类型，认识到自身处于市场中的何等位置、节事的优劣势，以及面临哪些机遇与挑战等问题是十分重要的，而对这些问题的分析和解决就是节事定位。

市场细分（Segment）、选择目标市场（Target）、进行市场定位（Positioning），并在此基础上制定和实施相应的营销战略，这一系列组合在营销学中就称之为 STP 理论。

（二）产品

在完整的产品概念中，节事活动产品指的是能被主办者用来在节事市场上销售的物质产品和无形服务的总和。节事产品以具体的节事项目为主体，与其他相关行业和机构合作，目的是为了满足参节者和观众伴随着节事所产生的各种相关需求。节事作为一个特殊的产品组合，是由多个项目共同构成的，常见的项目形式有节、会、展、演、赛，它们既是节事整体的一部分，又是相对独立的活动。依据这些项目的重要程度，节事活动产品可以分为以下三个层次。

1. 主体产品

即与节事活动名称直接相关的主题活动，是具有最基本使用价值的产品，也是客户购买的核心功能。例如，戛纳电影节的颁奖典礼、获奖影片展播活动；慕尼黑啤酒节的啤酒狂欢畅饮活动；奥运会的开幕式、赛事过程和闭幕式等都是主体产品。在节事产业不断发展的今天，主体活动也有了很大的发展。节事主体产品的发展日趋具有多样性、创新性、趣味性和知识性的特点，同时各主办方也都十分重视因地制宜，在主体产品的设计上充分发挥当地资源优势、产业优势，并应用了很多当代最新的理念和科技辅助手段。

2. 支撑产品

即那些依托主题而衍生的经贸文化活动。“节事搭台、经贸唱戏”的理念源于 20 世纪 80 年代，但直至今天仍被广泛应用于节事活动。对于主办地而言，主体产品成形之后，节事期间开展的商贸洽谈、客户邀约和项目签约等环节的准备也相当重要，因为这类支撑产品能大量创收。例如，青岛啤酒节期间的经贸洽谈、科技研讨活动；北京国际旅游节的旅游商品展销会、旅游投资洽谈会；杭州国际动漫节的动漫产业高峰论坛、动漫产品商贸活动等都是支撑产品。现代节事活动往往融投资贸易、经贸洽谈、高峰论坛、文化交流、咨询推介五位为一体，可见对支撑产品的重视。

3. 辅助产品

即主办方与其他行业合作，为了满足人们参节期间对于餐饮、住宿、购物、旅游等需求而提供的相应服务，这也是构成节事产品必不可少的要素。例如，青岛啤酒节与当地各旅行社、酒店、景区签订合作协议，联手为参加啤酒节的观众提供更完善的服务，如旅游接待、景区票价优惠、啤酒节与景点直通车、指定酒店服务、场内平价餐饮服务等。同时，啤酒节期间的新闻发布会、网上宣传活动、市容整治、交通管理、财务工作、志愿者服务等都属于辅助产品。优质的辅助产品对于提高节事质量和吸引观众参与有着极大的帮助。节事产品各不相同，但它们的设计都普遍遵循以下五个原则：

（1）主题鲜明。主题是节事的核心，只有鲜明的主题才能体现节事的理念，也才能形成竞争优势和长久的生命力。

（2）特点突出。独特性是节事的灵魂，只有充分挖掘、开发主办地的文化内涵和优势资源，并进行合理包装，才能突出节事独特的个性。

（3）广泛参与。任何节事活动的成功都离不开受众的广泛参与，只有事先经过市场调研和分析，找准受众需求，才能设计出具有广泛群众基础并能激发人们参与热情的节事产品。

（4）市场运作。节事产品设计倚赖专业知识和经验，因此只有通过市场化去选择设计团队，并且一切按市场化原则去操作，才能设计出符合市场需求和产生高效益的产品。

（5）国际化。节事活动的国际性既是办节档次的提升，也是寻求最大效益的途径。当前，国际化办节已是主流趋势。

（三）价格

节事活动的定价环节相当重要，主办者通常会在全面考虑到办节成本、目标利润及竞争者的定价后，制定出合适的价格组合以租赁节事的摊位、展位和门票，目的是为了获得最大的效益。常用的定价策略包括以下几种。

1. 区别定价

主要有时间区别定价和地域区别定价。时间区别定价，主要是对节事前段和后段的价格调节。节事前段市场需求旺盛，所以票价相应提升；而接近尾声时，市场需求较淡，所以票价相应下调。地域区别定价，主要是依据不同的细分市场及当地的收入水平确定不同的价格，这种做法可以避免因统一定价而对某些细分市场的营销产生负面影响。

2. 合作定价

主办者通过与其他相关部门与行业的合作，如酒店、旅行社等，来制定价格。观众通过主办方合作机构购票，可以获得一定的优惠。对于主办方而言，这种做法拓宽了售票渠道；而对于这些合作企业而言，他们可以利用优惠的价格来吸引客户，最终为节事拉来更多参与者。

3. 捆绑定价

将热门和冷门活动的展位、门票等捆绑销售，这样的做法是借优势来吸引参展者，但也容易让参与者产生厌恶心理或是觉得某个活动只是附属项目，从而淡化其体验价值。

4. 灵活定价

主要包括买一送一、定时门票（指定的那天可以任意看所有场次）、特惠门票、团体票、家庭票和公益门票等。

（四）分销

1. 对节事举办地的选择

举办地在很大程度上是节事个性、水平、历史和文化内涵的体现。节事活动的举办地往往是固定的。有些地点因为提供了节事举办的资源，是节事的缘由，而最终成为主办地，如曲阜祭孔大典；有些地点因为具有特殊的象征意义，是高水平节事的象征，如香港的红磡体育馆和北京的鸟巢，通常顶级的巨星会选择在那里开演唱会；而有些地点因为约定俗成而固定，如天安门广场的国庆阅兵典礼。总之，在不同的地点办节事，营销的重点也不同。

2. 对消费者可买到票的场所的设置

为了增加节事参与者的数量，主办方往往采用授权票务代理商、旅行社和批发商的方法来拓宽销售渠道。在选择销售渠道时应综合考虑活动的类型、购票设施的地点、目标受众的消费承受力及他们是否愿意支付额外的购票服务费、合理的附加费用是多少。

（五）促销

促销是指节事组织者通过各种手段向参节商和观众传递产品信息，从而达到宣传、影响、吸引客户的目的，激发他们的购买欲望和购买行为。常用的促销手段有四种：广告、人员推广、优惠推销和公共关系。

1. 广告

节事活动的广告宣传是一种与大众的沟通，它的目的是通过向公众传递节事有关的特点、个性、品牌形象、内容信息等，使人们在决定参节前就对其产生一种强烈的心理倾向性，如产生正面的情感反应、对节事有所认知、形成购买意向等。广告策略主要包括以下几个步骤。

第一步：明确诉求对象。通过调研、分析，找出节事活动的潜在受众，包括参节商、赞助商和目标观众。

第二步：确定广告目标。依据先前制定的节事营销的整体目标、战略、客户分析等决策确定广告目标。常见的目标有告知、说服和提示。

第三步：制定广告预算。整体营销费用受到预算限制，广告费用也一样。应严格控制广告成本，避免入不敷出。

第四步：选择广告代理商。尽量选择业内口碑好、对节事相关产业熟悉的、专业的、熟悉的代理商，以确保制作效果。

第五步：制作广告信息。广告信息是广告有效性的决定因素，通常广告的制作包括六个环节：①确定主题理念；②明确要表达的基本内容（故事情节、模特形象或符号形式等）；③选择内容的表达方式（开门见山、以情动人等）；④具体营造实体化的意境画面；⑤对广告效果进行市场测试（包括销售效果、心理效果和社会效果）；⑥依据测试结果进行修正与调整。

第六步：选择广告媒体。这一环节包括设定预期广告频率，预测广告影响，选择主要媒体类型，选择具体传播媒介、决定传播时间和频率等。值得注意的是，不同的媒体接触的客户群体和频率不同，主要是电视、报纸、互联网、户外广告，各有优劣。在选择媒体时，要充分考虑其发行量、目标受众等因素。为了增加影响力，保持与目标客户有足够的接触频率，节事主办者往往会选择使用媒体组合。

第七步：进行广告测试。如果选择了不适合的媒体，既浪费了广告费用，又达不到预期效果，会错过宣传的时机。因此，广告决策必须谨慎，节事营销者通常首先会在计划投入的媒体上发布短期广告，然后进行抽样调查，测试目标受众能否接收到广告信息、接收的信息是否正确，最后依据调查结果修改广告策略或者正式发布。

除此之外，广告还可以被用在节事时提供的纪念品上，如杯子、笔记本、日历、笔等；也可以发放带有生产商标识、口号的 T 恤和帽子；还可以在发放的资料袋上印上节事的名称、标志、吉祥物及赞助商的广告等。节事场地内的各种指示标牌可以印上赞助商的名字或企业标识，钥匙圈、徽章等小物和特别制作的糖果等都可以作为特殊的广告工具。

2. 人员推广

人员推广是指营销人员直接与目标客户面对面来进行推介的促销方式。它是一种很好的双向沟通与互动，推广人员能及时将节事信息、服务、价格等传递给客户，而客户也能提出意见、要求等反馈信息。因此相较于广告，人员推广更能够培育客户对节事的偏好、信任，直至最终促成购买行为。人员推广效果虽好，但需要投入大量人力、物力和财力，尤其是对营销人员的业务水平和人际交往技能要求很高。不过，它还是被当前的节事营销普遍使用着。人员推广策略实施的步骤如下。

第一步：确定推广目标。推广目标分为短期和长期，因此它不仅包括最终目标，即与客户完成交易，也包括了各种过程目标，如发掘、了解客户，与潜在客户建立起联系等。

第二步：制订推广方案。这种方案不是单一的，应事先针对不同类型的客户制订不同的方案。

第三步：筹建推广团队。要精心选拔推广团队，并对其进行系统培训，除了强调推广人员对节事相关内容的熟悉，还应强调社交礼仪方面的技巧。

第四步：制作推广工具。要给推广人员配备一系列的工具，如宣传册、广告片、历年资料、商业计划书等，从而加强推广的效果。

第五步：选择目标客户。推广人员应通过各种渠道寻找到潜在客户，并获得客户的名称、地址、电话、产品等信息。

第六步：上门或电话推广。在推广过程中要灵活应变，及时根据客户的反应调整策略。同时，应充分向客户展示节事相关信息，并提供宣传册、计划书等辅助资料。做好访问记录也是十分有必要的。

第七步：强调节事卖点。初次访问通常很难说服客户，因此在后面的重复访问中要向客户强调节事的鲜明主题、独特个性和活动亮点等，从而加深他们的信心，最终促成购买行为。

3. 优惠推销

即通过短期性的优惠手段迅速刺激需求，鼓励购买的各种促销形式。针对不同的目标客户，使用的优惠措施也通常不同（见表 9–1）。

表 9–1　不同目标客户的优惠推销措施

目标客户	优惠推销的措施
观众	优惠券、赠品、折扣、有奖销售
参节商	老客户优惠、数量折扣、地区差价
合作方	交易折扣、返现、销售竞赛奖
营销人员	奖金、推销竞赛奖、晋升机会、培训机会、增加度假

优惠推销的实施策略也需要精心制定，具体包括以下步骤。

第一步：确定推销目标。要依据不同的客户制定不同的策略，给予的优惠形式也各不相同。

第二步：选择推销手段。推销手段繁多，要根据市场类型、促销目标、成本效益、竞争者策略等综合选择单一的或组合的手段。

第三步：制定推销预算。同其他任何营销的组成环节一样，推销的花费也必须严格控制。

第四步：形成推销方案。在不同的细分市场采用的促销方案通常不一样，因此要统筹安排，形成完整的推销方案。

第五步：落实推销措施。推销人员依据方案对推销加以实施，在这一环节，也要注意随机应变。

此外，在推销方案的制订环节还要合理地确定推销的持续时间、促销品的发放途径及推销的时机。

4. 公共关系

即用来推广或保护节事形象、品牌及确保节事顺利进行的宣传手段。与广告、人员推广和优惠推销不同，公关面向的是公众而不仅仅是目标客户。其核心在于通过精心策划的公关活动与不同的公众之间建立起良好的关系，从而及时准确地掌握公众意见和社会舆论，以此为基础对节事活动加以改进。针对不同的对象，节事活动的公关策略也不同（见表 9–2）。

表 9–2　节事活动中不同对象的公关策略

公关对象	公关策略
公众	及时发布必要信息，加强公众对节事的认识，树立节事形象； 掌握公众对节事的态度、观点，并做出正面引导
新闻媒体	提供给媒体有价值的信息，加大曝光率； 确保媒体用正面的报道宣传节事
政府机构	熟悉政府的发展规划、法令等，对其介绍节事情况； 建立关系，获取理解与支持
当地社区	强调节事带给个人的利益； 宣传节事对社区发展的推动作用
赞助商	建立良好关系，强调节事带给其的效益； 在公关活动中给予其回报
危机事件	及时向外界发布讯息，纠正错误舆论； 及时处理危机并表明态度，将突发事件的负面影响降到最低

节事公共关系策略的形成也要经过精心的设计，具体包括以下步骤。

第一步：建立公关目标。明确主要和次要的目标，如提高知名度、替代广告，以降低宣传费用或危机公关，并进行不同的策略选择。

第二步：选择公关信息和载体。公关信息是一种“被制造的新闻”，因此可以寻求专业机构的帮助，根据目标创造出公关信息。常见的载体有学术研讨会、新闻发布会、演讲、拍卖、慈善义演和义卖、竞赛、展览、周年庆等。同时，要重视对软媒体（新闻稿）传播方式的利用。

第三步：制订公关方案。多用组合的形式。

第四步：落实公关活动。公关活动应贯穿于活动前、中、后各时期，并与其他促销策略完美结合。

【复习和思考】

1. 简述节事活动的分类和综合效应。
2. 如何理解“5W1H”的节事活动营销内容?
3. 简述节事活动的利益相关者分别是什么?
4. 如何树立正确的节事营销观念?
5. 如何运用5P来阐述节事活动的营销组合内涵?

【案例分析】

2016年澜沧江·湄公河流域国家文化艺术节[①]

澜沧江·湄公河流域国家文化艺术节，是由中国云南省西双版纳傣族自治州和泰国于1992年开始轮流主办的澜沧江·湄公河流域六国边境地区文化艺术节演化而来的，至今已有20多年的历史基础和民间影响。2011年，澜沧江·湄公河流域六国边境地区文化艺术节被提升为省级文化艺术节，正式更名为“澜沧江·湄公河流域国家文化艺术节”，举办地点固定在中国云南省西双版纳傣族自治州景洪市，每年由云南省委宣传部与西双版纳州委、州人民政府共同主办，中共西双版纳州委宣传部、云南省歌舞剧院、云南广播电视台、西双版纳州文体广电局承办。

澜沧江·湄公河流域国家文化艺术节每年都推陈出新，文化内涵逐年提升。以2016年为例，包含三台晚会、一条大河西双版纳国际影像展、众创艺术街区、澜·湄国际电影周和西双版纳“陶艺之光”国际陶艺汇等内容。

（一）三台晚会精彩纷呈

1. 开幕式晚会——“相约2016”

以澜沧江·湄公河流域文化为主线，以民族文化为展现内容，以极具民族特色的艺术形式为素材，中、老、缅、越、柬、泰六国艺术家同台演出，将区域文化、民族文化、传统与时尚文化进行完美融合，展现出澜沧江·湄公河流域各国、各族人民幸福安康、共同繁荣、共同发展、共创和平友好环境的风貌。

2. 民族音乐会

以传统和时尚结合为切入点，中国知名青年音乐人纷纷登台献唱，来自泰国、老挝、越南、柬埔寨和缅甸的青年音乐人演唱各国的流行歌曲，将新潮、创意、活力、奋进的正能量贯穿音乐会始终，为观众呈现精彩纷呈的视听盛宴。

3. 闭幕式晚会——“水韵娑罗”民族服装秀

从澜沧江的源头中国青海到流经的缅甸、老挝、泰国、柬埔寨和越南，各个国家和民族的时装文化都在舞台上一一呈现，体现了澜沧江流域文化的完美融合。

---

① 根据“澜沧江·湄公河流域国家文化艺术节”影展艺术总监、西双版纳州文产办副主任许云华先生提供的材料整理而成。

（二）“一条大河”西双版纳国际影像展丰富精彩

“西双版纳国际影像展”是澜沧江·湄公河流域国家文化艺术节的重要组成部分，已连续举办五届。影像展以“一条大河”作为总主题，以“水”破题，以文化的策略、人的关注为思路，总主题之下有一个年度主题组织作品向公众展览，同时组织一个主题学术研讨会。目前，“西双版纳国际影像展”已在行业内确立了广泛的影响力，其“一条大河”的主题形象已经深入人心，每一年的年度展览主题成为区域内多国摄影家热议的话题，逐渐形成清晰的艺术主张体系，进而可以指导区域内各民族摄影家们的创作，甚至是区域内的艺术欣赏潮流走向。影像展以艺术的方式传播艺术的力量，更好地配合实现澜沧江·湄公河流域国家文化艺术节的办节宗旨、目的和意义。

（三）首届澜·湄国际电影周开创先河

澜·湄国际电影周通过举办澜·湄国际电影版权交易、澜·湄国际电影展映和澜·湄影视媒体协同发展论坛，搭建对外人文交流平台。邀请湄公河流域各个国家影视传媒机构负责人和中国电影业管理机构领导及业内专家、学者、演职人员等参加相关活动，共商澜沧江·湄公河流域国家电影发展思路，为西双版纳影视文化走出去，参与国际文化贸易开创先河。

（四）众创艺术街区标新创意

众创艺术街区邀请澜沧江·湄公河流域国家具有一定创意生产制作能力的商家、大学生、游客、艺术家参与到创意商品和传统民间工艺品的展示、交流和销售中，同时举办文化创意产品大赛、创客现场评选等互动活动，充分发挥西双版纳自身地理、区位、交通、旅游、战略地位等优势，同老挝、泰国、越南、缅甸等东南亚国家形成“文化+创意+旅游+商贸”的良好互动。

（五）“陶艺之光”国际陶艺汇助推傣陶产业发展

西双版纳“陶艺之光”国际陶艺汇设置了陶艺大师作品展、陶艺学术讲座、傣陶手工艺体验交流活动、陶艺乐烧创作展示等内容，分设五个展区。邀请加拿大、泰国、中国台湾等国家和地区及省内外陶艺大师莅临传教，西双版纳州内的制陶企业积极参与，让最传统的傣陶制作技艺完整地呈现在各国艺术家面前，逐步把西双版纳傣陶推向世界陶艺舞台，为西双版纳傣陶产业的跨越发展奠定了坚实的基础。

（六）澜沧江·湄公河区域发展论坛共谋献策

邀请澜沧江·湄公河流域国家金融、科技、文化、商业、环保等领域的专家学者，围绕加强和促进地区间经济和文化交流与合作等问题展开广泛深入的研讨，各国专家学者畅所欲言、各抒己见，努力为澜沧江·湄公河区域发展提供智力支持和理论支撑。

（七）“寻访茶马古道”茶文化主题创意活动独显魅力

通过马帮人物角色扮演、西双版纳原住民品饮茶俗、茶艺茶道表演、庄园寻宝、人物彩绘等方式，体现了普洱茶原产地文化、勐海大益庄园普洱茶文化创意基地的独特魅力。

（八）“探奇孔雀森林”雨林文化主题创意内涵深刻

以“体验热带雨林文化、怀抱绿色健康生活”为主题，开设各种主题创意活动，展示澜沧江·湄公河流域各民族的生活习惯及民俗风情，解读和传播热带雨林的生态价值。

（九）艺术商品交易会展品

组织澜沧江·湄公河流域国家有影响力的文化艺术企业商家，展销各国珠宝、瓷器、布艺、木雕、银器等文化艺术产品和云南特色文化艺术产品。每年约有300家企业参加展览。

澜沧江·湄公河流域国家文化艺术节面向的国家以澜沧江·湄公河流经的中国、老挝、缅甸、泰国、柬埔寨、越南为主，兼顾马来西亚、新加坡、印度、印度尼西亚等南亚东南亚国家，以及东亚、中东、欧美等地区的国家。年平均受众数量为120万人次，占西双版纳州人口比例103%（截至2016年年底，西双版纳傣族自治州常住人口为117.2万人）。中央电视台、中央人民广播电台、中国国际广播电台、新华社、人民日报和中国民族报等各大主流媒体进行了报道；云南外宣期刊《占芭》《吉祥》《湄公河》《高棉》杂志分别用老挝文、缅甸文、泰文、柬埔寨文进行刊文报道，新媒体（微信、微博、网站）在节日期间搜索近100万条。澜沧江·湄公河流域国家文化艺术节影响力逐步扩大。

讨论题：

为了提高澜沧江·湄公河流域国家文化艺术节的影响力，请用所学知识，制订一份该艺术节的营销执行方案。

第十章

会展城市营销

【学习目标】

1. 了解会展与城市的关系；
2. 掌握会展城市选择的影响因素及会展城市的定位；
3. 结合会展城市营销案例，理解会展城市营销的过程。

【导入案例】

G20，给杭州带来了什么①

G20峰会即将到来时，杭州正紧锣密鼓地筹备着这一国际盛事，这个独具韵味的千年古都正发生着巨大变化。

1. 峰会整治工程提升市民幸福感

距离西湖300米的思鑫坊，是杭州有名的民国风格石库门建筑群。百年思鑫坊，半部民国史。曾经的这里，是卧虎藏龙之地，今夕却风光不再，多数房屋破旧失修，街区环境拥挤无序。有关部门决定对其进行相关修理整治。思鑫坊的整治提升工程从2015年11月开始，由街道牵头公安、行政执法、交警、环卫、工商等部门，取缔无证餐饮、拆除思鑫坊违建57处，拆除破损雨棚及烟囱等共计132处。思鑫坊的改造提升是杭州G20峰会环境整治工程的一个缩影。为了保障和服务G20峰会，杭州市重点实施了市政交通、城市道路、城市门户、环境秩序等6大类605个环境整治提升项目，目前已完工323个。借着筹备G20峰会的契机，杭州市坚持在项目推进中将环境整治和民生改善相

① 资料来源：凤凰网，http：//finance.ifeng.com/a/20160824/14793591_0.shtml.

结合，进一步增强了老百姓的获得感和幸福感。

2. 让杭州向建设世界名城迈进

杭州G20峰会的Logo简洁清雅，一眼望去，淡绿色的桥型轮廓，让人不禁联想到西子湖畔苏堤春晓、断桥残雪的美景。在这里举办G20峰会，无疑为这个充满江南韵律的中国现代大都市，打开了通往世界舞台的一扇窗。利用这个机遇，杭州正朝着建设世界名城迈进。按照规划，杭州将培育一批国际知名创新型领军企业、打造产业高地，成为"互联网+"国际引领城市；挖掘传统文化精髓，发挥西湖和大运河"双世遗"带动效应，成为东方文化国际交流重要城市；建设国际性区域交通枢纽，杭州空港国际及地区通航点达到40个左右，打造亚太地区重要的国际门户……随着一项项规划实施完成，杭州的"国际范儿"也将逐步练成。

3. 杭州人人都是G20东道主

在杭州的街头巷尾，随处可见许多身着红马甲、头戴红帽子、臂配红袖章的平安巡防志愿者。他们承担着平安巡防、人民调解、文明引导等一系列工作。在思鑫坊街道的活动中心，为了在G20期间能为外国游客进行简单的引导，志愿者会教授想要进行引导工作的老人一些简单的英语会话。G20点燃了杭州市民极大的热情，投入到峰会的服务和保障工作中去，在杭州，人人都是东道主，人人都在做贡献。

思考：

杭州为G20提供了什么支持？G20峰会又给杭州带来了哪些改变？

第一节　会展与城市的关系

一、会展与城市的相互关系

会展业是现代服务业的重要组成部分，随着我国城市经济结构的不断演进和升级优化，会展业已成为衡量一个城市开放度、城市活力和发展潜力的重要标志之一。会展业与城市发展是一种相辅相成的关系，会展业需要城市提供产业和服务的支撑，同时，城市又从会展业的发展中得到极大的利益。没有城市，会展业无以立足，没有会展，现代城市的生活也会失去许多色彩，会展业在城市发展中也起着不可忽视的作用。会展与城市是紧密相连的，是不可分割的一个整体。

（一）会展业注定依存城市

城市是会展经济发展的基础平台，会展业对城市的高度依存关系主要体现在区位与自然生态条件等方面。

1. 优越的地理位置是会展选择举办城市的重要因素

区位条件指的是定向位置、资源状况、地域条件是否满足会展活动的需要。区位条件是影响会展活动的重要因素之一，它一般被称为会展的"硬件"。在已有的会展城市中，绝大多数城市或地处港口，或濒临江海，或为交通枢纽，地理位置优越，在所在国家或地区处于中心地位。

2. 优美的生态环境是会展选择举办城市的优先因素

会展的生存发展与所在城市的自然生态条件是密不可分的。一般会展城市都拥有良好的自然环境和文化环境，或风景秀丽、气候宜人，或文化底蕴丰厚、人文气息浓郁，具有较强的可观赏性。这些会展城市在成为会展中心城市的同时，也是著名的旅游城市，像北京、上海和香港都具有会展中心和旅游城市的双重功能。

（二）城市利用会展带动发展

1. 会展业能提升城市的知名度与美誉度

一个成功的会展活动可以迅速提高城市的知名度，会展活动是最有意义的城市广告，它能够向世界各地的与会人员宣传一个城市的经济发展实力和科学技术发展水平，向人们展示城市的精神风貌，扩大城市影响，提高城市在国际上的知名度和美誉度。同时，城市知名度和美誉度的提高反过来又会吸引投资、促进旅游发展，从而推动城市经济的发展。

2. 会展业能为城市带来一定的经济创收

会展业不但能提高城市的知名度和美誉度，为城市带来一定的社会效益，还能为城市带来较好的经济效益。会展业具有较高的利润，本身就能产生很好的经济效益，它不仅能给城市带来场租费、搭建费、广告费、运输费等直接的经济收入，还给酒店、旅游、金融、交通运输诸多行业带来巨大的商机。从而带动人们在交通、餐饮、住宿、购物、旅游为一体的第三产业上的消费。

3. 提高城市竞争力

对举办城市而言，大型国际会展、展览活动的举办能够迅速提升城市经济实力，增强经贸合作与交流，促进城市经济、科技、文化的发展，改善城市形象、提高城市知名度，拉动城市建设，改善投资环境，推动城市经济发展与国际接轨，进而带动城市经济的协调发展，提高中心城市的国际地位和会展举办中心城市的综合竞争力。昆明世博会的成功举办，让世界了解了云南，也让云南了解了世界，世博会提升了云南的知名度和美誉度，加快了云南对外开放的进程。

4. 会展业促进城市基础设施建设

各种各样的展览会及博览会为我们的生活带来了许多乐趣，会展已经与城市居民的生活联系在了一起，为拉动城市建设，促进城市功能的充分发挥起到了极其重要的作用。会展业的发展依托于城市的硬件建设，这就要求展会举办地配备较为全面配套的商业、餐饮、旅游、娱乐、道路交通等设施，为城市的道路交通、会展场馆和城市市容市貌等的建设起到很好的促进作用，进而带动城市基础设施的建设。

5. 会展业促进城市经济贸易合作

会展经济可以促进城市经济贸易合作。会展孕育着无限商机，它为企业开展营销活动提供了很好的平台，通过这个平台，参展商和观众可以充分地了解双方的供需信息，在一些交易会、展览会和洽谈会上很多供需双方会签署大额的购销合同、投资、转让和合资意向书，从而在短时间促成买卖双方的交易。

第二节　会展城市营销的市场定位与内容

一、会展城市的选择

会展城市的选择主要考虑如下因素。

（一）城市综合实力

（1）城市的交通状况、城市容量和城市完善的产业结构与办会水平有直接的关系，因为这些因素决定着该城市的质量。譬如，是否有较多的航线和航班。因为国外的与会者绝大多数是乘坐飞机进出国境的，如航线多、航班密，旅客的选择余地就大，受滞阻的危险就小。同国外的电话、传真联系是否畅通，以便在会展期间与派出国保持正常联系，也是策划者应该关心的。还值得一提的是会展举办的成本，同一场会展在不同的城市所需的成本是不一样的。整体来说，要符合城市本身具有的综合水平和特点。

会展举办地需要有方便的空中、铁路、公路交通，参会代表可以便捷地到达会展举办城市。交通费用的支出是参会成本主要的组成部分。北京、上海、广州这些国内的交通枢纽城市能够成为我国主要的会展目的地城市，很大成分是占据了便捷的国际、国内交通方面的优势。

（2）该城市基础设施的健全程度。这是指水、电供应是否充足，市内交通是否方便等。没有这些基本保证，工作和生活都必然要受影响。保证一个会展的圆满完成还需要包括交通、运输服务、检验检疫、医疗卫生、安全保卫、城管等公共服务保障和会展志愿者、翻译、现场服务、场地搭建等相关的会展配套服务单位支持。一个城市拥有完善的会展服务产业链条是保证会展实施的基本条件。

（3）该城市的卫生、安全状况。考虑这些问题是为了保障与会者的健康和人身安全。一个污染严重、疫病流行、暴力充斥、冲突迭起的城市是难以入选的。这些条件在现代化大都市一般都有保证，中小城市则难以确定。对发展中国家来说，它们尤需做出更大的努力，为吸引国际会展到本国举行创造条件。较为先进的发展中国家也把国际会展看作有高附加值的产业，借以推动本国经济繁荣。

（4）场馆与酒店配套条件。包括会展场所处在该城市的位置，距离市中心和机场的距离，交通是否方便；会场的最大容量是多少，能否满足会展的开幕式和大会报告的要求；是否有足够多的分会场，要求这些分会场的面积相近，位置相对集中；是否有较大的空间满足代表的会间休息；是否有足够多的小房间以满足组委会的办公；能否同时满足参会代表用餐；是否有展厅能够举办会展附设的展览；会场周围是否有足够多的不同档次的酒店用于满足不同消费需求的代表需要；相关会场、酒店价格是否可以满足预算需求等。拥有完善的会展配套设施的城市，更有引入大型学术会展的条件。

（5）城市需求。根据城市产业结构调整、发展方向、产业升级转型、企业新技术革新、热点事件解读等方面的需求，城市会通过发起由学术团体为主导的学术会展，提出问题，通过召开会展，结合国内外最新研究成果及实际情况，得到完善的解决方案。

（6）政府支持力度。更值得一提的是政府的支持和引导。目前，各地政府日益意识到会展业的重要性，从原来的“重”展“轻”会转变到展、会一视同仁。国际会展的举办对会展举办地会展产业的发展产生着积极的影响，同时也对繁荣城市经济起到拉动作用。因此，为会展业的发展创造良好的环境，是吸引国际会展落户举办的重要条件，也是城市创新发展的新选择。

（二）文化学术环境

1. 文化因素

近年来，中国把会展与旅游相结合起来，往往就会考虑到地方的一些文化因素，这也是会展产业发展的一种趋势。会展在选址方面会考虑因素，主要看会展的性质和内容。一般来说，规模小、会期短、技术性强的会展在选址上不会过多考虑文化因素。而如若是一些文化、商务、休闲性质的会展，对此则会考虑得多一些。

目前，北京、上海、广州、大连等城市成为中国举办国际会展的最重要的城市。北京作为全国的政治文化中心，知识土壤丰厚，同时集科研机构、高校学府、企事业单位为一体，因此适合举办一些国际领导峰会、国际学者研讨会、文化产业大会、医药大会等，上海更适合举办一些金融类国际会展。因此可以看出会展内容成为选址的考量因素。

2. 学术环境

国际学术会展很多时候都需要在会展举办地寻求与会展主题相关的学术机构配合会展的组织与召开。一个城市拥有良好的学术环境，包括大学、科研院所、产业部门、重点企业等都是学术会展召开的重要保证。学术机构可以在会展筹备期间在学术组织、代表邀请、主题设定、信息收集、志愿者招募等方面发挥重要的作用。实际上，高校、科研机构本身就是很多学术会展的发起机构。

此外，会展城市的选择存在多种因素。这些因素根据会展的发起单位、会展规模、会展形式、会展预算、以往召开城市等方面的因素发挥着不同的作用。一个城市想要引入更多的会展召开需本着以“城市为主导、产业发展为驱动、综合性场馆为支撑、配套服务为保证”的原则，发挥城市资源优势，进一步提升城市软硬件设施，加快城市会展特色发展。建立一个完整的会展服务体系，打造优质的办会环境。

二、会展城市营销关键是定位

城市要围绕自己的资源禀赋，结合区域经济依托，依据城市会展业发展情况，选择好展会类型，把握好会展规模，明确城市品牌形象。

（一）城市形象

城市形象包括公众对城市的感知形象、城市的知名度和美誉度、社会经济发展总体情况、资源禀赋、历史文化背景等。举办的会展类型要和城市形象一致。例如，北京是我国的首都，是著名的政治、文化中心，适合举办文化内涵丰富、政治意义突出的展会和节事活动。而三亚作为我国最南端的滨海城市，旅游资源丰富，适合建设会展旅游目的地。

（二）产业背景

产业背景决定着一个会展城市营销能否快速打开局面，产生聚集力和号召力，雄厚的产业基础能为会展业发展助推。美国的底特律是著名的汽车城，每年只举办一个大型的展览会——汽车展，其他都是小展览，而且都围绕汽车行业展开，逐渐树立了“汽车展览之都”的形象。

展会规模定位过大是不现实的，过大规模的定位必然带来参展商和观众的滥竽充数，必然使参展商和观众的利益难以得到保护。同时，会展城市要做好发展规划，制定切实可行的目标，要综合考虑城市基础设施的状况、会展市场需求、会展经济实力来进行会展城市定位。

三、会展城市的定位

会展业在中国虽然已取得了一定的成绩，但总的来说仍处于起步阶段，不管是会展项目的报批、经营和会展品牌建设，还是会展市场主体的培育，都处于开始时期的摸索阶段，没有现成的经验可供我们照搬。每个城市为了将本市会展项目办成全国会展品牌甚至是世界品牌项目，为了将本市打造成为全国会展中心，争相上马新项目，争先恐后建设新场馆，急着发挥政府的官方优势涉足展会的审批、主办、承办和市场监督管理与协调。正所谓:“性急吃不了热豆腐”，每个城市在激烈的会展竞争中，在“面向世界”发展会展经济的过程中，更应注重结合城市特色打造会展项目特色，更应十分注重突出城市产业特色、地域特点和文化特性。

中国会展经济研究会秘书长陈泽炎认为，发展会展经济，定位是根本，特色是关键。因此，城市会展定位关系到能否顺利进行会展市场资源的发掘与整合，关系到能否进一步优化配套服务，促进会展业的发展；关系到各城市能否真正走出会展趋同化局面，形成自有品牌。

（一）城市展会类型和规模定位

为了能够在激烈的竞争中分得一杯“会展羹”，各城市首先必须明确本城市适合举办怎样类型的展会，是会展、展览、展销、博览会、交易会还是投资贸易洽谈会，这是由城市特点和经济结构决定的。比如，一个工业污染很严重的城市将“会展中心”作为城市会展定位显然不行。城市会展起步阶段，定位展会规模超大也是不现实的，超大规模的定位必然带来参展商和观众的滥竽充数，必然使参展商和观众的利益难以得到保护。城市会展规模定位由城市基础设施的存量状况、设施能力和完备程度、城市会展市场需求、会展营销及城市会展发展实力决定。例如，以深圳为例，多年前，深圳的会展产业并不是很发达，展览会规模也不大，但是政府对这个产业的支持和产业未来的发展做出了很好的规划，以荔枝节为基础，经过几年时间的潜心打造，培育了成功的高交会，并带动城市会展业的发展。因此，各城市要根据城市的资源禀赋条件，选择能发挥城市资源优势的产业，依据城市会展业发展的情况，选择符合城市发展的展会类型，并脚踏实地地对展会规模进行规划，加速培育一批有品牌效应的展会和一批有专业水准和竞争实力的会展公司，在逐步扩大规模的基础上实施品牌战略。

（二）城市会展专业特色定位

不同城市的产业基础不同、市场需求不同、软硬件设施不同、会展企业实力不同，甚至是政府针对会展业的政策和支持措施都不同，因此，城市会展业的专业特色定位也应该不同。会展发达城市会展业发展的历史告诉我们：并不是经济实力最强的城市会展业最发达，众所周知，汉诺威的经济实力远不及法兰克福，而会展经济却走在了法兰克福的前头。面对北京、上海和广东的强势竞争，其他城市一定要保持清醒的头脑，要相信：会展市场的巨大潜力，关键是要做好专业特色定位，充分发挥自己的优势。如意大利的乌地里，在世界经济中地位并不高，是典型的“无名小卒”，但由于其方圆100千米范围内集中了全欧洲70%的椅子生产能力，其每年9月举办的椅子展览非常成功，究其原因，主要是该展会结合了当地产业特色，进行了恰到好处的专业特色定位。再如，美国的底特律，每年只办一个大型展览会，就是汽车展，其他基本都是小型展览，并且基本围绕汽车这个行业配套开展，同样非常成功。国内博鳌、东莞、义乌等地会展经济的成功发展也同样印证了这一道理。

城市会展业的发展要重视质量、品牌和特色。不求“大而全”，但求“优而特”，关键是集中力量办好一两个独具特色的展会。各地要结合自己的产业优势、市场优势、文化优势、人居优势，力争做到走以特取胜之路。在展览主题方面，一定要做到结合本地产业优势设展。例如，由于东莞是典型的外向型经济，是著名的制造业城市，东莞会展资源呈现出国际化、工业化、开放性、现代化四大特征，因此东莞会展业也呈现出明显的工业化特征。相比于“中国展览之都”“会展名城”等，“华南工业展览之都”的定位与东莞产业结合更加紧密，其表述也更加明晰。再如，义乌作为一个中等城市，其影响力和辐射力都远不及北京、上海、广州、杭州等大中城市，但是义乌小商品市场发达，特色产业经济的优势明显，因此，以义博会为基础，围绕小商品市场重点发展专业会展，增强义乌会展业的国际化和专业化程度，是比较适合义乌经济及会展发展情况的专业特色定位的。

（三）城市会展区域定位

为了表决心，鼓志气，树信心，很多地区纷纷进行会展区域定位，其中不乏把“全国会展中心”作为区域定位的城市，这从一个方面表明该城市从政府到会展企业对发展会展业的雄心壮志，从另一个方面则说明这些城市缺乏对市场的正确认识。这种“好大喜功”式的定位对城市会展业的发展没有多大价值。国内外会展中心城市大体上可分为三种类型。

一是具有市场优势的城市。即经济发达、金融贸易集中的地方（如纽约、法兰克福等欧美国家的多数会展名城）。二是具有旅游优势的城市。即有鲜明地方特色，令世人向往之地（如日内瓦、新加坡、中国香港、拉斯维加斯）。三是具有产业优势的城市。即某一项产业或某几项产业颇具世界影响力之处（如底特律的汽车、科隆的五金刀具等）。

就目前来说，我国国内可以成为“全国会展中心”并力争成为“国际会展中心”的城市非北京、上海、广州和深圳莫属，而国内其他城市，则很难成为“全国会展中心”。就如杭州，虽然具有市场、产业、旅游三大优势，拥有得天独厚的会展资源条件，也只能把杭州会展业定位为“经过若干年的努力，成为在国际上具有相当知名度的会展旅游城市”。杭州会展的区域定位也只能表述为“我国东部沿海地区的重要会展中心城市、上海的会展联动城市”。至于武汉、成都等城市分别定位于“中部会展中心城市”和“西部会展中心城市”比较合适，如果硬要成为中国会展名城，则要做一个5年或10年规划，并且要明确今天的中国会展名城在展览数、国际展的比例、大型展览的比例（展出面积5万平方米以上）、展览直接收入，以及该收入占第三产业收入的比重等指标值，并根据会展业的发展趋势，5年或10年后，中国会展名城的这些指标值又应该是多少。在明确了这些指标值之后，再做一个详细的计划，看看能否实现这些目标及如何实现这些目标。

总而言之，各城市要找准自己的区域定位，必须在对国内会展的发展趋势和各城市的经济实力、会展发展实力做出比较，充分论证本地的综合竞争力并广泛听取各方面意见的基础上形成。

（四）城市会展形象定位

城市会展形象是城市作为一个会展目的地在人们头脑中形成的特有形象，是城市会展品牌、会展专业特色、会展服务等各个要素的有机结合，是城市会展各方面相互作用形成的城市会展形象的整体表现。城市会展形象是城市形象的一个功能表现，是城市形象的一个子系统。

城市会展形象能够增加城市办展的吸引力和竞争力，有助于打造具有国际知名度的品牌会展城市。根据城市会展形象，政府可以合理规划城市会展业的发展方向、确定城市会展营销发展计划并部署城市基础建设。企业则可制定正确的展会定位并有效开展营销活动。城市会展形象将对客商参展产生一定的吸引力，可增强人们前来该城市参加展会活动的信心，可间接地促进城市会展业的发展。明确的会展形象可对该城市会展业的发展起到一定的促进作用，会展业可以在城市会展形象的指导下不断完善自身的结构，促进资源优化配置。

综观国内外知名会展城市，都有鲜明的形象定位。比如，汉诺威计算机博览会、法兰克福消费品博览会、慕尼黑国际建筑机械博览会、纽伦堡国际玩具博览会等国际知名展会向世界会展业传递着一个重要信息：德国是世界会展之都；底特律是世界汽车展览所在地；夏威夷是全球最佳会展暨奖励旅游地；北京是中国首都，是国际化、品牌化、高端化的大型展览所在地。明确清晰的会展城市形象大大促进了这些城市会展业的发展。同时，能否准确进行城市会展形象定位关系到城市会展业能否在激烈的竞争中占领一席之地。城市会展形象的建设牵涉到一个城市的制度、组织和文化背景及展览、旅游、交通餐饮、通信、物流等行业，并与城市基础设施建设和城市精神文明建设具有极大的关联。这要求政府从城市整体发展的角度着眼，在进行会展城市形象的建设中发挥主导作用，统一规划与协调，精心培育和塑造城市的会展形象。会展城市营销的定位必须与城市定位统一，并服从于城市定位。会展城市营销不求“大而全”，但求“精准和特色”，关键是集中力量打造几个独具特色和影响力的展会。

四、会展品牌定位

纵观国内外的知名会展城市，在会展营销时都有鲜明的会展品牌（见表10–1，表10–2）。比如，汉诺威的会展品牌是计算机博览会，法兰克福的会展品牌是消费品博览会，慕尼黑的会展品牌是建筑机械博览会，纽伦堡的会展品牌是国际玩具博览会，这些品牌的展会使城市树立了会展名城的形象。在会展城市营销中应该扬长避短，树立鲜明独特的品牌，这关系到城市会展业能否在激烈的竞争中占据一席之地。同时会展品牌的树立也非一朝一夕，这需要统一的规划和精心的培育。比如，东莞是典型的外向型经济，是著名的制造业城市，东莞会展资源呈现出国际化、工业化、开放性、现代化四大特征，相对于“中国展览之都”“会展名城”等，“华南工业展览之都”的品牌定位与东莞结合更加紧密，其表述也更加贴切。

表10–1　国际知名会展城市的定位及品牌展

城市	发展定位	城市背景	品牌展会	成功之道
汉诺威	国际会展之都	德国北部文化、经济和科技中心，拥有发达的汽车、机械、电子等制造业，第三产业占总人口的2/3	工业博览会、通信与信息技术博览会	起步早，围绕发达工业政府主导发展
拉斯维加斯	会展旅游城市	博彩业、歌舞秀及众多大酒店蜚声世界；周边有胡佛水坝、科罗拉多峡谷及一系列国家公园	国际消费电子展、工程机械展	博彩业、旅游业与会展发展相互促进
新加坡	亚洲会展之都	金融中心和东盟最发达的经济体，连接西方发达国家与东南亚国家的桥梁	新加坡亚洲博览会、新加坡国际家具展	以旅游带会展，进行联合营销
中国香港	亚洲会展之都	地处亚洲中心位置，通往世界的航空交通完善，驰名中外的购物天堂	香港首饰珠宝展览会、香港秋季电子展	旅游、购物联合会展营销

表10–2　国内知名会展城市定位及品牌展会

城市	发展定位	城市背景	品牌展会	成功之道
北京	国际会展名城（中国会展龙头）	中国首都，政治文化中心，拥有丰富的人文、旅游资源	机床展；铸造展；纺机展等	利用城市地位优势，发展经济技术类展会
上海	国际会展名城（长三角会展龙头）	大陆国际化程度最高的城市，国际经济、金融、贸易中心，基础设施完善	中国（上海）国际乐器展览会；中国（上海）国际家具博览会；上海国际建筑水展；上海双年展等	围绕国际化，与汉诺威等国际会展城市合作

续表

城市	发展定位	城市背景	品牌展会	成功之道
广州	国际会展名城（珠三角会展龙头）	华南政治、经济、文化中心，周边制造业发达	广交会（中国第一展）	开放程度高，依托制造业、广交会带动发展
大连	国际会展名城（东北会展龙头）	东北主要的对外门户，东北亚国际航运中心；环境优美，时尚产业发达	大连服装节	依托服装产业，发展特色展会

第三节　会展城市营销的营销过程

会展城市营销的营销过程是一个复杂的过程，是会展城市营销原理在实践中的具体应用。本节内容主要以深圳为例分析说明如何对一个城市进行相关会展营销。

一、会展业 SWOT 分析

（一）深圳会展业的优势分析

1. 区位优势

深圳南接香港，东临大亚湾，西抵珠海口，北邻东莞市和惠州市，处于珠三角的咽喉要地，是华南沿海重要的交通枢纽，是货物和人员进出华南地区的重要陆海空关口，对中国内陆城市具有强大的集聚功能和辐射作用，具备大陆其他城市无法比拟的区位优势。深圳毗邻国际大都市香港，能够得到国际最前沿的商业信息，是深圳会展业实现国际化的独特优势。

2. 产业优势

成功展会背后往往有雄厚的产业基础为支撑，这已是中国会展行业的普遍现象。深圳的产业经济发展迅速，无论是服装、家具、珠宝、纺织、玩具等传统产业，还是互联网、新能源等新兴产业，深圳都有着非常雄厚的产业基础，产业的发展无疑会拉动会展业的发展，同时会展业也会促进产业的发展，扩大深圳优势产业的影响力，达到了双赢的目的。

3. 市场优势

作为国内四大一线城市“北上广深”之一和对外开放的窗口，深圳经济发达，经济总量位列全国第四位。深圳产业配套、市场要素齐备，上下游产业齐全，金融体系较为健全，市场经济体系和运作机制发达完善。经济实力是会展重要的物质基础，深圳拥有完善的会展配套设施，交通、服务、娱乐等相关产业会带动会展业的发展。

4. 旅游优势

有着“全国文明城市”“国家花园城市”美誉的深圳具有浓郁的现代滨海城市特色，是中国南方有名的旅游胜地，拥有世界之窗、欢乐谷、红树林、民俗文化村、青青世界、华强北电子商业街等一大批著名景观以及来自全国各地的美食和各具特色的商品市场，每年吸引了来自世界各地数千万游客前来旅游观光。近些年来，深圳市不断加强会展业和旅游业的合作，旅游业和会展业相互促进，旅游业对会展业的支撑作用不断增强，会展业也带动了旅游业的发展。

（二）深圳会展业的劣势分析

1. 硬件不足

随着深圳会展业的日渐壮大，硬件不足的问题已成为制约行业发展的问题之一。深圳会展中心仅有 10.5 万平方米，面积太小已成为业界共识，以 2013 年第 69 届中国国际医疗器械博览会为例，一共有 20 多个国家的 2700 家医疗器械生产企业，总展位超过 6000 个，100 多个国家和地区的政府机构、医院买家和经销商参会，参会人员将会展中心围得水泄不通。据主办方介绍，由于深圳会展中心场地限制，仍有几百家希望参展的国内外企业无法参展，由于场地限制太大，考虑过转移到其他城市。类似于医博会，家具展、光博展、安博展等大型展会都受到场地面积的制约，如果不尽快建设新的展馆，这些展馆很可能被周边城市展馆蚕食。

2. 专业会展人才短缺

目前深圳会展的从业人员没有经过专门的培训，缺少真正掌握外语、精通展览设计、会议组织策划、了解国际惯例、富有实际操作经验的专业人员，严重制约着会展的组织水平和服务质量的调高。在我国会展行业处于起步阶段，尽管高校设立会展的相关专业，但是我国会展人才依然严重短缺，一是国内高校会展专业的招生规模较小，二是由于会展专业培养不能有效对口市场的需求，尤其是高级会展人才匮乏。

3. 会展的宣传推介不足

会展和城市形象息息相关，一个知名的会展是城市一张有力的名片，同时城市知名度的提高也有利于会展业的健康发展。宣传推广对一个城市的形象和会展业十分重要，不仅能够提升深圳会展业的整体形象，更能提升深圳整座城市的知名度和国际影响力。2013 年，深圳市举办了深圳会展业的武汉推介会、美国推介会、巴西推介会，这对于推广深圳会展起到了一定的积极作用，但是又是远远不够的。

（三）深圳会展业所面临的机遇

第一，深圳市政府对发展会展事业的大力支持。深圳“十二五”规划明确提出发展商贸会展业，促进会展品牌专业化、国际化，扩大高交会、文博会等展会国际影响力，扶持打造电子、通信设备、珠宝、家具、服装、游艇等专业会展品牌。自 2004 年深圳市政府出台了《关于发展深圳会展业的意见》，提出会展业发展国际化、市场化、专业化的指导方针和建设国际会展名城的发展目标。2005 年，市政府又出台了《关于实行品牌会展排期保护的通知》，通知对深圳市 16 个展览面积达 2 万平方米以上的品牌展会予以排期保护，促进了会展业的良性发展。深圳市在全国率先制定了《深圳市品牌展会认定办法》开展展会评定工作，以加大对品牌展会的政策和资金支持力度。

第二，国际会展业重心向中国转移。会展经济是随着经济的发展而发展的，经济的发展带动着会展业的发展，随着中国经济的迅速崛起，世界经济向中国转移，国际会展业的重心也正向中国加速转移。在世界范围内，会展业逐步形成了以欧洲的德国、美洲的美国和亚洲的中国“三足鼎立”的格局。作为中国经济的核心城市之一和前沿城市，深圳的会展业面临着前所未有的发展机遇。

（四）深圳会展业所面临的威胁

1. 国内外城市的竞争

近些年，由于会展业成为各城市大力发展服务业的新宠儿，会展业的竞争也进入白热化。除了上海、北京和广州等会展业大鳄外，还有重庆、成都、天津、沈阳等城市争做中国会展业第四把交椅，各城市市政府强力支持会展业的发展，纷纷出台新规定、加大资金投入以扶持会展业的发展，场馆建设也如火如荼地进行着。不久前刚刚投入运营的重庆国际博览中心，总建筑面积达 60 万平方米，室内展览面积 20 万平方米，展馆规模仅次于全国最大的广州国际会展中心。作为国家商务部和天津市政府合作项目的国家会展中心规划总建筑面积 120 万平方米，展馆面积达 40 万平方米，建成后将成为全球规模最大的会展中心。

深圳会展业除了国内城市的竞争以外，还有来自国外城市的挑战。亚洲会展业最发达的新加坡，依靠其发达的交通、通信等基础设施，较高的服务水准及国际开放度，以及较高的英语普及率成为国际会议的亚洲首选地，早在 2000 年就被国际协会联合会评为世界第五大会展城市，经 UFI 在亚洲认证的展览会有三分之一都在新加坡举办，每年举办的展览会和会议等大型活动多达 3000 多个。

2. 国外会展公司对深圳的威胁

中国经济的崛起带动会展业的迅速崛起，中国会展市场丰厚的利润吸引着国外会展业巨头纷纷来华设立分公司，如德国汉诺威展览公司、美国克劳斯国际展览公司及英国励展博览集团等纷纷通过各种方式抢占中国市场。它们以其雄厚的资金、丰富的会展经验、组织机构健全等优势，势必对深圳会展业的发展造成威胁。

二、会展城市定位

会展城市形象定位则是将某一会展城市的形象在会展旅游者心目中确定一个恰当的位置，即对于会展城市应该树立和传播何种形象做出明确的判断，为会展城市形象建设指明总体方向。

形象定位是会展城市形象建设的核心问题，为进行形象具体内容的设计和传播推广提供原则和依据，会展城市形象定位的关键在于找准和塑造某一会展城市区别于其他目的地的形象特色或个性，以使会展旅游者对该目的地进行识别和记忆，从而促使会展城市在形象竞争中占据优势。

会展城市的产业特色、形象现状和周边需求是进行会展城市形象定位的主要依据。进行深圳会展城市形象定位，必须在上述 SWOT 分析的基础上进行定位设计。

（一）深圳市会展业的产业特色

深圳战略性新兴产业和现代服务业是深圳经济发展的双引擎，自主创新成为深圳经济增长内生动力。全社会研发投入居全国领先水平，PCT 国际专利申请量 8024 件，连续 9 年居全国首位，服务业占本市生产总值比重提高到近 56%，如图 10-1 所示。

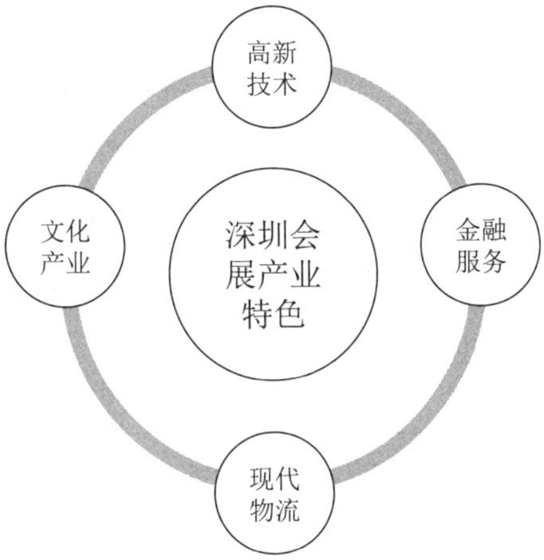

图 10-1 深圳会展产业特色

（二）深圳市会展业形象现状

深圳现有的展会活动中，高新技术、文化产业和生活消费占绝大部分比重（表 10-3），且高新技术及文化产业也已经打造出“高交会”“文博会”等知名品牌。因此，根据深圳现有的会展产业类型，应该将深圳会展定位为高新技术或者文化产业方向。

表 10-3 深圳现有展会活动及分类

高新技术类	文化产业类	生活消费类	其他类
①中国国际高新技术成果交易会；②中国国际光电博览会；③深圳国际生物技术创新论坛暨展览会；④多人行国际激光展览会；⑤中国深圳国际电子装备产业博览会；⑥深圳国际物联网技术与应用博览会	①中国（深圳）国际文化产业博览交易会；②中国国际人才交流大会；③中国（深圳）国际茶业茶文化博览会；④深圳动漫节；⑤中国（深圳）首届白酒暨酒文化博览会；⑥深圳国际艺术博览会	①国际礼品及家居用品展览会；②国际钟表展览会；③深圳国际家具展览会；④深圳国际珠宝展览会；⑤深圳城市时尚购物节；⑥“快乐新年”购物节；⑦“时尚秋冬”购物节；⑧“时尚深圳”购物节	①中国国际社会公共安全产品博览会；②深圳国际机械制造工业展览会暨深圳国际塑料橡胶工业展览会；③深圳国际电机磁材、线圈工业、漆包线展览会；④深圳国际酒店设备及用品展览会

（三）深圳周边城市会展发展现状

在为城市定位时，要避免办展主题重复，导致激烈竞争、客商分流，与周边城市实行差异办展（表 10-4），变竞争为协作。一方面，要充分利用周边产业集群优势，另一方面又要避免重复办展，实现城市定位的特色化。

表 10-4　深圳市周边城市会展发展情况

排行	城市	产业基础	品牌展会
1	广州	汽车制造、电子通信和石油化工	广交会（中国进出口商品交易会）
2	香港	金融服务业、旅游业、贸易及物流、专业服务及其他工商业支援服务	珠宝首饰展、电子产品展、钟表展、礼品及赠品展
3	东莞	制造业（电子信息、电气机械、纺织服装、家具、玩具、造纸及纸制品业、食品饮料、化工等）	名家具展览会、广东国际汽车展览交易会等国际贸易投资展览会、国际环保合作发展论坛暨展览
4	澳门	旅游博彩业	澳门国际酒店展览会、中国汽车及船舶用品（澳门）展、澳门珠宝钟表展览会、澳门环球赌博展览会等
5	珠海	精密机械制造、家电电气、印刷耗材设备和游艇制造基地	中国（珠海）国际航空航天博览会、Remax 珠海国际打印耗材展会
6	新加坡	生物医药、电子信息、石油化工业、金融保险、旅游业、教育业	亚洲石化工业展会、企业信息技术展等

三、会展城市营销规划

会展城市定位或者发展的主攻目标确定以后，紧接着需要政府来做的一件重要工作就是目的地营销规划。这个规划要与另两个规划紧密结合，互相协调：一是与目的地的经济发展规划相协调；二是要与目的地建设规划相协调。要按照发展定位，注意扬长避短，统筹规划，立足现在，着眼未来。具体说来，以下四方面内容是必须要考虑的。

（一）会展业发展的具体经济目标

目前，全国从上到下尚未形成一整套科学的会展经济统计指标体系，大部分城市的会展业发展状况都是大致估算而来的，各城市提出的若干年后要成为“会展都市”或“会展名城”也多半缺乏具体的经济指标作支撑。诸如会展数量（包括品牌会展、国际性会展）、会展规模、会展场地经营的收入等重要指标，必须首先在规划中明确。

（二）重点发展的展会类型或模式

广义的会展业范围很广，包括展览、会议、节庆活动、文体赛事活动等，会议或展览市场又可依据规模、功能、行业的不同有更多的细分。一个会展城市必须根据自身的优势和特点，有针对性地从中做出选择，找到自己的分工，形成自己的特色。比如，在会议业和展览业中，是以会议业为发展重点还是以展览业为发展重点？还是两者并重？再如，展览业中，是重点发展专业（贸易）类展览会还是消费类展览会？或者是综合类展览会？再比如，是否以举办国际性的展会为重点？所举办的国际展是否有一定的国别、地区重点？诸如此类的问题，也需要在规划中加以明确。

（三）会展设施及配套硬件建设

一个会展城市发展如何，必须看其是否拥有与其发展定位相适应的会议中心、展览中心等设施，还要看其旅游场所、饭店等硬件设施是否齐全，交通、通信等基础设施是否比较完善，其空港、海港的客货吞吐量如何，铁路、高速公路是否发达，等等。这些因素都是至关重要的，都需要做出符合实际的规划。

（四）相关产业和各种软环境的建设

一方面，会展业是涉及旅游、住宿、广告、运输等多种服务行业的边缘产业，同时又与本地制造业有着密切的关系，因此需要对这些产业的发展有一个同步规划，才能使会展业有发展的依托。另一方面，还要注意规划建设好会展社会环境，或说是城市的会展综合保障能力，它包括政府和市民的会展意识、社会化服务水平、治安状况、专业人才素质，等等。

四、会展城市形象设计

在会展城市营销规划完成后，便需要根据规划的宏观思路，综合运用各种目的地形象设计手段，逐步把目的地营销工作落在实处。拿会展城市来说，城市识别系统包括理念、行为和视觉三个方面，城市的形象设计也应该覆盖这三方面。

（一）理念识别（MI）

理念识别，即城市发展的指导思想或目标定位。它往往以简洁而有冲击力的宣传口号体现出来。例如，上海的申博宣传口号——“城市，让生活更美好”。

（二）行为识别（BI）

行为识别，是城市发展定位和管理理念的动态体现，可分为对内的行为规范和对外的行为识别两大类。前者包括政府管理行为、生态环境改善和公众教育等，后者包括形象传播、招商引资等活动。

（三）视觉识别（VI）

视觉识别，即用一套符号系统把城市的发展定位、远景目标及管理提炼出来，使其形象化、标志化，其核心内容是视觉符号设计，如城市标志景观、代表性建筑等。

五、会展城市营销举措

总体来说，目前我国会展目的地营销体系还不健全，主体功能发挥不够。国家级和地方级会展目的地整体营销机构缺位，没有统一的全国性会展管理部门，如国家展览局、会议局之类的组织，只有少数会展业比较发达的城市建立了专门负责管理会展的机构。政府、协会、企业与国际组织的合作不够；政府在组织联合促销时存在很大障碍；行业协会组织涣散，力量薄弱，既缺乏有权威的全国性会展协会组织，各地方成立的相关协会也没有发挥应有职能等问题。因此，会展目的地营销过程中应该努力采用多种措施，克服上述缺陷。

【复习与思考】

1. 简述会展与城市的关系。

2. 选择会展城市应考虑哪些因素?

3. 会展城市是如何进行定位的?

4. 会展城市营销过程包含哪些内容?

【案例分析】

成都会展发展战略升级借“大事件”营销城市①

2016年，站在“十三五”的新起点，成都迎来了会展国际化的“大年”。截至9月底，成都已先后举办了二十国集团（G20）财长和央行行长会议（简称G20财长会议）、2016中国成都全球创新创业交易会、iWorld 2016数字世界博览会（简称iWorld 2016），即将举办第16届中国西部国际博览会（简称西博会）、第22届世界航线发展大会（简称世航大会）等国际会展活动。

1. 开启会展“大年”新篇

2016年成都预计举办重大会展活动超过520个，展览面积330万平方米，会展业直接收入82.1亿元，同比增长10%，综合收入697.1亿元，同比增长10%，会展业增加值增速8.5%。其中，国际性会展活动占20%。

2. 逢天时地利人和时机

8月底，西部国际会议展览中心（简称西部会展中心）全面完工，将作为中国西部国际博览会永久会址、大型会展主办场地和大型高端商务活动平台。西部会展中心展览面积达30万平方米，分为8馆16厅，其中标准展厅有15个，多功能厅1个。在业界看来，西部会展中心的建成，无疑为成都会展业增加了竞争的“利器”。

3. 影响力效应显现

7月23~24日，2016年第三次G20财长会议在成都举行，这是G20首次走进中国西部。

8月18~21日，以“创新、定义、未来”为主题的iWorld2016在成都世纪城新国际会展中心举办，展览规模达到2.2万平方米。这是iWorld首次从北京移师成都。

进驻成都，占领中国西部市场，不仅是国际大型会展活动组织方的意愿，也是国际知名展览巨头们一致的选择。2016年之前，已有财富全球论坛、世界华商大会、国际核工程大会、米其林必比登挑战赛、世界机场城市大会、世界机器人及智能装备产业大会暨博览会等国际性会展活动密集落户成都。

讨论题:

1. 成都会展是如何借助大事件进行营销的?

2. 结合成都的实例，说明如何在成都会展城市营销中进行SWOT分析?

---

① 资料来源：成都会展网，http：//www.cnena.com/news/bencandy-htm-fid-3-id-72275.html.

第十一章

会展营销新技术与新理念

【学习目标】

1. 了解目前会展营销的新技术及运用；
2. 掌握品牌营销、关系营销、网络营销及绿色营销的定义；
3. 熟悉品牌营销体系的构建途径；
4. 理解品牌营销、关系营销、网络营销及绿色营销在会展中的实施。

【导入案例】

全新“旅游+VR”体验式展会营销现场火爆①

2016年是VR的发展元年，3月17日正式发布的“十三五”规划纲要指出：支持新一代信息技术、高端装备与材料、数字创意等领域的产业发展壮大，在两会上成为高度关注的热点。无论是科技、互联网还是资本都纷纷加入VR的战略布局。虚拟旅游营销，高新技术或将成为提升旅游体验的重要辅助工具。这些人们还不了解的“黑科技”，恰恰能为智慧旅游提供精准的全新体验式营销解决方案。旅游业虚拟现实VR技术的逐步广泛应用，必将成为中国旅游业供给侧品质提升的新动力。

5月20日，第四届中国（北京）国际服务贸易交易会暨2016北京国际旅游博览会（BITE）在全国农业展览馆开幕。本届北京国际旅博会以“交流、合作、发展、共赢”为主题，既是首届世界旅游发展大会的重要组成部分，又是第四届中国（北京）国际服务贸易交易会的重点板块，成为真正的国际性、综合性旅游盛会。

创新科技在旅游领域的应用推广是本届展会的一大亮点，最热闹的莫过于“晋善晋美”山西省旅游局展台。具有“地上文物看山西”之称，历史文化底蕴丰厚的山西省

① 资料来源：http://www.sohu.com/a/76547905_114830.

勇抓创新，率先推出“旅游+VR”主题，并现场设立山西旅游虚拟现实VR展示区。山西省旅游局将目前最先进的虚拟现实VR技术应用到大型展会旅游体验当中，本次展示的五家主要VR虚拟景区美景借助佩戴VR眼镜营造视觉、听觉逼真场景，沉浸式体验，通过人的头部、身体、眼睛的转动与自然环境交互，千里之外却如身临其境，获得现实世界得不到的神奇体验，真正实现了“身未动，心已远”，如梦如幻的虚拟旅游场景，也让现场体验市民无不赞叹全新观感的山西好风光。山西省旅游局先行拥抱“旅游+VR”，将山西旅游资源的丰厚历史与时代前沿的VR技术完美进行融合，展示区内身着中式传统服饰的讲解员为大家耐心地介绍使用和体验的方法，流连忘返的广大市民与旅游业人士争相“尝鲜”，体验了一番虚拟现实山西游，可谓热度爆棚引领潮流。现场还设立了扫山西省旅游二维码参与体验及抽奖活动，丰富多样的旅游奖品，更有VR眼镜大奖可以带回家中。

思考：

1. 为什么山西展台推出的“旅游+VR”主题热度爆棚？

2. 现代新技术会为会展营销带来哪些改变？

第一节 会展营销新技术

随着互联网、移动互联技术及多媒体视听技术的蓬勃发展，会展行业在新技术的带动下发生了巨大变化。从早期的会展管理软件、线上注册系统，到微博、微信等微营销模式的风靡，以及移动客户端APP的应用，每一个改变都不断影响着传统会展业的操作习惯甚至思维模式。如今更有数字营销技术、观众互动工具、信标技术和虚拟现实等技术为会展会议活动带来了新的变革。目前会展营销的新技术主要有以下几种。

一、微网站

微网站是指在微信上开发的，像传统的展会网站一样的门户型微信网站。在移动互联网成为主流之后，微信对展会的影响是巨大的。微网站作为移动互联网的主要用户入口，其重要性就不言而喻了。目前可以说我们处在微网站的Web1.0时代，1.0版本核心是要建成一个信息资讯平台。目前被业界看好的功能有以下几方面。

第一，微信官网。把传统网站上能实现的视觉效果、页面内容都移植到微信官网上，满足用户信息获取的需要，技术上完全能实现。

第二，微注册。观众注册、展商报名不再是跳转到传统网站上进行，而是直接在微信里就可完成，视觉效果上采用匹配智能手机屏幕的分辨率，让用户体验大大改善。

第三，微社区。目前的微信公共号基本都是单向在发布信息，用户间无法形成讨论。微社区的功能主要是满足用户发表评论、表达诉求的需求，也能满足用户间最基本的互动的需要。

第四，微调研。在微信上建立微调研问卷，用户在微信里就可投票，完成主办方经常性的一些市场调研或活动调研等。

第五，微现场。为鼓励更多人关注或提高展会现场微信粉丝的参与度，关注的用户就能在微信里设置抽奖，用户直接采用竞猜、转盘、刮刮奖、砸蛋等形式参与，现场领奖。同时现场还可以通过微信墙功能直接在大屏幕上滚动直播微信上的各种活动，以鼓励现场观众关注微信。

二、展会 APP

展会 APP 目前在国内并没有成功的先例，主要难点不是技术实现，而是后期的推广难度大。展会主办方很难让用户为了一个只有 3 天的展会下载开发的 APP。所以，如果展会主要是面向企业的 B2B 类的展会，APP 可能不是个好的选择。

三、名片云识别

目前，越来越多的展会主办方，开始重视名片的处理，主要问题是名片外包处理带来了数据高度不安全，且录入准确率差。最新的技术提供了基于云技术的名片批量处理解决方案，有效地解决了名片外包录入不安全和数据准确性差的问题，识别准确率达到了 99% 以上。随着技术的更迭，云技术势必将会在越来越多环节取代传统技术，云模式带来的成本优势、计算能力优势都是目前展会领域需要的。大数据时代，则更需要云技术的深度参与。

目前所知的针对展会领域的大批量名片处理 APP 领先的是“苦瓜名片王”。主要优势表现在以下几方面。

第一，名片云识别。通过 APP 拍名片，名片自动识别后返回数据，每部手机每小时可处理 400 张，识别准确率承诺不低于 99%。

第二，数据安全。数据不在手机上备份，直接上传到云服务器，识别完成后自动传送到软件后台。管理者可以在展会结束后找任何人包括兼职人员处理名片，不用担心数据外泄。

第三，观众调查表录入。在 APP 上，可以直接录入观众调查表，并且能够关联在对应数据下。

第四，保留了原始名片图像。使用时发现错误可以对比图像纠错，避免了软件系统无法保留名片图像的问题。

四、Wap 网站

Wap 站点就是开发一个网站，这个网站在移动设备上访问，会适应手机屏幕的尺寸，看起来就像在 APP 或微信上看页面一样。目前有一些展会主办方也在开发 Wap 网站，主要想法是布局移动互联网，并且在移动互联网上做推广工作。单从这点上讲，这个思考是没什么问题的。但是不应把 Wap 网站和微信各自独立发展，应该让 Wap 网站生产的内容直接呈现在微信里。Wap 网站生产内容、承载首次推广的落地页，用户感兴趣的，关注微信，微信承载二次开发和移动 CRM 功能。普通网站能实现的功能，在 Wap 网站上都可以实现，也可以理解成 Wap 网站其实也是个网站，技术上和做传统网站基本相同，差别主要是美工和交互优化。如果 Wap 网站建设得比较完善，微信的二次开发其实可以减少投入，很多功能性的东西在 Wap 站点里实现，在微信里加上入口链接即可。如果微信二次开发做得很完善，其实 Wap 站点就没有必要做太多投入了，Wap 网站只要负责生产内容就可，功能性的东西就交给微信去实现。两个思路取其一，而不是同时都做。

五、二维码签到

二维码的应用越来越普及了，在展会领域，现在被证实最可靠的就是基于二维码的签到、制证和展品管理。二维码签到主要解决的是签到的电子化问题。用户在展前注册时就获得二维码，现场凭手机或确认函上的二维码可实现电子化签到和制证，接待 1 名观众仅需 2 秒钟。

目前主流的技术特点包括：独立功能模块设计，使识别模块可内嵌到各类应用系统中，适用于各种场景的二维码应用；可以读取纸质、LCD、手机屏幕等纸上或同类载体上的条码及微小条码信息；首读率达 95% 以上，超强纠错能力，高效读码，有效提高工作效率；通过二维码门禁方式除了可以统计基本的参观人数、人次、停留时间之外，还可以在入口处对客户的身份进行识别。部署在出入口或展台的无线扫描器可以直接解析出加密的二维码，在扫描器屏幕上即可显示该观众的身份信息，以便于对身份进行甄别。

二维码展品管理方案主要应用于两种场景：第一，展会现场。展品或展台上粘贴二维码，观众可通过手机扫描，系统后台根据扫描记录将电子材料发送给用户，资料收集的环节完全电子化。第二，场馆库存管理。对一些常年展示的展厅或博物馆，可以通过二维码实现对展品的进、出、移等库存管理。并通过在线系统与展示企业实现互动。

六、互联网营销

互联网的营销是新技术发展的产物。在互联网和新媒体盛行的当下，利用互联网做会展营销已经很普遍了，甚至互联网营销也成为会展营销的主要推广手段之一。在运用网络营销时应注意三点：

第一，网站优化好是做所有网络营销的基础和前提，否则会发现最终转化成观众和展商的用户极少。

第二，网络推广和传统媒体营销时代最大的区别是全流程可以监控。全流程可以监控，实际就是监控有多少曝光、换多少搜索和流量、有多少跳出率、有多少人注册等，而这些指标都是可以逐步考核的，不是传统意义上无法预知结果的打广告。

第三，网络营销需要的是组合拳。网络营销需要组合，不是发发新闻就可以，也不是做一下百度竞价就能有明显变化。互联网上做营销首先要研究的不是行业，而是用户的行为，用户的行为是通过分析监测可以预先知道的。对用户行为的了解要远远比对行业的了解重要。

七、VR+ 旅游

VR（Virtual Reality）即虚拟现实，是由美国 VPL 公司创建人拉尼尔在 20 世纪 80 年代初提出的。其具体内涵是综合利用计算机图形系统和各种现实及控制等接口设备，在计算机上生成的、可交互的三维环境中提供沉浸感觉的技术。其中，计算机生成的、可交互的三维环境成为虚拟环境（Virtual Environment，VE），虚拟现实技术实现的载体是虚拟现实仿真平台（Virtual Reality Platform，VRP）。

现实旅行的体验是 VR 技术做不到的，但它却能作为旅行目的地的一个沉浸式预告。Oculus Rift、HTC Vive、索尼 PlayStation VR 等虚拟现实头戴设备使观众即使不在现场，也有身临其境之感。

总体来看，“VR+ 旅游”颠覆“预体验”，同时化身营销新利器。利用虚拟现实技术，以现实旅游景观为基础，构建一个三维立体的景区环境，同时通过 VR 设备可观看世界各地的景点，足不出户即可欣赏美景、浏览古迹。国内最大的 3D 旅游新媒体平台第三星球就是通过 Unity3D 技术，提供使用者关于视觉、听觉等感官的模拟，产生身临其境的体验，并可以不受限制地观察三维虚拟景区的内部结构。搭配穿戴式设备，如同暂时与现实隔离，沉浸在 3D 所呈现的景区之中。目前第三星球网站已经上线了天坛公园、黄鹤楼、峨眉山等一批热门景点的 3D 作品，此外，第三星球正在筹备美丽中国百个景点的上线计划。届时，网站将覆盖国内所有省市的知名景点。

【案例拓展】

新技术为会议带来附加值①

2016 年 10 月在美国拉斯维加斯金沙会展中心举办的美国国际奖励旅游暨会议展（IMEX America）。为了使社交网络更加有效，奖励旅游展的主办方 IMEX 集团与技术公司 Zenvoy 开展了合作。Zenvoy 公司拥有智能“一对一”业务介绍服务，该服务利用展会特邀买家和参展商提供的个人数据，促进了“面对面回见”的开展，为双方提供商机。

“在去年的美国国际奖励旅游暨会议展上，很多买家表示他们需要更多与志同道合的同行进行沟通和交流的机会。因为在当今不断变化的商业环境中，要想立于不败之地就必须保持行业领先，并参与到行业之中。”IMEX 集团首席执行官卡瑞娜 · 鲍尔谈道，“我们知道技术是帮助我们满足买家交流需求的方式之一。这一服务非常便捷，能让有共同兴趣的人们在展会上交流。”

技术影响到会议活动业的许多方面。与其说技术重塑了会议的运作方式，不如说技术为会议增加了活力，并为策划者、参与者和赞助商等带来了附加值。

收集参会者的观点已不再是会后调查的内容。目前几乎每个活动的参与者都会携带智能手机或平板电脑，他们会在社交媒体发帖或在网上获取所需信息。所以，活动技术公司正在寻找捕捉这些数据的方式，并利用这些数据来提升现场会议。

活动应用开发商 Double Dutch 首席执行官劳伦斯 · 科伯恩说：“我们监测了大量的活动参与者，通过分析他们的看展模式、喜欢的内容和其建立的关系，从而为参与者提供有针对性的建议。比如，应该参加哪个主题的会议和应会见哪些人等。Double Dutch

① Alex Palmer，孙淑华 .“术”业有专攻——新技术手段全面提升会议体验［J］. 中国会展，2016（20）：64-69.

是现场互动营销领域的先驱，它将数字营销技术应用于‘面对面’会议中。参与者下载并安装活动应用就能详细地了解活动内容及活动服务。同时，策划者也能更好地了解参与者的需求。”

Educational Measures公司首席分析官约翰·桑塔费拉罗拥有超过20年的数据处理工作经验。他认为，为了应对未来会议及活动数据和分析的冲击，会议策划者及各利益相关者不仅要关注组织内部，更要关注外部变化。

约翰·桑塔费拉罗看到了利用数据了解参与者的新机遇。“想一想利用历史数据定位会议活动的理想客户并开发更多客户。考虑一场会议的参与度与购买倾向之间的联系。想象一下能识别和定位社区中有影响力的人。数据分析的作用远远超出浏览报告。”约翰·桑塔费拉罗如是说。

第二节 会展营销新理念

会展营销的发展速度飞快，但国内许多城市的会展业两极分化较明显，并且与国际会展业发达国家相比，差距也较大。新的营销理念是在社会生产力发展和消费者需求不断变化中发展起来的，不同时期的经济环境和生产方式不同，这就使得传统的会展营销理念已经不能促进会展业可持续的发展。因此，会展业利用新理念进行营销传播已经成为吸引参展商和观众的重要途径和关键手段。在充分结合会展营销环境与会展营销市场的前提下，提出会展营销的新理念，满足会展营销移动性、随身性、互动性等特点，实现会展营销向多元化的方向发展。

一、会展营销理念的新变化

随着我国经济社会迅速发展，各行各业都在进行深化改革，几乎所有行业都在整合发展。原有的营销理念、营销模式、营销渠道已经不能满足经济社会发展的需求。为适应国际化、品牌化、市场化、规范化、智能化、集群化、专业化的潮流，会展营销理念也要紧跟环境和市场新特征不断变化。一方面，网络化、全球化的飞速发展，打破了传统会展营销的沟通模式，变单向沟通为双向沟通，不仅可以及时了解客户的需求，还可以为客户提供更为满意的产品和服务。与此同时，随着计算机技术和互联网水平的不断提高，新媒体的产生也在改变着人们的生活方式和消费习惯，使得人们可以更加便利、快捷地认识并接触到自己心仪的产品。这就要求在营销时要有针对性地进行产品的开发与设计，不仅要开发出满足不同类型客户的个性化产品，还要提供优质的个性化服务。另一方面，经济全球化的发展使得“国界”的概念变得“模糊”，新经济势态下要求营销理念更要具创新意识，并且还要符合智慧的水准。根据目前我国会展营销市场的发展现状情况，可以发现与国外发达国家相比还存在着一定的差距，尤其在品牌、知识创新能力方面，我们对人才的培养能力还可以有进一步的提高与加强。在会展营销新环境和市场新特征的背景下，促进会展营销人才的培养，提升会展营销在国内的实践水平，保证会展营销理念可以紧跟形势而创新变化。

二、会展营销的新理念

随着会展市场环境的变化不断创新，会展业要想占领更多的市场份额，就必须积极作为。尤其是在营销理念方面要进行新创造，让新的会展营销理念推动会展业的可持续发展。在新会展市场环境背景下，出现了品牌营销、关系营销、网络营销、绿色营销等营销新理念。

（一）品牌营销

1. 品牌营销的定义

会展品牌营销就是运用现代品牌营销理论，通过打造区别于其他会展服务的完全被消费者接受和认可的品牌，来吸引相关的企业和专业观众参展，以实现会展企业利润最大化的一种会展营销。

会展企业的产品就是为参展商品提供的服务活动。如果这种服务活动得到了参展商和专业观众的认可，并且其名称、标志和商标等标记性的符号在参展商和专业观众心目中形成了固定而美好的印象，这种服务活动就能成为一种品牌会展。例如，广交会、上海世博会、博鳌亚洲论坛等就是有名的品牌会展，会展品牌营销就是以这样的品牌会展为依托进行的一种营销活动。

2. 会展品牌的元素构成

一个会展与其他会展相区别的特定标志就是不同会展的品牌，它基本是以名称、图案与其他特定的会展识别符号等组成。会展品牌内涵所包含的元素有：属性、利益、价值、文化、个性和角色（见表 11–1），这些元素是在品牌调研与可行性分析过程中必须针对目标市场环境，对比同类会展在相同区域、类似主题会展中的地位与作用，来加以明确的。

表 11–1　品牌的元素构成

包含的元素	元素描述
属性	不同会展品牌代表不同会展自己所具备的品牌特性
利益	会展项目本身为参展商与观众提供的利益机会
价值	会展运作对参展商和观众所形成的品牌层次概念
文化	会展品牌所体现的文化内涵与会展组织者的企业文化
个性	会展品牌所能体现出会展在专业方面的个性特征
角色	会展品牌代表特定目标客户群的特定角色、符合目标客户的个性化要求

由会展组织者的品牌战略目标来确定，并结合参展商与观众的不断意见反馈而逐步构成与完善。会展品牌内涵资产由知名度、美誉度、忠诚度、品牌联想及其他资产构成（见图 11–1）。

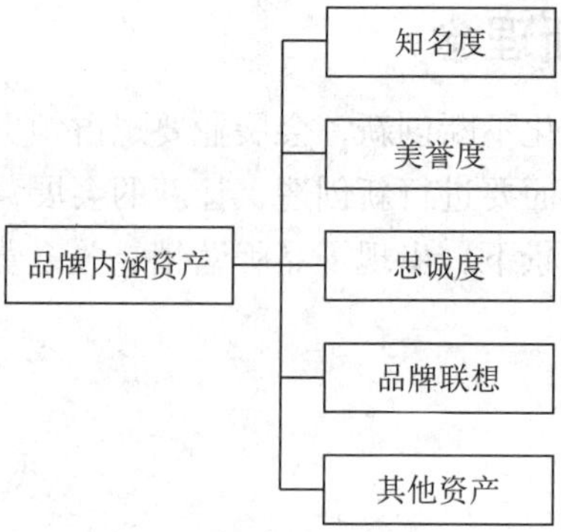

图 11-1　会展品牌内涵资产组合

3. 会展品牌营销体系

会展的品牌需要通过一定的形式表现，这其中包括会展理念识别（MI）、会展行为识别（BI）、会展视觉识别（VT）、会展听觉识别（AI）、会展客户满意战略（CS）。

（1）会展理念识别（MI）。会展的理念识别（MI）是揭示会展组织者的办展理念。具体内容包括：会展项目的定位、会展品牌形象定位、会展成长策略、办展方式、会展的增值性、客户利益等内容。每个组成会展理念识别元素其实本身就为会展目标客户从不同角度认识会展提供充分的信息。因此，会展的理念识别规划是关系到会展深度发展和会展品牌形象不断提升的工作，它不是由会展组织者某一个或其他策划公司来单独完成的，它需要在会展组织者的高层管理人员与相关专家共同参与下进行。鉴于会展理念识别的重要，在会展的实际操作过程中，会展的理念识别需要得到会展组织者高层的认可。一旦策划完成，会展组织者将会从各个方面保证其进行有效地执行。

（2）会展行为识别（BI）。会展行为识别（BI）是会展组织者办展行为的展示，具体可以表现在会展服务、会展营销、会展礼仪、会展公关、会展工作人员行为、会展相关活动等各个方面，会展服务是会展向参展商和观众提供各种服务。让客户真实感受到会展的价值和客户利益的过程，会展礼仪公关、会展配套活动都有助于客户更好地认识会展。一个好的会展，会展组织者总是千方百计地为客户创造增值服务，让目标客户在会展现场不断地得到来自会展本身的呵护。

（3）会展视觉识别（VI）。会展视觉识别（VI）是通过一种视觉化的符号、图案、色彩及文字等来进行展示的一种方法。它们可以是会展的 Logo、会展标准色、会展吉祥物、会展平面广告、会展现场布置等，能给参展商和观众最直接的视觉刺激，不断地从视觉上强化目标受众对会展的印象。

（4）会展听觉识别（AI）。会展的听觉识别是通过声音及以声音为主要传播手段的媒介来展示会展的一种方式。它可以是广告用语、会展标识音乐等从听觉上感染会展的目标参展商和观众，这就从听觉上强化了人们对会展的印象。例如，很多会展有专门的会歌，有些还有专门的宣传广告片。这些使会展的形象更丰富，更有吸引力。义博会每年投入大量的广告经费，利用中央电视台、凤凰电视台及全国著名的电视台黄金时段做宣传就是将视觉识别与听觉识别进行良好的组合，以此来增强目标受众对义博会的更进一步印象。

（5）会展客户满意战略（CS）。在整个会展经营活动中、会展组织者的基本目标就是不断提升客户的满意度，这不仅是由于客户是会展和会展组织者存在和发展的根本，而且客户本身也会为会展组织者不断提供最真实的需求信息，来帮助会展项目的发展与提高。会展客户满意战略从客户的需求角度出发，其主要目的是为客户提供个性化服务，不断创新增值服务内容。从而使客户在不断接受来自会展组织者服务的同时，也大大提高客户对会展本身的忠诚度。会展组织者在实施会展客户满意战略时，对全员要进行系统培训与教育，要求员工树立力求客户满意的观念，丰富会展服务，提高服务品质，健全完善 CRM（客户关系管理系统），对客户进行聚类分组，从而满足不同客户的具体需求。

以上 5 个识别要素都是会展品牌识别的重要组成部分，在实际操作过程中，会展组织者需要注意这些要素内容统一、形式协调、互动和谐。

4. 会展品牌营销的实施

会展品牌营销是一个复杂的系统工程，它不仅需要会展企业从微观层面对自身资源进行整合，而且需要关注会展客户的心理满足、提供难以忘怀的体验，探索如何通过体验，实现会展产品与服务的价值增值。

（1）会展内部营销是前提。

所谓会展内部营销，是指会展企业在内部开展的一系列积极的、营销式和协同活动的全面管理过程。对于会展组织内部的员工尤其是新进人员、组展商、承建商、服务商，要向他们宣传会展品牌的理念，使其认识到走品牌化的发展道路才是中国会展业快速发展的唯一途径。

内部营销以积极的营销方法激励员工，使他们的工作体现市场导向（或顾客导向），通过内部营销可以使企业各项活动系统化、战略性地适应市场（或顾客）需要。内部营销主要包括两个方面：一是会展组织内部的经营者与管理者尤其要树立牢固的品牌观念，制定长期的会展发展规划，确立会展的品牌发展战略。只有全员树立了这样的品牌观，才能从场馆设计、主题立项、展会规划、展会组织者与管理等具体方面来实施会展项目的品牌化发展。二是会展企业可充分利用企业内部的局域网进行在线培训，将不同的培训课程载入内部网，鼓励员工在职、在岗自我培训。要培育以质量文化为核心的企业文化，并通过内部营销活动，使企业倡导的质量意识、价值观内化为员工的行为。只有这样，才能凝聚起员工参与意识，共建会展企业品牌文化，在企业品牌经营活动中风雨同舟、尽心竭力。

（2）塑造会展品牌形象是基础。

CIS 战略是会展企业塑造鲜明品牌形象的重要手段之一，在形象识别系统中，品牌形象主要通过企业的理念识别、视觉识别及行为识别来传递给受众，而上述三个方面正好是会展品牌营销的表现途径。会展企业要建立具有较高知名度和美誉度的品牌形象，应全面导入 CIS 战略，并把服务质量作为树立独特品牌营销的保证。

首先是运用理念识别系统树立会展品牌形象。理念和文化都有助于会展企业培养员工的团队精神，增强参展商归宿感，加深公众对展会的认同程度。此外，会展理念识别系统还体现在会展主题上界定适当，有独特、鲜明风格的会展品牌能够给参展者带来强烈的体验和心理认同感。在实际操作中，可以把会展和旅游结合起来，为会展客商量身定做专业性旅游产品，或者一日游项目，或者安排一些娱乐项目或观看文艺演出，或者游览著名的自然风光和文化景观。

其次是运用视觉识别系统展示会展品牌形象。这具体体现在两个方面：一是场馆选择。会展中心的经营者应了解不同项目的需要，提供恰当的项目策划、场地布置、视听、通信、保安、清洁、餐饮等服务，以使活动顺利进行，尤其是给参展商、观众和当地居民带来“畅”的感觉。二是展台设计。从主题、设计、材料、图案、灯光、声音、服装、人员等方面精心打造，摒弃以往单调的展品设计和材料散发，以精致产品为导向，在展台中渲染一种气氛，制造一种意境，给人一种体验。

再次是运用行为识别系统提升会展品牌形象，会展营销应根据产品本身的不同特点，在产品设计、生产、销售的某一个或几个环节，甚至所有的环节都要以顾客为导向，至少要在销售环节上让顾客有这种感觉。

最后是运用各种经营方法和手段，拓展会展品牌的空间。会展品牌的拓展空间具有三维性，即时间、空间和价值。时间是指品牌的影响力随着时间的延续而不断发散和扩张。一般来说，展会延续时间越长，则参展商与客商之间的交流越充分，展会的效果就越显著。国外的展会延续时间大约有十天，而我国的展会往往只有三五天时间，这对于会展品牌的拓展是远远不够的。空间指品牌在地域上的扩张。德国汉诺威展览公司就通过在上海举办汉诺威办公自动化展（CEBLL），成功地迈出了世界性扩张的第一步。价值指品牌作为会展企业的无形资产，其经济价值的含量是可以增加的，品牌价值的提升实际上也为会展业品牌在时间上和空间上的拓展创造了条件。

（3）优质会展服务是关键。

提升服务质量主要从展会的硬件和软件两个方面入手。会展的硬件设施是影响品牌质量的一个重要因素，国际上著名的品牌展会中所使用的设备往往是最先进的。因此，要实现展会品牌质的飞跃要求会展公司加大投入，不失时机地更新展会的硬件设备。会展的软件服务一方面要求会展企业都加大专业人才的引进力度，另一方面要求其积极加入国际性的会展组织，通过这些途径实现展会服务与国际接轨。

总的来讲，会展活动的消费者主要有两类：一是参展商，二是观众。按照消费者导向定位原则，其定位逻辑顺序是首先确定参展商和消费者，其次确定相关观众，最后确定其他营销元素。基于“主题会展营销”理论的“消费者导向定位策略”，即把满足消费者需求放到第一位，所有的展会组织服务以此作为宗旨，代表着我国会展营销未来发展的方向。会展企业服务品牌不可替代的优势为会展企业赢得声誉，并丰富企业的核心竞争力，从这个意义上讲，会展品牌实质上是一种服务品牌。

会展品牌定位可以深圳高交会为例，它成立了客户服务中心，为主办单位和参展商提供“一站式”服务，将商务、海关、工程、货物运输等机构一揽子集中起来，为主承办机构、参展商提供一条龙服务。客户服务中心为主办单位提供的服务项目包括展馆租赁、会务预订、展位搭建、消防报建等；为参展商提供的服务内容主要包括展具租赁、展品运输、仓储等。此外，客户服务中心还提供票务、酒店、商务等配套服务，同时还为主办单位、参展商提供量身定做的个性化服务。成立客户服务中心最直接的作用体现在三个方面：一是建立和完善自己的服务体系和服务标准，通过提升服务在全国起到带头作用；二是培养一支各个岗位有机合作的展览服务队伍，形成多兵种协同作战的能力；三是将员工的服务素质和服务技能提升到一个新的高度。

（二）关系营销

1. 关系营销的定义

美国营销学家 Copulsky 和 Wolf 于 1990 年 8 月提出了一个大胆而具有创新性的新营销观念：关系营销（Relationship Marketing）。根据他们的观点，关系营销是对一般性的广告、促销、公关及直接营销的组合，并创造更有效、更经济的方法来掌握消费者。其发展关键在于消费者与产品（服务）间的一种连续性的关系。运用关系营销，营销费用与销售成果间的关系将变得可衡量。1985 年，巴巴拉·杰克逊在产业市场营销领域提出“关系营销”这个概念，他认为，关系营销是指获得、建立和维持与产业用户紧密的长期关系。现在一般认为，关系营销是指企业在主要合作伙伴（如供应商、客户、经销商和员工等）之间，为谋求共同发展而构筑、发展和维护长期的、有成本效益的交换关系。

关系营销的核心是“关系”，与传统营销相比，关系营销从更加广泛的角度看待市场，它不但涉及企业与狭义客户市场（所有购买产品或服务的个人或组织）的关系，还涉及内部市场、推荐渠道（如媒体）、影响市场与供应商市场等诸多复杂关系。会展行业是典型的服务性行业，其业务主体——各类会展公司的企业规模一般不大，但需要管理和协调遍及全国乃至全球的营销和代理网络，与大量分散的客户保持联系，还要与政府、协会、媒体、观众等打好交道。

2. 关系营销的实施

（1）建立营销资料库。

确认并建立现有及潜在顾客的资料库。这个资料库包括的内容应相当完整，包括个人及家庭的年龄、性别、收入、职业、教育程度等人口统计资料，还应存有生活形态（活动、兴趣、意见）及购买行为的资料。

顾客资料库对厂家来说将是最重要的资产。可是并非每个顾客都适用于关系营销，也不是每个目标对象都是企业的消费者，因此，最初建立的资料库必须不断地更新及再细分。最重要的一点是开始建立资料库时的设计要得当，才可不断配合新科技和新策略的发展，充分运用关系营销。美国宝洁公司这方面可谓独领风骚，它运用消费咨询电话，掌握了敏感性皮炎药品的消费对象，并成功地运用到新洗洁精的营销策略上。花旗银行也利用各分行建立了详细的顾客资料系统，除自用外，还提供给其他企业。

（2）有针对性的信息传播与营销。

根据资料库所显示的顾客特征及喜好，依其不同需求，通过不同的传播渠道，分别传播不同的信息。事实上，目前美国的媒体已大部分能配合这种新的营销方式。如许多发行量大的杂志，可以提供给广告客户两项新的服务，即选择性装订及喷墨式印刷。运用这两项科技，一家汽车厂可以设计一则高级车种的广告给某些对象。在同一本杂志上，可分成不同的版本，发行给不同的对象。利用喷墨式印刷，能制作出如亲笔函件的广告，并列出该目标顾客附近的经销商。

（3）追踪产品与消费者、销售成果与成本之间的关系。

运用关系营销可长期监控和评估每一个消费者购买本企业产品的情况，可明确了解企业花在他们身上的哪些销售费用有效。

传统的广告效果衡量标准是以每千人次成本、视听人数、发行量来进行的，即根据“花了多少”来判断，而关系营销可根据“花出去后的结果”来判断，如目标对象的渗透率及销售成果。在新的营销环境下，衡量的基础将从“每千人次成本”转变到“一个目标市场的价值”。广告客户必须精确地算出维持一个长期顾客的成本及效果。

3. 现代会展关系营销中的新理念

CRM（Customer Relationship Management）即客户关系管理，是现代关系营销中的新理念，它一般是指通过采用信息技术，赋予企业更完善的信息交流能力，实现对客户资源的有效利用，从而提升客户满意度、获得客户忠诚。它利用核心数据分析技术使客户忠诚，直至发展为终生客户。当今，CRM已经成为世界潮流，许多国际知名企业如Dell电脑、UPS、宝洁等，都以巨资引入CRM工程整合客户资源，重建营销系统流程。

会展关系营销也不例外，也需要引人CRM这一现代营销的新理念。当会展项目规模不大、参展商有限时，会展企业容易了解每一客户的特点，然后全力满足客户的个性化需要。但随着客户的不断增加，只依靠简单的记忆或初级客户资料系统，企业就无法让每个业务员分享客户信息，不能准确把握每一客户的需求，从而对客户展开个性化营销的能力会减弱。会展企业要做大做强，引入现代营销中的CRM新理念十分必要。

在激烈的会展市场竞争中，引入CRM系统，有利于会展企业把有限的时间、资金和人力集中到关键业务上来，从而提高会展企业的效益。实施CRM，有助于会展企业通过多种渠道挖掘和识别市场机会，保持与参展商和经销商的良好关系，降低企业运作成本，为会展企业创造长期持续的利润来源。

CRM系统将客户档案作为对客户、对市场的管理工具，其内容可以从客户基本资料、信用情况扩展到客户销售情况、费用和利润管理情况、观众意见反馈等，并使各种信息及时更新、最大限度地整合客户资源。

（三）网络营销

1. 会展网络营销的定义

会展网络营销是以互联网为媒介，以现代信息技术为手段进行的一种新型会展营销活动，网上展览已成为会展业的一道新风景线，被称为永不落幕的展览会。虽然，网上展览目前还只是实物展览的补充和配角，但随着信息技术和电子商务的进一步发展，网上展览肯定会后来居上，成为现代会展业的主流。

2. 会展网络营销的特点

（1）营销时空的无限性。会展网络营销的媒介是互联网，其时空范围是其他媒介无法达到的。网络的互联性和开放性，使会展网络营销活动可以超越时空局限，在任何时间、任何区域去开拓会展市场，这是其他任何营销方式所不能比拟的。

（2）会展信息的互动性。参展商可通过网络及时反映自己的参展信息，预订展位；会展企业也可通过网络及时对参展商的要求做出反应，满足参展商的需求。这种互动性不仅提高了参展商的参与性和积极性，也使会展企业的营销决策能够做到有的放矢，从根本上提高参展商的满意度和会展企业对市场的应变能力。

（3）方便快捷性。会展网络营销能够实现目标客户足不出户参加会展的愿望，不受节假日、营业时间的限制，可摆脱因员工疲倦和缺乏训练而引起客户反感所带来的麻烦。参展商可随时查询有关信息，方便快捷。

（4）营销个性化。会展网络营销能够摆脱其他营销手段的局限，完全实现一对一的个性化服务。会展企业可通过相应的软件为每一个参展商设立独立的信息处理系统，从而可针对目标客户的个性需要推销自己的产品和服务。

（5）低成本性。与传统会展营销方式相比，网络会展营销的成本会大幅度降低。网上会展是虚拟的，没有实货，参展商无须承担库存压力，能够节约仓储费用；电脑储存大量信息，便于客户查询，可传送的信息量大、精准度高，也减少了印刷与邮递成本；网上会展无须租场地费用，能节约水电与人工成本，网络营销可避免中间商参与，流通成本大为降低。

3. 会展网络营销的实施

（1）建立网站。具体措施包括：①借力展会主题专业网页，与国内外各门户网站、与该主题相关专业网站建立好链接，推广展会信息。②邀请主流报刊、电视台、电台、网站等作为展会支持媒体，参与展会论坛营销。企业利用论坛这种网络交流的平台，通过文字、图片、视频等方式发布企业的产品和服务的信息，从而让目标客户更加深刻地了解企业的产品和服务，最终达到宣传企业品牌、加深市场认知度的网络营销活动，就是论坛营销。③加强与各类报刊等专业媒体的广告交换和投放。如北京车展与《汽车报》《汽车导报》《中国汽车画报》《汽车杂志》《汽车之友》《全国汽车配件市场》《汽车驾驶与维修》等各类报纸杂志进行了良好的沟通与合作。

（2）搜索引擎营销。搜索引擎营销就是根据用户使用搜索引擎的方式，利用用户检索信息的机会尽可能将营销信息传递给目标用户。简单来说，就是人们用搜索引擎（百度、谷歌、雅虎等）搜索车展信息的时候尽可能将营销信息传递给目标客户。

（3）交换链接。交换链接又称互惠链接，是具有一定互补优势的网站之间的简单合作形式，即分别在自己的网站上放置对方网站的 Logo 或网站名称并设置对方网站的超级链接，使得用户可以从合作网站中发现自己的网站，达到互相推广的目的。交换链接的作用主要表现在：获得访问量，增加用户浏览时的印象，在搜索引擎排名中增加优势，通过合作网站的推荐增加访问者的可信度等。更重要的是，交换链接的意义已经超出了是否可以增加访问量，比直接效果更重要的在于业内的认知和认可。

（4）网络广告。几乎所有的网络营销活动都与品牌形象有关，在所有与品牌推广有关的网络营销手段中，网络广告的作用最为直接。标准标志广告曾经是网上广告的主流（虽然不是唯一形式），进入 2001 年后，网络广告领域发起了一场轰轰烈烈的创新运动，新的广告形式不断出现，新型广告由于克服了标准条幅广告承载信息量有限、交互性差等弱点，因此获得了相对比较高的点击率。网络广告的主要形式有：①网幅广告。在网页上静态地显示一幅固定的图片，如展会中展台摆放的图片。②动态广告。拥有会运动的元素，或移动或闪烁，比如可以将最近一期展会的链接做出动态移动的标志，方便浏览者第一眼发现。③交互式广告。如游戏、插播式、回答问题、下拉菜单、填写表格等。④文本链接广告。是一种对浏览器干扰最少，但却最有效果的网络广告形式。⑤电子邮件广告。把一段广告性的文字放置在新闻邮件或经许可的 E-mail 中间，链接到会展公司主页或提供会展服务的特定页面。

（5）许可 E-mail 营销。许可 E-mail 营销不是简单的邮件群发，而是基于用户许可，向用户介绍自己的服务或产品。基于用户许可的 E-mail 营销与传统的推广方式或未经许可的 E-mail 营销相比具有明显的优势，比如可以减少广告对用户的滋扰、增加潜在客户定位的准确度、增强与客户的关系、提高品牌忠诚度等。开展 E-mail 营销的前提是拥有潜在客户的 E-mail 地址，这些地址可以是企业从用户、潜在用户资料中自行收集整理，也可以利用第三方的潜在用户资源。比如国内的 51mymail、拓鹏数据库营销都属于此类。与传统的直复营销相比，E-mail 营销不仅易操作而且成本低，是具有与用户需求有关内容的准确的目标定位并且有趣的信息沟通。

（6）论坛营销。其实人们早就开始利用论坛进行各种各样的企业营销活动了，当作为新鲜媒体的论坛出现时，就有企业在论坛里发布企业产品的一些信息，其实这也是论坛营销的一种简单的方法。根据网络策划的实践经验，论坛营销就是企业利用论坛这种网络交流平台，通过文字、图片、视频等方式发布企业的产品或服务的信息，从而让目标客户更加深刻地了解企业的产品和服务，最终达到宣传企业品牌、加深市场认知度的网络营销活动。常见的论坛有天涯社区、猫扑社区、百度贴吧、新浪社区、搜狐社区等。

（7）网络图片营销。网络图片营销现在已经成为人们常用的网络营销方式之一。我们时常会在 QQ 上接收到朋友发过来的创意图片，在各大论坛上看到以图片为主线索的帖子，这些图片中多少也含有一些广告信息，比如展会图片右下角带有会展公司的网址等，这其实就是图片营销的一种方式，此外，供求信息平台、在线黄页服务、网上拍卖、网站资源合作、网上商店营销等都属于网络图片营销。

4. 网络展览会

目前在国际上，网上会展成为新亮点，它将传统的商务流程电子化、数字化。一方面，以电子流代替了物流，大大减少了人力、物力，降低了成本，提高了效率。另一方面，组织者、参加者和观众通过网络系统联系起来，各主体间的沟通呈现立时互动的特点，并摆脱时间和空间的限制，为会展经济带来更大的发展空间。网上会展就是会展电子商务的完全化的表现形式。网上展览会和传统展览会的特性对比如表 11-2 所示。

表 11-2　网上会展与传统会展的特性对比

特性	网上会展	传统会展
组展手段	网上发布信息，辅以在其他媒介上进行宣传	文件、传真、电话等，辅以电子邮件和互联网络
信息发布范围	世界各地各个角落、非定向发布	有限范围、定向发布

续表

特性	网上会展	传统会展
展出场所	虚拟空间	实实在在的场地
展出手段	文字、图片、声音、动画等，通过逻辑说理宣传企业形象和产品形象	实实在在的产品，以直观的形象展开对外宣传
参展费用	仅需支付远程登录费	需支付展品运输费、场馆租金、施工费用、人员费用等
展出期限	一般有开始展出的日期而没有确定的结束时间，从理论上说可以无限期地进行下去	一般有固定展期
观众范围	面向广大网民，网民遍布世界各地	面向特定区域或特定专业的人士，有的只面向专业贸易观众
观众搜集目标展商方式	借助计算机的鼠标点击，到达包含参展商信息的网页	靠走路，在展出场地中按照产品分类、展馆和摊位编号等查找目标
交流方式	依靠电子邮件、聊天室等完成彼此间的交流、磋商	为会展活动参与者提供面对面交流的空间和机会
契约方式	依靠数据信息、电子文件等完成组展者、参展商、观众之间的约定和责任规范	依靠书面材料证明契约达成和执行

网上展览会出现时间不久，还不成熟和完善，但与传统展览会相比已表现出一定的优势：低成本、高效率；展出时间长，增加贸易机会；展出空间无限广阔，经营规模不受场地限制；观众的广泛性；及时反馈；自动统计和评估等。同时它也具有一些缺陷：展出范围受到限制、展出信息不完整性、观众的不确定性、信息统计上的偏差；人们需要面对面的感情交流。网上展览会的这些缺陷很难用技术手段加以弥补，这注定了它不可能完全替代传统展览会。网上展览会的发展需要依附于实物展览会，特别是定期举办的展览会。组展者可以把参展商的资料放到互联网络上加以广泛宣传，这也将成为传统展览会组办者吸引参展商和观众的必要手段之一。

【案例拓展】

网上广交会①

广交会下的网上广交会就是凭借“中国第一展”的品牌优势，利用广交会数十年积累的参展商展品数据库和客商数据库资源，建立高效便捷的网上贸易渠道，促使国内企业的出口成交。网上广交会采取与现场广交会业务紧密结合的方式，在广交会期间，展馆现场设置共 42 个服务点为到会买家提供现场摊位信息查询服务；广交会宣传光盘每届发行 10 万套，免费向到会的采购商派发；多媒体视频推荐服务为未能亲临广交会现场的买家展示现场参展的真实情况，在广交会官方网站向采购商进行全天候展示；电子

① Alex Palmer，孙淑华.“术”业有专攻——新技术手段全面提升会议体验［J］.中国会展，2016（20）：64-69.

杂志通过邮件、广交会电子杂志平台等多个渠道投放，有效传递到目标买家手中，从而实现“网上洽谈，现场成交”，网上广交会成为每届广交会现场成交的有力补充，得到各方面一致好评。网上广交会的主要服务有：发布企业资料与产品信息、及时获取国际买家询盘信息、贸易撮合等。

（四）绿色营销

1. 绿色营销的定义

绿色营销是社会责任导向在市场营销观中的一种反映。所谓会展绿色营销是指会展企业在整个营销过程中充分体现环保意识和社会意识，向参展企业和消费者提供科学的、无污染的、有利于节约资源和保持生态平衡的会展项目和服务。其核心是提倡绿色消费理念，促销绿色产品，培育绿色文化。

工业时代经济虽然高速发展，但常常以浪费资源、破坏环境为代价，给人类继续生存造成了严重威胁。人们每天听到和看到越来越多的环境问题：全球性变暖、酸雨、臭氧层的消失、空气和水的污染、有毒的废弃物、固体废料的堆积等。新的环境问题使得消费者重新思考他们要买什么，从谁那里购买。消费者态度的变化引发新的营销策略——绿色营销，即由企业开发、营销适合保护环境的产品。

联合国也为此提出了可持续发展战略。开发无污染或低污染的绿色产品、发展绿色GDP经济成为21世纪经济发展的新趋势。知识经济的兴起就是这样一种趋势的最典型反映。这种经济发展的新趋势既给会展企业提出了新挑战，也带来了新的发展机遇，这种挑战和机遇必然要求会展企业抛弃传统的工业经济发展理念，做好绿色产品市场的引导和开发工作，并展开绿色营销，追求经济效益、社会效益和环境效益的统一。绿色营销作为实现会展业可持续发展的有效途径，必然成为现代会展企业进行营销活动和市场开拓的新选择。

2. 绿色营销在会展中的运用

（1）优质高效。目前会展活动中的“同期展”问题严重，这些“同期展”质量粗糙，不但会影响专业会展和品牌会展的生存，更给自然界带来了额外的压力。所以，绿色会展应该符合市场秩序，避免同期展，优化会展，达到预期目标。同时在会展项目的开发与主题设计上，以绿色环保的行业、产品为中心。

（2）节能低耗。会展本身是一种无污染的朝阳产业，但是，会展活动本身可能造成环境污染，传统会展的组织者和参与者常常出现铺张浪费的现象，如馆内空调温度过低、采用不可回收材料搭建豪华展台等。而绿色会展要求在会展活动中，主办单位、承办单位应注意环境保护，注意避免会展活动成为某些疾病的传染源，若在活动过程中出现铺张浪费的现象，则不符合绿色会展的要求。

（3）绿色环保。要求会展活动过程中应使用可回收或可循环再用的材料，尽量减少排放到环境中的各类废弃物，在会展场馆的建设上，要避免或减少对环境破坏，同时可以通过绿色植被、观赏花卉、人工瀑布等营造绿色环境，增强生态环境功能。会展场馆的内部交通，尽量采用以减少噪声和有害气体排放量的能源的绿色交通工具，如使用以太阳能为能源的机车，或畜力交通工具。

（4）餐饮服务方面。餐厅应推广绿色有机食品，不选择国家禁止的珍稀野生动物及益鸟、益兽等来开发特色餐饮。餐厅服务员应考虑客人的利益，向点菜客人介绍推荐菜肴时，要做到经济实惠、营养配置合理、资源不浪费。在客房服务方面，饭店可以积极开发绿色客房，设置不吸烟客房等。

（5）倡导绿色会展，为参展企业树立良好的形象，增加品牌认知度，增加联合贸易的机会，取得双赢。

在国际市场上，绿色消费已成为主流。“绿色会展”树立了企业具有较高的环境法制观念和环境道德观念及强烈的社会责任感的良好形象。这样的企业更能获得国际的认可和消费者的信赖和好感，有助于树立良好的企业形象，成为企业展示企业形象、增加品牌认知度的有效手段，从而使绿色会展也可以成为企业营销手段的一种。

绿色营销追求经济效益、社会效益和环境效益的统一，既能满足当代人的需要，又不损害后代人的发展。因此，绿色营销作为实现会展业可持续发展的有效途径，无疑将成为现代会展企业进行营销活动和市场开拓的必然选择。

3.“绿色环保”在会展工程中的应用

（1）特装展位搭建采用可以反复使用的材料。提倡在特装搭建上不过分追求高、大、亮，如铝合金展架、布饰结构、整体墙板等，减少装饰材料用量，减少污染源；提倡会展材料循环利用，减少建筑垃圾的大量产生。

（2）提倡绿色施工。施工时，要严格执行绿色环保标准，选用无毒、无污染的绿色材料及施工工艺，并且加强施工现场的管理，降低粉尘、噪声、废气、废水对室内与周围环境的污染和破坏。

（3）选用节能灯具。室内灯光应以满足人体生理和心理要求为前提。提倡简约、自然的风格，减少视觉污染。

（4）政策的引导是关键。政府和行业协会推行各种制度和法规，正确地引导从事会展的企业和个人，使越来越多的企业使用各种新型的环保展具。行业协会和一些有社会责任的会展公司及相关院校应联合起来，制定各种会展行业标准，规范材料使用、布展、拆展、项目管理等行为。在收费等具体措施上向“低碳环保”倾斜。

（5）会展企业社会责任和会展从业人员绿色环保意识的加强。特别应从会展专业的学生着手，注重“低碳”教育，让他们成为环保展具推广使用的中流砥柱。

【复习与思考】

1. 简述会展营销的新技术。
2. 如何构建会展品牌营销体系？
3. 会展品牌营销、关系营销是如何实施的？
4. 网上会展与传统会展的区别是什么？网上会展可以取代传统会展吗？为什么？
5. 绿色营销是如何在会展中使用的？

【案例分析】

试听技术提升参与度[①]

IMEX集团首席执行官卡瑞娜·鲍尔指出，策划者希望在会议活动中尽可能增加观众的参与度并加强“双向”知识共享。正是基于策划者的这一需求，IMEX集团在众多活动中引入了观众互动工具Sli.do。通过这款网络软件应用，参与者能实时地向演讲人和主持人提问并可以发表评论。

“基于对类似话题的兴趣，观众成为内容创建和交换过程的一部分。”卡瑞娜·鲍尔指出，这种方式与“一对多”模式相比更为动态，能让观众与演讲人更直接地沟通。

信标技术是跟踪并和与会者互动的另一种有效方式。活动管理博客的编辑朱利叶斯·索拉里斯表示，当涉及利用离线分析和现场指标分析活动时，信标是他最钟爱的方式之一。在数字化环境中，为赞助商和参展商提供关键业绩指标意义重大。朱利叶斯·索拉里斯认为，未来音频信标技术将会得到人们的关注，音频信标能发射出人们听不到的声音信号，如果参与者的智能手机或电脑上安装了相应的应用程序或软件就能收到消息。他指出，策划者通过发送音频信息的方式能激活参与者应用程序上的内容，完全实现无线传输。

视听技术总在不断发展。如舒尔MV88数字立体声电容式麦克风可以灵敏地捕捉音源，为视频采访、表演或演讲等提供了高品质的数码录音。MV88可兼容ISO设备，允许录音共享。除了音频工作，策划者现在可以使用一体化协作工具，如微软发布的84英寸的Surface Hub一体机。

希望为传统的问答环节增加一些新意的会议活动策划者，可以考虑使用“可抛式麦克风”。Catchbox可抛式麦克风内置无线麦克风，当它在空中飞行或跌落时，可以自动进入静音设置，也不必担心被摔坏。“这种非常规的麦克风不仅能鼓励观众踊跃参与活动，而且能为枯燥的回答环节增加趣味。”朱利叶斯·索拉里斯表示，“可抛式麦克风是神奇的破冰者。这种麦克风不仅赋予了参与者自主权，还营造了有趣的互动氛围。而互动便意味着参与。”

讨论题：

目前会展业出现了哪些新技术，谈谈你最满意的一种新技术及运用。

---

① Alex Palmer，孙淑华.“术”业有专攻——新技术手段全面提升会议体验［J］.中国会展，2016（20）：64-69.

参考文献

［1］杨顺勇，丁萍萍 . 会展营销［M］. 北京：化学工业出版社，2009.

［2］程爱学，徐文锋 . 会展全程策划宝典［M］. 北京：北京大学出版社，2008.

［3］华谦生 . 会展策划与营销［M］. 广州：广东经济出版社，2004.

［4］吴健安 . 市场营销学［M］. 北京：高等教育出版社，2011.

［5］王春雷 . 会展市场营销［M］. 上海：上海人民出版社，2004，11.

［6］胡平 . 会展营销［M］. 上海：复旦大学出版社，2005，8.

［7］崔舒波 . 会展营销策略研究［J］. 营销科技，2009（5）：58–59.

［8］杜伟锦，章斌，张凤霞 . 市场营销策略的比较研究［J］. 成都电子科技大学学报，2004，33（3）：327–330.

［9］程建林，艾春玲 . 会展经济发展、会展城市竞争力与城市功能提升［J］. 城市规划，2008，32（10）：15–20.

［10］郭奉元 . 会展营销实务［M］. 北京：对外经济贸易大学出版社，2007.

［11］李志新 . 浅谈会展营销策略［J］. 科技资讯，2012（6）：231.

［12］刘大可 . 会展营销教程［M］. 北京：高等教育出版社，2006.

［13］马勇，马克斌，曹鹏志，等 . 会展典型案例精析［M］. 重庆：重庆大学出版社，2007.

［14］汪立元 . 会展：一种新兴的营销方式［J］. 国际市场，2001（1）：20.

［15］杨慧，龙云飞，段敬丹 . 市场营销教程［M］. 成都：电子科技大学出版社，2007.

［16］于子洋 . 浅谈会议营销［J］. 中小企业管理与科技，2011（4）：25.

［17］张新彦 . 会展营销策略研究［J］. 黑龙江社会科学，2007（1）：87–89.

［18］菲利普・科特勒 . 营销管理［M］. 北京：对外经济贸易大学出版社，2007.

［19］雷鹏，王晶，杨顺勇 . 会展案例与分析［M］. 北京：化学工业出版社，2009.

［20］小伦纳德・霍伊尔 . 会展与节事营销［M］. 陈怡宁，等，译 . 北京：电子工业出版社，2003.

［21］黎春红 . 会展案例分析［M］. 大连：大连理工大学出版社，2010.

［22］向阳，强月霞 . 会议策划与组织［M］. 重庆：重庆大学出版社，2014.

［23］米尔顿・T. 阿斯特罗夫，詹姆斯・R. 阿比 . 会展管理与服务［M］.5 版，宿荣江，译 . 北京：中国旅游出版社，2002.

［24］乔尼・约翰逊 . 全球营销［M］. 北京：中国财政经济出版社，2004.

［25］刘松萍，杨铭德，刘勇 . 会展营销［M］. 重庆：重庆大学出版社，2014.

［26］张玉明 . 市场营销学［M］. 北京：中国科学技术出版社，2000.

［27］徐丽莎 . 节事营销［M］. 杭州：浙江大学出版社，2013.

［28］杨劲祥．节事活动营销［M］．重庆：重庆大学出版社，2015.
［29］过聚荣．会展导论［M］．上海：上海交通大学出版社，2006.
［30］马勇．会展概论［M］．北京：中国商务出版社，2004.
［31］刘大可，等．中国会展业：理论、现状与政策［M］．北京：中国商务出版社，2004.
［32］金辉．会展概论［M］．上海：上海人民出版社，2004.
［33］毛金凤，韩福文．会展营销［M］．北京：机械工业出版社，2006.
［34］纪宝成．市场营销教程［M］．北京：中国人民大学出版社，2003.
［35］龚伟刚，陈建国．会展实务［M］．上海：华东师范大学出版社，2007.
［36］杨顺勇，曹扬．会展手册［M］．北京：化学工业出版社，2007.
［37］刘松萍，梁文．会展市场营销［M］．北京：中国商务出版社，2004.
［38］威廉·D. 皮若特，E. J. 麦卡锡．营销精要［M］．北京：北京大学出版社，2002.
［39］陈建斌．会展中心的区位选择与发展对策［J］．西部论坛，2001（3）：102–104.
［40］郑建瑜．会展场馆管理［M］．北京：旅游教育出版社，2007.
［41］刘有千．会议营销与服务［M］．北京：中国劳动社会保障出版社，2007.
［42］王春雷．国外会议业的整体推广［J］．中国展会，2003（11）：10.
［43］黄翔，连建功，王乃举．旅游节庆与品牌建设［M］．天津：南开大学出版社，2007.
［44］巴利·西斯坎德．会展营销全攻略［M］．郑睿，译．上海：上海交通大学出版社，2005.
［45］商务部．中国会展业发展年度报告［M］．北京：中国商务出版社，2010.

项目策划：段向民
责任编辑：段向民
责任印制：谢　雨
封面设计：何　杰

图书在版编目（CIP）数据

会展营销 / 刘云主编. -- 北京 : 中国旅游出版社, 2018.8

中国旅游业普通高等教育应用型规划教材

ISBN 978-7-5032-6082-7

Ⅰ. ①会… Ⅱ. ①刘… Ⅲ. ①展览会－市场营销学－高等学校－教材 Ⅳ. ①G245

中国版本图书馆CIP数据核字（2018）第186926号

书　　名：会展营销

作　　者：刘云主编
出版发行：中国旅游出版社
（北京建国门内大街甲9号　邮编：100005）
http://www.cttp.net.cn　E-mail:cttp@mct.gov.cn
营销中心电话：010-85166503
排　　版：北京旅教文化传播有限公司
经　　销：全国各地新华书店
印　　刷：北京明恒达印务有限公司
版　　次：2017年8月第1版　2017年8月第1次印刷
开　　本：787毫米×1092毫米　1/16
印　　张：14.75
字　　数：341千
定　　价：39.80元
ISBN　978-7-5032-6082-7